宁波市服务型教育重点专业(高端贸易与金融专业群

商业银行授信管理教程

陈铨亚　潘志刚　著

ZHEJIANG UNIVERSITY PRESS
浙江大学出版社

图书在版编目(CIP)数据

商业银行授信管理教程 / 陈铨亚,潘志刚著. —杭州:浙江大学出版社,2012.2(2022.2重印)

ISBN 978-7-308-09587-7

Ⅰ.①商… Ⅱ.①陈… ②潘… Ⅲ.①商业银行—贷款管理—教材 Ⅳ.①F830.56

中国版本图书馆 CIP 数据核字(2012)第 011603 号

商业银行授信管理教程

陈铨亚　潘志刚　著

责任编辑	吴伟伟 weiweiwu@zju.edu.cn
文字编辑	徐　霞
封面设计	十木米
出版发行	浙江大学出版社
	(杭州市天目山路 148 号　邮政编码 310007)
	(网址:http://www.zjupress.com)
排　　版	浙江时代出版服务有限公司
印　　刷	广东虎彩云印刷有限公司绍兴分公司
开　　本	710mm×1000mm　1/16
印　　张	20
字　　数	308 千
版 印 次	2012 年 2 月第 1 版　2022 年 2 月第 4 次印刷
书　　号	ISBN 978-7-308-09587-7
定　　价	60.00 元

前　言

　　授信是银行的基础或根本,没有授信当然遑论银行。随着我国金融体制改革的深入,商业银行已经完成了从传统信贷模式向统一授信架构的华丽转身。本书是为了适应与满足金融专业学生的专业学习而写。

　　对银行来讲,授信是它的全部业务的综合体现。虽然我们大力提倡发展非利息收入的中间业务,但在授信架构下审视,所谓的中间业务收入,其实绝大部分本身就是授信的一部分,或直接从授信延伸而来。换句话说,没有授信,很多的中间业务亦无从谈起。银行与企业之间构成互惠共生关系,银行提供资金,满足企业融资需要,其他金融服务也因此得以拓展。撇开授信去讨论中间业务,显得毫无意义。在信贷概念里,利息是唯一的收入来源。而对于授信来讲,综合收益是授信审批考量的要件之一。把中间业务与授信割裂开来,是目前专业上存在的一个小小的误区。

　　本书得益于作者早年在银行所从事的多年授信历练。其中既有理论的阐述,也有授信实践的体会。授信本身就具有很强的实践性。理论不能脱离实践,而是要总结实践。本书在很多时候对具体的授信作业过程和特点能够做一些必要的理论阐释和说明,这也许正是它的最主要特点。对于专业学习,知其然,也要知其所以然。看起来,授信很简单,无非是把款项贷放出去,然后本息收回来。但是未来是不确定的,市场是变化的,一旦不能按时收回,风险就产生了。风险总是有一定的规律可循的。学习授信管理的目的也就在于掌握一般规律,尊重前辈实践,学习各位先进经验,善于辨别风险,尽可能将风险降到最低限度。

　　全书共分十一章,以授信为总纲统领,分别为授信总论、商业银行授信架构、企业财务分析、客户信用等级评定与授信定价、项目评估、授信调查与审批、授信业务、授信监控、授信催理、担保管理、授信管理理论及其发展。以客户经理的视角,叙述对授信业务处理所应该掌握和必须掌握的相关知识。务期使学生在学习阶段建立起对银行授信业务的基本认知,有助于投入银行岗位后能迅速进入角色,牢固风险意识。本书的重点内容在授信调查与审批及主要授信业务两章。

本书由陈铨亚(宁波大学)与潘志刚(浙商银行)合著,由陈铨亚统稿,并撰写第一、五、六、七、九、十、十一章,潘志刚撰写第二、三、四、八章。

感谢我所在学校给予我经费上的支持完成本教材;感谢浙江大学出版社提供帮助,使本书得以顺利出版;感谢我的金融界朋友提供各种业务资料,使本书内容得以更行丰满与充实。

作　者

2012 年 1 月

目 录

第一章
授信总论

在银行的资产中,授信资产占到绝大部分。在银行的收入里,授信业务的收入也占绝大多数。国外的银行,虽然其趋势是利息收入占比在不断下降,美国是最低的,约为50％,但是其另外部分的业务收入绝大多数也是与授信有关的。也就是说,没有银行的授信,这些业务收入就很少或不会发生。比如进口 L/C,银行总要给客户一定的信用便利,使客户不必用100％的资金完成对外的开证,这个信用便利就是授信业务。有些人把开证作为中间业务,虽有一定的道理,但是在授信的架构下来审视,它无疑属于授信业务的一部分。

不唯如此,授信部门在银行中也具有独特的地位。授信客户经理不仅需要深厚的专业知识,丰富的专业历练,强烈的风险意识,更需要笃实的品德修行及不断创新的能力。

授信本质上是经营风险。一般的企业,生产、销售商品,收回货款,完成周转。银行表面上看是借贷资金,收回本息,经营的是货币资金,实际上,这些资金不是来自于自己,而是凭借自己的信用从市场及大众那里吸收而来,然后贷放出去,收取利息。假定借款人爽约不还,银行要承担损失的风险。不是每个借款人都能顺利归还贷款的,理论上或实践上,信贷对此都不支持。也就是说,客户在银行的存款风险要远远小于银行对第三人的贷款风险,银行恰恰利用这种不对称性来获取收益。

授信也是最古老的商业行为,在古埃及、古希腊、古罗马、古代中国皆普遍存在,只是表现形式有所不同,风险特质并无变化。既然是商业行为,那么追求利润就是它的最后目标。风险越大,利润越高。当银行追求利润而放弃对风险的控制的时候,风险就隐含在里面了。授信的艺术就是把可能存在的风险控制在一个可以管控的合理范围内。

第一节 授信的概念

我们以前基本上使用信贷、融资概念,授信是 20 世纪 90 年代外资银行进入我国后开始流行起来的,这使很多人以为授信是西方的事物。其实授信的概念中国人很早就在使用了,我所看到的资料是,早在 1947 年,宁波银行家秦润卿在《银钱业五十年之回顾》中提到:"钱庄受信授信,略博蝇头,堪以维持。"说明当时的金融界对授信已经有普遍的认知。新中国成立以后,国内改用信贷一词取代了,在海外地区的银行继续维持授信一词,改革开放后再行卷土重来,风行同业。不过早期的授信含义与今天的授信是有一定区别的。

授信,在英文里是 Facility,就是资金融通(Accommodation)的意思。

我们用中文给它做准确的叙述,授信是指银行因客户的业务需要而授予客户一个信用额度(Line),从而承担了客户在到期时违约的风险。这一信用额度可以是立即的资金划拨(贷款),也可以只是银行信用的使用,甚至没有实际资金的转移(L/C 等)。对于后者,有人称之为承诺类贷款,银行虽然现时没有资金的借贷,如果将来合约到期时,客户不能筹集足够的资金,银行须承担第一性的付款责任。除非另外有约定,我们知道,这种垫款本身就是风险的体现。

我们来对贷款、融资、授信三个概念作个比较分析。

贷款(Credit),指发生了实际资金借贷的行为。即银行按合约要求即行把资金划入借款人账户,资金发生了实际转移,让渡资金的使用权利。其特征是银行在让渡期间向对方收取利息。

融资(Finance),也是我们经常使用的一个名词,与贷款有相同的含义,但它们之间的不同点在于叙述者角度与立场的不同。一般来讲,贷款是站在提供资金一方(银行)的立场,融资是站在获取资金一方(公司)的立场的表述。银行本身就是金融中介,社会融资的渠道,它的融资就是负债业务。企业才是融资的实际使用者,它要借助于银行提供的信用来完成商业上的交易。换句话说,完成交易所不足部分资金要依靠银行来融通。在银行里也经常使用融资概念,如贸易融资、项目融资,仔细思考一下,能分别贸易、项目的主体就是企业。银行发行金融债券、票据也是融资的行为,此时主客体易位,银行变身为资金获取者而非提供者。

授信,就是授予信用,它不仅仅包括有实际资金发生交易,也包括没有实际资金交易的行为。以业务来划分,它包括贷款和承诺类贷款。所谓承诺类贷款是指银行在现时不提供资金,而只是信用的使用,使企业得以完成交易,但是银行因此因为自己的承诺要承担企业不能履约的风险。这些业务虽然没有实际资金交易发生而银行得以收取费用,是因为银行的信誉被使用了。将信誉作为一种资产来经营,并产生直接效益,是银行业的特点之一。

正如贷款与融资一样,授信也有角度与立场的区别。授信是从银行角度来论述,而从授信对象企业的角度,称受信,即接受信用,企业也因此称为受信人。

从上面三个概念看,在大多数时候其含义是重合的,本书以后经常性地会将三者交替使用,甚至同时并立,只是沿用专业习惯,并不表示它们是有实质性的分别。贷款就是授信,且是授信业务的主体。授信包括承诺类贷款,将所有银行可能因此而承担的风险资产涵盖在内。在西方银行里,甚至将授信扩大到银行自身的存在敞口风险的资产,如在衍生品市场的交易头寸,从而对授信管理的手段与艺术提出更高要求。实质上,承诺类贷款是从贷款概念里衍生出来的事物。没有贷款基础,承诺类贷款产品无法开发也不能建立。当这些或有的贷款事实成立,就发展到贷款阶段了。在我们过去的金融实践中,过多专注于贷款的风险,而忽略这些或有资产可能存在的风险。事实上,因为或有资产风险导致银行关张的例子不胜枚举。故此国际银行界达成共识,将存在于表外科目的或有资产也列入授信风险监控。有时候我们使用三个概念,是指同一个事物。但是我们看到,在授信概念里,银行信誉被作为一个商品来经营,更加符合现代金融业风格。

通过授信的运作,各种不同的金融商品被创造出来,把银行带入一个新的领域。但是不管产品有多么复杂,通过剥丝抽茧总可以发现其中主要的成分无非是风险与利润。授信就是把风险当做一种产品来经营。

一、综合授信

综合授信又称统一授信(Comprehensive Facility),相对应于单一授信、分别授信,是授信风险管理上的一大进步。它是指银行将客户视为一个整体,通过对客户的全部财务状况、资产分布、生产经营、现金流量、销售渠道、信用历史、发展前景、担保条件等进行总体性的评估,确定给予一个一定时期内(比如一年)最高可以使用的授信额度,在这个额度框架里,客户可以按合约的条件使用授信,但最高使用余额不能突破这个设定的额度。

《商业银行内部控制指引》规定:"商业银行应当对同一客户的贷款、贸易融资、票据承兑和贴现、透支、保理、担保、贷款承诺、开立信用证等各类表内外授信实行一揽子管理,确定总体授信额度。"

对于综合授信,要注意两点。一是,所有的授信品种都包括在内。因为客户对银行的授信要求是不同的,银行要满足客户的要求,提供不同的授信产品。比如一个进口原材料加工为主的企业,它需要 L/C 较多,银行如果贷款给它,它会因此支付比较多的利息成本,因此会比较不愿意。为适应这种情况,银行在设定授信额度时,就会根据企业运作情况和实际需求,设计不同的授信产品,共同构成授信额度。例如,银行给予企业授信额度为等值 CNY 10,000 万,其具体的授信内容可能是,贷款 4,000 万,L/C 3,000 万,承兑汇票 2,000 万,信托提货(T/R)1,000 万。这些业务的授信余额,也应该控制在这一子项里不能突破。二是,在上述 10,000 万额度里,不同的子项额度内部有些可以交换使用,有些则不能,因为不同的授信产品风险程度不同。我们知道,贷款项下的风险程度最高,如果客户的 L/C 项下只使用了 1,000 万,还有余额 2,000 万可用,客户希望贷款增加 2,000 万,达到 6,000 万,授信总额仍然是控制在 10,000 万额度里,那是不允许的,因为贷款的风险度大于 L/C,所以说银行的风险增加了。如果客户贷款额度只使用了 2,000 万,而 L/C 余额不够,要占用贷款额度 2,000 万元,这是可以的,因为 L/C 的风险比贷款要低,所以风险并没有增加。对于风险高低我们可以参考《巴塞尔协议》附件里关于风险成数和风险转换系数的规定。

有些授信额度之间是可以相互自动转换的。比如 L/C 1,000 万元到期,客户不能支付,需要银行垫付,自动使用 T/R 的额度,L/C 的额度又恢复为 1,000 万元。而如果 T/R 的 1,000 万元到期,则只能在贷款余额可用时才能转为贷款。虽然说贷款与 T/R 的风险基本相同,银行一般也不能接受。发生这种情形,说明客户的信用状况已经恶化。转成正常贷款后,等于把客户的风险掩盖起来,与授信管理的原则背道而驰。

二、临时追加授信

有时候,客户在授信额度之外需要临时追加授信,原则上不得追加。综合授信额度是银行在综合评估企业,充分考虑了很多因素情况下设定的,临时追加银行授信,等于原来的综合授信需要重新叙做。但作为个案,在提供银行认定足够优质的抵押品,比如国债、外汇、其他优质金融资产或担保人情况下才可以叙做。

若客户因生产能力突然扩张,或新增订单较多而需要更多流动资金投入来完成生产,则需要重新进行评估,确定新的综合授信额度。

三、集团授信

集团授信是因企业集团的特点而采取的新授信管理方式,就是将整个企业集团视为一个整体进行综合授信。其目的是防止集团客户通过多头开户、多头贷款、多头互相担保,使银行的授信失控,增加授信风险。如果不实行集团授信,在集团公司贷款的同时,各子公司作为法人也可能向银行贷款,不利于授信风险控制。

对于集团授信管理,在我国的授信实践中是一个很大的难题,许多大案子都发生在集团贷款里,如最近的天宝集团案。详见本书第七章第九节。

四、上下游授信

上下游授信与供应链金融有关。在现代科技以及企业管理新思潮的推动下,企业之间的竞争不再是单个企业之间的竞争,而是成为基于产品开发设计、生产制造、配送与分销、销售与服务的全方位的竞争。这种全方位的竞争与合作兼具的市场格局,推动着企业从传统供应商管理模式转向更高级的战略供应链管理模式。作为服务企业的银行,应该及时发现这种竞争趋势,研究供应链对银行经营的影响,介入优秀的供应链体系,为供应链中的企业量身定做适合供应链整体利益的金融服务。一个产业,可以分解为很多个部分,形成产业链。在产业链中有些企业处于上游,有些处于下游,从供应角度来看,上游企业为下游企业提供产品,从资金角度来看,下游企业形成对上游企业的应付账款。

比如,钢铁产业的产业链的顶端,是从矿山开始的:铁矿场—选矿厂—

炼钢厂—轧钢厂—线材厂—营造商—业主—购房者。相应的这些产业链上的企业之间因为供货而形成支付关系。其实,房地产按揭就是属于上下游授信。

上下游授信的好处是,实现资金的内部循环,使贷款的效率最大化,因而风险相应减少。如果在一个供应链上的三家企业都是银行的客户,银行对最下游企业的贷款,立即变成支付中间企业的货款,中间企业取得货款后,再支付给最上游企业,最上游企业获得货款后,可以归还银行的贷款。从供应链角度来看,银行的授信总额没有增加,而企业的资金周转效率提高了。通过上游企业不断地供货,下游企业正常的销售,形成循环。所以这既是产业的整合,同时存在金融的整合。

在供应链金融中,最主要的问题是银行需要对下游企业的贷款进行跟踪,确保资金按照预期流动,而不被移作他用。经常采用的办法是,银行通过与这些企业之间的协商,确定它们之间的正常应收账款的支付只能通过专门的账户进行,便于银行的监督。

以按揭为例,银行给购房人的贷款,必须用于支付房地产商的房款,房地产商把收到的房款用于归还银行的借款。银行的贷款余额没有增加,把原来给房地产商的贷款变成了对分散的个人的贷款,贷款的风险下降了很多,授信资产的质量得到了提高。一是贷款分散,风险相应分散。二是从对房地产商的一般贷款,变成了对个人的抵押贷款。根据《巴塞尔协议》中风险资产的定义,房地产企业贷款的风险成数为100%,而个人按揭的风险成数为50%。从这里我们可以明白为什么贷款的管理成本增加而银行却比较喜欢叙做按揭的原因了。

五、授信种类

授信种类很多,且在不断开发之中,国内外授信业务重点也多有不同,只能介绍一些国内经常叙做的主要授信业务。

根据《商业银行法》及相关法规、规定,国内的商业银行授信,是指贷款、贸易融资、票据承兑和贴现、透支、保理、担保、贷款承诺、开立信用证等。

(一)按银行的作用划分

按银行的作用划分,授信可以分为自营贷款、委托贷款与特定贷款。

自营贷款,是指由银行自己筹集资金,自主发放贷款,自己承担风险,并自己收回本息的贷款。商业银行业务的主体是自营业务,本书所讲的授信管理也是基于此。

委托贷款,是指商业银行接受银行以外的其他企事业单位,包括政府及社会人士的委托,以自己的名义将他们所提供的资金贷放给他们所指定的借款人,贷款条件由委托人确定,贷款风险也由委托人自己承担,银行只是起委托代理的作用,收取手续费,协助委托人进行贷款监控与回收。

特定贷款是有特定目的的贷款,指经过国务院批准并对贷款可能造成的损失采取相应的补救措施后,责成国有商业银行发放的贷款。

(二)按贷款期限划分

按贷款期限划分,授信可以分为短期贷款、中期贷款和长期贷款。

短期贷款,是指贷款期限在一年(含一年)以内的贷款。

中期贷款,是指贷款期限在一年以上五年(含五年)以下的贷款。

长期贷款,是指贷款期限在五年以上的贷款。

(三)按担保方式划分

按担保方式划分,授信可以分为信用贷款、保证贷款、抵质押贷款。

信用贷款,是指完全凭借款人的信用发放,没有担保的贷款。

保证贷款,是指有以第三人信用保证而发放的贷款。

抵质押贷款,是指有以借款人或第三人的财产或权利作为抵质押品而发放的贷款。

(四)按币种划分

按币种划分,授信可以分为本币贷款与外汇贷款。

(五)按借款人性质划分

按借款人性质划分,授信可以分为对公贷款与对私贷款。

对公贷款,是指对公司等法人组织的贷款。

对私贷款或者称个人贷款,是指对自然人的贷款。

(六)按借款人所在地划分

按借款人所在地划分,授信可以分国内贷款与国际贷款,本埠贷款与外地贷款。

国内贷款,是指对中国居民的贷款。

国际贷款,是指对外国居民的贷款。离岸业务就属于国际贷款。

外埠贷款与本埠贷款,相对是指借款人处于本级银行所在城市管辖区以外的贷款。

(七)按债权状态划分

按债权状态划分,授信可以分为贷款与承诺类贷款。

(八)按贷款性质划分

按贷款性质划分,授信可以分为流动资金贷款、固定资产贷款与项目融资。

流动资金贷款,是指用于企业生产经营用的流动资金需要的贷款。

固定资产贷款,是指用于新建、改扩建及购置固定资产、引进技术设备等的中长期资金需要发放的贷款。

项目融资,是一种新的融资模式,是指针对某一新建的特定项目发放,采用特殊管理办法的贷款。它包括项目所需的流动资金贷款与固定资产贷款在内。

(九)按实际授信业务划分

按实际授信业务划分,授信包括贷款、L/C、票据承兑与贴现、担保函、透支、备用信贷、银团贷款、保理、押汇等。

(十)转贷款

转贷款,是指接受其他金融机构贷款,再以相同条件转贷给企业的贷款。它与委托贷款不同,银行作为借款人承担了贷款风险,一般在国际贸易融资与国际金融机构贷款时采用。

第二节 授信文化

一、授信艺术

银行通过授信活动,将筹集的资金借贷予客户,到期后收回本息。很重要的一点是,客户能否按照约定全部归还借款。银行利润之大小端看授信风险之大小。对于从事授信的客户经理来说,必须注意面对风险的合适评估。贷款必然有风险,授信的艺术就是把握风险,通过精心的产品设计和严谨的风险监控,使风险最小化、利润最大化,把那些有较大较明显风险的业务和客户排除掉。这样既使业务得以扩大,又能及时安全地回收贷款。

对于银行授信,从理论上讲,规避风险的最好办法是不要放出任何款项,这意味着风险的绝对避免。如此则无能成其银行。无风险也没有收益,银行也无法生存。消极的办法是,在有绝对风险把握的情况下才叙做授信业务,那等于自我设限,作茧自缚,不能发挥银行信用功能,业务必然萎缩,缺乏起码的竞争力。正确的授信艺术在于回避可能的风险,积极争取客户,开拓业务。客户是银行的衣食父母,生存基础。只有优秀的客户才能给银行带来稳定的源源不断的利润。那么对于银行来说,它的全部艺术就是体现在,把不好的客户淘汰出去,把优秀客户不断补充进来。

二、授信文化

商业银行的特质导致授信文化成为银行企业文化的主流。商业银行的安全性、盈利性、流动性都体现在授信功能的发挥上。利润中心也好,客户中心也好,都需要通过授信客户经理的业务活动反映出来。其核心支点就是以授信客户经理为中心来展布和构建银行的企业文化。银行的授信文化主要体现在以下几个方面。

(一)专业性

从事授信业务的客户经理是需要通过专业培训和相当时期的专业历练的。专业是与经验连接在一起的。只有专业,才能对风险作出审慎的分析、客观的评价和正确的判断,并勇于承担风险。既不能放弃业务机会,又能过滤掉有风险的业务。很多时候风险的表现形式不同,需要经验去辨别。有时候从形式看,风险很小,但是与之相关联的其他业务却存在着较大的潜在风险。只有具有丰富专业知识的客户经理才能充任。

(二)创新性

创新性包括金融产品的创新与人员的更新。社会经济环境在不断发展,不同类型的客户的产品需求不断变化,这要求银行进行金融创新,不断推出能够提供能够满足客户需要的新产品。换句话说,客户是银行的衣食父母、利润来源,客户的需要既是银行竞争发展的机会,也是银行服务的根本。不断地创新,才能领先同业,维持竞争优势,同时也是银行本身的发展机会。很多的金融需求是通过银行的金融创新激发和挖掘出来的。比如保理业务,它将结算、保险、押汇、收账等结合在一起,使银行业务更精细深化,利润源拓宽了。人员的更新也很重要,一切业务都依赖于优秀的人才。

一家银行的优质文化被市场肯定后,其人才也会成为其他银行的拉拢对象,被外界聘任。一些年轻的优秀人才也能不断进入团队,形成良性循环。优质的企业文化应该视优秀的员工被同行雇佣为荣光,而不是简单的拦阻。一方面能形成将来可能的合作关系,另一方面能空缺一些岗位给年轻才俊,使他们有提升的机会。

金融业与其他产业不同,其他产业的市场容量是一个外生变量,竞争的结果使市场版图重新划分。金融业不同,它的市场容量是一个内生变量,即通过竞争与创新,金融市场版图越来越大,结果使所有的银行受益。比如,个人理财或者称私人银行业务,在过去人们认为只是存款从 A 银行到 B 银行的搬家转移,而实际结果却是一个新的业务种类的诞生。

(三)廉政与高效率

效率是建立在良好授信管理的基础上,有一套完善完整的、行之有效的银行业务制度可以对授信业务实施严格管控。同时在这个基础之上自然形成一种价值、纪律、准则,从客户经理到主管、高阶经理共同遵守。

(四)健全全员风险管理机制

从行长到普通员工,自觉产生风险意识,行长应明确表达对风险的容忍度,员工在各自环节自觉揭发风险之所在。在行长到普通员工之间,中间有很多层级,行长的意识不能及时传达或贯彻,下层员工发现的风险苗头不能及时向上传递,会错过纠正的机会。为此,银行应该建立合理有效、客观可行的绩效考核机制,划分风险责任,落实奖惩措施。

(五)合规合法性

现在的商业银行被强制要求必须建立合法合规部门,从事对银行内部的法规审查,是银行实践经验的总结。因为在合法性方面的忽视而产生风险的案例所在多多。银行千万不应为了笼络或讨好客户而放弃对合法性与正当性及正常程序的要求,存在侥幸心理,如是则一定会将银行引向歧路。正当性存在问题,说明银行有责任,一旦发生争议,一定会成为对方抗辩的理由,可能被法官判定担责。

所以,良好的授信文化应该具备以下方面的特质:

(1)共同的风险语言、信息透明、决策公开、奖罚公平。

(2)主动出击,致力于优质客户的招揽。

(3)分工明确,清楚界定客户关系经理、授信经理与产品经理的角色分配及相互配合。

(4)建立现代化的风险管理信息系统,实现信息共享。

(5)完善的人员招聘、培训、研发、升级奖励制度。

第三节　客户经理的职责

授信业务过程,涉及三个不同的角色。一是产品经理(Product Officer,PO),负责设计和开发、提供授信产品。不同的企业会对银行提出不同的授信要求,因此银行必须根据客户需要提供合适高效的产品,提高自己的竞争力。20 世纪 80 年代以来,许多新的授信产品大量涌现,就是得益于产品经理对市场的研究与开发。二是客户关系经理(Relationship Manager,RM),把银行的授信产品推销给优质的客户。他们是银行与客户的桥梁,积极地开发和维护与客户的关系,也是银行的主力队员。他们一方面是产品营销员,另一方面又是风险的第一道防线。三是授信经理(Credit Officer,CO),居于审批角色,对业务部门所申报的授信申请进行审查,决定是否放贷。

银行以利润为中心,利润以授信为中心,授信以客户经理为中心。客户经理是银行发展的依托之一。客户经理既要把授信产品推销出去,又要保证安全收回,这里面的平衡点掌握是考验客户经理的艺术。在现有业绩考核体系下,客户经理的消极被动式工作态度基本绝迹,代之以积极开拓型面貌。但是随着业务的扩展,风险也因此潜藏。要成为一个优秀的客户经理,应当明确自己的工作职责,不可僭越。

一、注重道德培养

注重道德培养,形成诚实、廉洁、笃行、守信、平和、忠诚、勤苦的品质。

诚实,就是坦白,不能有欺瞒,日常生活与工作态度保持一致。银行是基于对客户经理的全盘信任,托付任事。从事授信的调查,应该认真负责,实事求是,尽职尽责,客观揭示风险,不能为了通过审批而刻意隐瞒客户的可能风险点。在授信监控期间,客户出现不良状况,不能怕影响自己的业绩或评价,不主动报告,以致可能酿成大风险。对待客户也要求做到诚实,以诚相待,这样客户关系才是牢固的。

廉洁,就是不贪。鉴于客户经理在授信活动中的作用,难免有些不良客户,为了使授信得以通过,采用非正常的手段,拉拢客户经理。其之所以如此,乃在于本身风险比较大。对于客户经理收受客户的贵重财物,是银行的大忌。当然,收受一定价值以下的礼物,也是客户经理的职责,正常的人情往来也是维系客户关系的要点。如果有贵重礼物,不得不收时,如实上交银行,不可隐匿自用。

笃行、守信,就是行事要笃实、力行、有信用。确定的事情尽力去做好,可能做不到的不轻易承诺,承诺的要践行履约,不可借口推托搪塞。银行以信用为生,客户经理有义务维护银行信用。毁诺不是个人行为,要上升到银行高度。经常性的毁诺行事,会造成银行在本地市场信誉的下降。

平和,就是行事风格不能偏激,情绪不要波动太大。在与客户打交道时,各种情况皆有可能出现,要修炼自己。客户责难即使无理无据也要平实以对,对自己的过错更不要极力辩驳、卸责。

忠诚、勤苦,就是以银行利益为中心考量,踏踏实实,努力工作,勇于任事,不怕付出。不做违背银行利益的事。

二、树立客户中心、银行中心理念

客户中心与银行中心其实是一个二位一体的东西。客户是银行的衣食父母,银行是自己安身立命的依托和大显身手的舞台。为客户着想,使客户满意,尽可能将优良客户拉拢过来,增进银行利益,体现自己的业绩。当客户利益、银行利益与自己利益矛盾时,不能以自我为中心。当客户需要时,围绕工作,乐于奉献时间、经验和专业知识。

三、主动出击,积极承揽业务、拓展新客户

要记住业务是等不来的,主动上门的客户有好的客户,但不很优秀的客户占比也不小。在充分竞争的市场,需要客户经理动用各种人脉关系,收集信息,有针对性、有目的地开展活动。等来的业务虽然已经建立约定,但也可能中途转向,投奔其他银行。在实践上,银行选择客户,客户选择银行。若给人一种消极的感觉,必影响到客户的评价与信心。客户会发问,这样的银行是否能提供最优化的服务。一旦有竞争者拉拢,很大可能弃我而去。

四、养成团队精神，学会内部的团结协作、协调

团队精神是企业文化的一部分。个人有个人的优势，但有局限性。团队的整体功能和作用一定大于个人。团结，是为了营造一个良好的工作氛围，工作着并快乐着，彼此关怀、帮助、互相取暖，是一个现代性群体构建的基本要求。不能孤僻、逞强、对同事冷漠。整合，是发挥各自的主观能动性基础上，优势互补，体现团队合力。协调，也是授信工作必备的基本功。客户会对银行提出各种要求，客户经理作为联系人，要对客户负责，可能涉及的部门很多，客户不可能一一面对，就要及时与各部门沟通，找到最优化、最有效率的解决办法。要经常性地向先进请益，乐于接受他们的教导。业务中不明白的地方，随时请益，不要难为情。自己掌握的业务技能也要毫无保留地贡献给后进。没有天生全会的人。学习、分享先进的工作经验是提升自己工作能力的捷径。因为别人已经经历过的实践，体会最深，能够多方面进行总结，少走弯路。

五、养成爱学习的习惯，不断丰富新知识

一方面，银行业务知识更新很快，新产品开发层出不穷，需要提升自己业务素质，不断学习、钻研专业知识。现在，集团大客户的财务经理的金融专业素养比较高，有的甚至不比银行客户经理差。不学习，你的专业优势就不能发挥，可能劣化对个人的感观，甚至为客户轻侮。客户类别千千万万，横跨不同行业，不可能懂得所有行业，但通过学习，可以填补知识缺口，能够用行业语言与对方交流。在专业以外，个人爱好、偏好不同，若有一定的知识储备，就可以交集，搭建共同话题，利于客户维系。作者曾经历过，去一个相当规模的纺织业台商客户公司开拓业务，免不了餐叙。期间话题当与经营无关。台商乃中国文化大学毕业，对国学很有研究，放言高论。作者就说了一句："文化大学可是台湾最高学府啊？"台商怔了几秒钟，说："你去过台湾？怎么知道的？"作者答："书里看来的。"从此留下深刻印象，建立了很好的业务关系，甚至会主动地约去公司。所以说，机会是留给有准备的人，诚哉不爽。

另一方面，好的客户经理也需具备一定的研发能力。在国外银行考核机制里，有研发一项。学会观察、思考、探究，提出合理化建议，迟早能为高层发现，获得提升机会，从而扩大活动舞台。若有客户提出暂时无法提供

的要求,把客户的要求带回来,研讨是否有可以提供的可能性,或转圜余地。通过研究,不断发现新商机。

六、勤于走动,建立人际脉络

勤于走动,经常性参加同业之间、社区之间的活动,建立广泛的人际脉络。现代社会人脉是决定性要素之一。通过社交逐步拓展人脉圈。同业之间不但有竞争关系,也有合作关系。可以及时了解对方的新业务,研究是否可以借鉴。当本行不能满足客户某些业务需求时,可以介绍过去。同行也许有共同的客户,或者同一行业的客户,通过交流,及时获得有用的信息,便于及时采取对应措施,防范风险。通过参加社区活动,建立更多朋友关系。朋友有他的朋友,认同你,会介绍他的朋友,人脉圈越来越大。

七、与客户建立良好关系

与客户建立良好关系,特别是与能够在财务上做决策的人接触,一方面随时可以获得准确的财务信息,分析客户的变化;另一方面,能及时了解客户新的财务决策动态,提供排他性意见,建立竞争障碍。同时发挥专业知识,扮演财务顾问角色,对企业提出合理的财务建议与规划,提供高超点子给客户参考。把更多的时间、精力花在客户身上,获得客户的信任,形成长期性战略关系。

八、不要轻易表态

在与客户初次接触时,客户一定会提出一些授信的要求,应该如实相告本行的条件与规定,让客户去决策,是否可以发展关系。当客户提出的授信要求自己没有把握时,不要轻易承诺、表态。因为很有可能审批不能通过,客户就会抱怨,毁损银行信誉。留一点空间,以后还有合作机会。

九、安全性放第一位

无论何时要牢固树立风险意识。商业银行经营原则,安全性置于营利性、流动性之上,是它的本质特点决定的。对银行来讲一笔贷款,收入的只有利息,若发生风险,本金销蚀,及其不对称。作为客户经理在承办授信业务时,宁缺毋滥,不可为业绩而忽视风险因子。当没有确实把握时,不抱侥幸心理,千万予以婉拒。

十、严格遵守授信程序

要有程序与实体一样重要的理念。业务中因为市场变化、环境影响发生意想不到的风险,对银行来说是可以容忍的,如果违背程序而发生风险,则无论如何不可饶恕。背弃程序就意味着放弃原则、任由风险发酵。银行对客户经理稽核的内容之一即是程序遵守问题。一旦发现,就是很严重的事故。作为客户经理,应该懂得程序的重要性,自觉遵守,别无选择。

十一、其他

客户经理从事开拓业务、维系客户工作,需要迎合一般社会社交规则,经常性参加一些联谊活动,如餐叙、娱乐等,寄工作于休闲中。顾及现实社会里喝酒是最大社交方式的现状,具备一定的酒文化知识,并适当躬行也是不可或缺的。另外,要学习高端客户的风尚,如高尔夫等,便于交流,加深彼此情谊,有利于业务开拓。

▶▶▶ 第二章

商业银行授信架构

商业银行经营的基本原则是安全性、盈利性、流动性,这三个原则具体体现在授信上。安全性是放在第一位考量的要素,失去安全性,其他的也就不复存在。所谓安全性就是风险考量,通过客户甄别,把有潜在风险的客户授信需求排除在外。授信架构的设立目的就在于通过建立科学合理的授信体系,尽可能地防范授信风险。

第一节 授信架构设置的基本原则

授信管理架构体系设置的合理科学,是确保风险控制的重要一环。我们可以比较现有商业银行的授信架构与改革以前的授信管理模式,存在着很大的不同。换句话说,我国银行业以前不良资产的大面积出现在很大程度上与授信管理架构体系不合理有关联。建立科学的授信管理架构应该遵循下面几个基本原则。

一、全面风险管理原则

全面风险管理原则要求商业银行的风险管理组织机构设计安排应充分满足现代商业银行全面风险管理要求,即银行风险管理应当渗透到商业银行各项授信业务的全过程和各个操作环节。覆盖所有相关部门岗位和人员。它不仅要重视信用风险、市场风险、操作风险、流动风险等传统风险,而且还应重视结算风险、法律风险、信誉风险等更全面的风险因素。

二、集中管理原则

商业银行授信风险管理组织形式大致分为两种：一是风险集中管理，一是风险分散管理。在我国的授信实践里基本上采取风险集中管理模式。

风险集中管理原则要求商业银行在授信风险管理中组织结构设计时要设置授信风险管理委员会和具体的风险管理部门。与我国传统的信贷管理体系完全不同。在传统体制下，信贷部门既是业务部门，又是审批部门。一身而兼两任，权力没有分散、消减、制衡。风险委员会负责制定宏观风险政策，进行总体风险汇总、监控、报告，重大授信项目的审查与审批，并且负责风险管理方法与架构的设计决策。业务风险管理部门则进行具体的风险管理，实施风险管理委员会制定的风险政策与管理程序，应用风险模型测量与风险监控。但是集中风险管理也有一些弊端。例如，由于风险管理决策层远离一线，如果风险管理信息系统不能及时、准确地传递信息，决策者也就无法保持对风险的高度敏感。而在相应风险管理制度缺失的前提下，风险的集中管理也使得一线风险管理人员缺乏管理风险的积极性。这些弊端应当通过适当激励机制来加以约束。

三、自上而下的垂直管理原则

垂直管理原则要求商业银行董事会和高级管理层应当充分认识到自身对内部控制所承担的责任。董事会应当明确建立对风险的态度、偏好以及承担和控制的责任分配。高级管理层应将风险管理作为日常管理事项，并在风险管理中发布前后一致的指令和原则，使这些指令和原则在整个银行机构中得到贯彻和执行。同时垂直管理原则还要求银行风险管理组织机构应保证风险管理部门风险管理决策信息，以及管理综测指标限制、批准意见等及时向下传递给风险管理部门职能前台。前台部门集合其收集的具体风险和交易信息，将这些风险决策信息进一步转化成具体的风险管理信息，即将概念性的风险管理信息具体化和定量化。然后传达到相应的业务前台，成为前台实践作业的依据。

四、独立性原则

独立性原则就是要求风险内部控制的检查、评估部门应当独立于风险内控的建立与执行部门，并有直接向董事会和高级管理层报告的渠道。它主要表现在商业银行风险管理在组织制度上形成由董事会风险管理委员会直接领导的以独立风险管理部门为中心与各个业务部门紧密联系的职能上独立的风险管理体系。

五、程序性原则

程序性原则要求商业银行风险管理应当遵循事前授权审批、事中执行和事后审计监督三道程序，相当于建立内部防火墙，进一步增强商业银行在复杂风险环境中及时有效系统的风险防护和管理能力。授信程序，国内银行以前比较不太重视，这与国外银行正好相反。国外银行都首先制定有自己的授信作业程序，且必须严格以此程序展开作业，若有发现违背程序之举，则立即受到调查，并受惩罚。

六、制约性原则

制约性原则就是商业银行在设置具体的授信业务部门及授信业务流程时，要体现各部门之间、上下流程之间相互制约的原则，不能把授信审批的权力过度集中于一个部门或一个人，而是要采取分散、制约的办法，保证所有授信业务都是在有效监督下进行。

第二节　授信架构

基于不同的授信文化，各国商业银行在具体授信架构设置上有所不同，但基本原则是相同的。像在美国的银行，业务部门主管按等级具有授信业务审批权限，但是授信的最终批准仍然需要授信审批部门主管共同批准生效。在欧洲银行，业务部门主管则一般没有授信审批权限，只有授信建议权。审批权集中于审批部门，按额度由审批部门两个人以上，或审贷委员会审批。我国目前的授信模式基本上参考美式银行，由业务部门与审批部门共同审批。

为便于对银行授信体系有感性的认知，图 2.1 是一个我国银行授信体系架构模型。

对于跨国银行来说，因全球化需要，在总行外各地设立区域总部，这些总部是总行的派出机构，而非分支机构，履行总行的职权，主管所在地区的

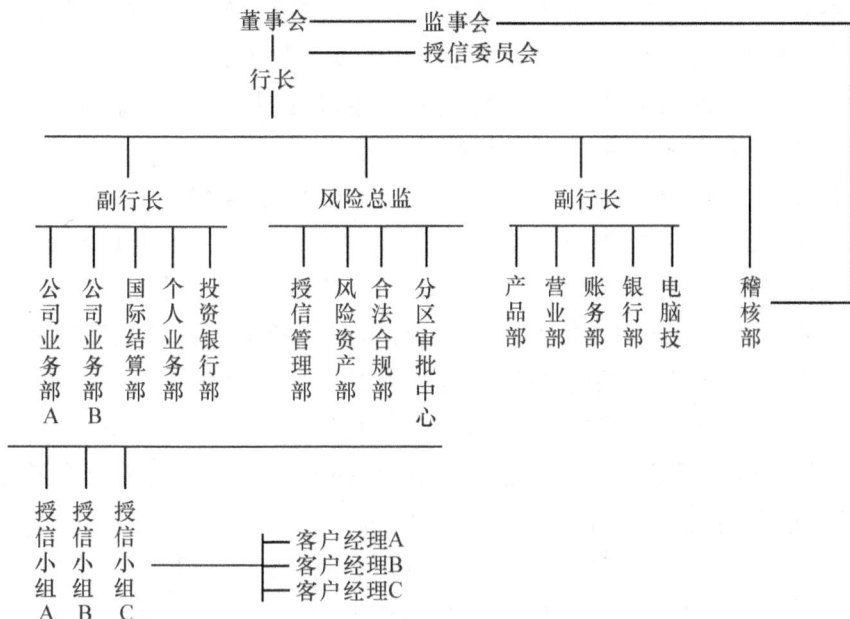

图 2.1　我国银行授信体系架构类型

全面业务。在国内,因为总行大部分集中于北京,而全国地域宽广、业务复杂,业务量大且业务特点不尽相同,因此,为提高审批效率,强化授信风险管理,不同程度上个各银行均按地区设立审批中心。如××银行华东审批中心,它也是一个总行的派出机构,执行总行对华东地区各分支行的审批业务,相当于总行把华东地区的审批功能剥离出来,由其专司。

股东大会。按现代企业制度,股东大会是银行的最高权力机关。虽然它对具体授信业务活动不干涉,但它对于银行的发展方向、投资行为,及重大业务拥有决策权。

董事会。董事会是股东大会的常务执行机构,具体的授信业务管理办法与制度通过董事会落实。董事会一般也不涉及具体授信业务,它主要是一个宏观决策机构。对授信业务发展方向、发展目标、风险控制制度落实、内部业绩考核、资产负债匹配等做出决定,交由管理层执行。当然,有时候对本行业务有重大关联的授信项目,参与授信决策。比如某一特大型项目,授信额度达到本行资产的一定比例,管理层无法承担决策者角色。

监事会。监事会的角色,是平行于董事会且监督董事会的机构。在银行授信业务里,主要透过稽核部门起到事后监督作用。

审贷委员会。它是银行内部授信业务的最高决策机构,在本分支各级都需要建立。《商业银行内部控制指引》规定："商业银行应当建立有效的授信决策机构,包括设立审贷委员会,主要负责审批权限内的授信。"在西方的银行里,也存在类似的授信委员会之类机构,从事限额以上授信业务的审批,限制银行领导层的个人影响力对业务的非正常影响。一般来说,授信委员会不是银行内部的一个常设职能部门,而是由各相关部门主管、主管行长,及经验丰富、资历深厚的高级客户经理组成。根据规定,银行的行行长不能是该委员会的成员。这里看似与商业银行实行行长负责制的制度有冲突。银行的主要资产是授信资产,而行长却被排除在授信业务与决策过程之外,却要为银行的资产质量承担责任。为缓解这一矛盾,在实践上,同时也采取一个折中的措施,赋予行长对授信项目的否决权,而不能有同意权。因为行长个人的意志可能透过决策过程,使审贷委员会其他成员不能独立地表达自己的真实立场,导致风险隐患。

行长。上级行授权对象是行长,授信合同、契约均以行长名章签署,行长显然是核心人物。但它的作用是在形式上的。对授信决策过程不参与,但对结果可以表达意见。

主管行长。协助行长从事具体授信业务管理,接受行长的授权,对行长负责。在我国,大多数银行主管行长拥有授信的审批权。

风险总监。很多银行设立风险总监一职,从事授信项目的审批,和风险资产管理。风险总监属于行长层级。在欧洲银行里,主管行长没有授信审批权力,权力属于风险总监及其领导下的授信管理部门。也就是说,在授信架构下,它的权力大于主管行长。

根据不同的业务类型,银行会设置不同的业务部门。根据业务需要有时候这些部门是可以分立或结合的。

授信业务部。它是授信业务的主要载体,从事客户招徕、业务开拓、授信调查、监控、回收、催理等工作,包括对公、对私,或者以行业、产品为基础设置不同的部门。员工称客户关系经理。

授信审批部。从事授信审批工作,员工称授信经理。

合法合规部。法律风险也是授信风险的一部分。特别在英美法系国家,银行因为违规发放贷款或相关合同、文书内容的疏忽,遭受法律风险的例子不胜枚举。我国随着银行的商业银行化,与客户在民事上属于平等主体。合法合规部主要从事法律风险的防范,工作内容包括各种授信合同的审查,银行出具的相关文书和客户向银行出具文书内容的审查,及对某些特殊业务行为提供法律意见，是否与现行法律相抵触。

风险资产管理部。从事对已经形成的不良资产的处分。

国际结算部。从事与国际结算有关的具体作业。国际结算是相对比较专业的业务，又称商人银行业务。有些银行给予国际结算部门一定的授信业务权力，比如押汇。但大多数银行不予授信权力，而纯粹是一个执行机构。在经审批的授信额度内开展业务。

营业部。它是银行的基本功能部门。除了客户的日常结算转账外，营业部还负责贷款的拨付、计息、还贷通知、贷款收回、账户余额监控、授信合同约定条款的执行等；也有很多操作风险与营业部门有关。

银行部。从事对于金融同业之间的拆放业务。同业往来是经常发生的业务，头寸的余缺通过拆借来平衡。鉴于银行倒闭的风险，也纳入授信架构下管理，不再如以前一样凭电话就完成拆借业务，而是确定授信额度，在额度内进行拆放。有隔夜的，也有几个月的，不等。

资金财务部。一是进行财务核算，包括授信定价，盈利性也是银行的目标之一，授信业务必须有利可图。二是强化流动性管理，合理安排和调配资金，保证授信按合同规定执行，满足客户的提款需要。三是进行资金预测，提供业务部门参考。

稽核部。从事内部审计。与审批部门一样，一般直属于上级行。稽核属于事后审计，也是风险控制措施之一，起到内部监督作用。不仅针对业务，也针对业务人员个人，发现问题及时整改，是上级行了解、控制下级行的手段。

产品部。从事授信产品的设计、开发。在授信架构下，银行的信贷资金被看做是产品，而不单是资金。为了适应竞争的需要，满足客户的需求，不断开发新的更有效的产品，达到业务创新。

电脑部。在科技发达的电子化时代，电脑技术的应用已经必不可少，需要一定的技术支持。一是信息的输入、分类、储存、整理，并达到共享。二是授信业务必须借助于互联网络，主要环节在网上完成，提高效率。三是设立提醒作用，以弥补人的记忆缺陷，减少不必要的业务差错。

投资银行部。从事投资银行业务。国外大银行一般下属建立单独的投资银行，将相关的投资银行业务交由它完成，如银团贷款业务。国内银行虽然银行证券分离，但也有其他的投资银行业务，也在总行层级或业务较大的分行设有投资银行部。

在部门以下层级,设若干客户经理小组,发挥团队合作精神。客户经理小组由数量不等的客户经理组成。

高级客户经理。高级客户经理是客户经理小组的负责人,一般由资历深厚,业务能力强的人士担纲。

一般客户经理。属于客户小组的普通成员。一般,银行会按照客户经理的资历与实际能力、水平或业绩,将客户经理分别设置等级。不同等级授信业务的权力不同。如设置 A、B、C、D 四级,每一级所从事的授信业务依次递减,以后随着经验、资历、业绩升迁。

在国外银行里,客户经理分三种:产品经理、客户关系经理、授信经理。

第三节 授信程序

程序与实体一样重要。一家银行必须制定合理可行有效的授信程序。授信程序主要包括以下几个部分。

一、授信计划

授信计划制订,包括授信策略的拟定,目标市场选定,与其对应之搭配及授信指导原则的确定。古人云:"预则立,不预则废。"银行不能盲目地开展业务,而是要根据本地区、本银行、各行业的特点和具体情况,有目标、有针对性地开展业务。

(一)拟定策略

1. 确定贷款总量目标

银行要有一定业务发展的规划,在确定的信贷总量目标下开展活动,防止出现资金供应不足的困窘局面。

2. 拟发展的重点行业、地区

银行要扬长避短,选择重点地区和重点行业作为业务开展的重点,有利于集中资金、人才,发挥优势。

3. 拟订新授信产品开发计划

银行的服务对象是客户,而客户的需求也是不断变化的,银行要因客户的需要有计划地开发相应的授信产品。

4. 确定新的授信政策

授信政策不能是一成不变的,也需要随着经济环境或竞争环境的变化而不断变化。但政策一经确定,须统一执行,不能随意变更。

(二)目标市场选定

银行要体现各自的优势。银行间可以相互借鉴学习,但要避免同质化。同质化是目前国内商业银行最大的困顿。

无论一家银行或者同一家银行的分行,其所处的区位、特点不尽相同,需要扬长避短,体现自己的优势,尽早定位目标市场,确定业务方向和重点。一般而言,大银行挟其资源、资金、人才、网络、产品、信息、影响力、信誉度等优势,把大中型企业、集团客户、海外市场作为目标。中小银行则应将目标定位在中小企业。大银行的各个分支行之间也不能完全雷同,也要确定各自的目标市场。如沿海地区应把目标市场定位在与进出口业务有关的客户,内陆地区则把资源及加工企业列为重点。对于大型企业,采用按产业来分组,中小企业及个人客户,宜由附近设立的分支机构服务。大型企业与集团客户授信一般集中于总行或一级分行,而一般性服务可以交由就近机构负责。基层分支行的小客户经过一定阶段的培养,也可能发展成大客户,基层分支行可能不能满足他们的某些服务需求,这时就需要把他们移送到上级机构。

根据风险分散的原则,一家银行的授信不能过度集中在一个行业或某一个地区,以避免遭受系统性风险的影响。但也不是说要基本平均分配与给地区各行业。各行业、各地区经济结构、发育水平、市场成熟度不一致,而且受本身的人才影响,银行里不可能有精通全部产业的人才。比如一个口岸城市的分行,进出口业发达,则很自然地把与进出口相关的客户作为发展重点;有些城市航运业发达,就要有重点地开展航运金融。

(三)授信指导原则

指导原则的订立一定要切合实际,体现严谨与灵活相结合。所谓政策是死的,原则必须要是活的。因为市场经常变化,需要一定的灵活性来适应环境的变化。

概括起来,授信的指导原则应该体现以下几方面。

(1)清楚的风险界定与风险分解。

(2)严谨的风险内部控制与程序及操作规范。

(3)客观有效的风险评估方法和工具。

（4）明确的职责分工与权责分明的绩效考核体系,实行第一责任人制度。

（5）合理的风险定价。

（6）切合实际的发展目标与方向。

二、授信一般程序

（1）拓展客户。根据银行确定的授信计划、目标,有针对性地发展客户,业务人员针对目标市场,事前充分收集相关的信息,汇集一份可能的发展客户名单,向主管进行汇报,并仔细检查过滤掉一些不适合的客户,然后主动上门,积极拜访。在和客户接洽时,不要轻率答应客户具体的授信额度,预留空间。万一内部审批不能通过,不致得罪客户,双方期待有下次合作机会。

（2）客户调查。在对客户初步接触基础上,应对客户进行认真翔实的调查,包括对客户概况、运营状况、财务状况、营业内容、销售渠道和水平、盈利能力、营运计划、发展前景、历史信用等作出信用风险评估,初步确定授信额度。

（3）客户信用评级。客户信用评级是授信的必经程序,就是在客户调查的基础上,按照一定的标准,对客户进行信用等级评定,以评估其可能的风险程度,确定是否可以成为本行的授信对象。

（4）授信条件协商。银行与客户是互为依存,共生互利的关系。银行既要注重于安全性风险考量,同时也要争取自己利益的最大化。在经过初步调查认为可以发展为客户,同意叙做授信业务,应向客户提出银行的条件,包括资金用途、额度、种类、资金使用计划、支付方式、期限、还款来源、担保条件等。此时应注意提出条件的方法,千万不要让客户觉得所提条件即将来银行批复的条件。如果实际批准条件有增加,客户容易产生银行经常变化的错觉,有不信任感。

（5）开立账户,取得贷款证。客户与银行发生授信往来,客户在银行开立结算账户,是前提条件之一。账户有基本结算账户与存款结算账户之分,前者称主办行,可以提领现金,后者不能提领现金,其他功能一样。开户时需要经人民银行批准,领取开户许可证。若是外币账户,则由外汇管理局审批。贷款证也由人民银行核发,是可以取得银行授信的资格证明。个人贷款则无贷款证规定。

（6）授信调查报告。客户经理将自己对客户所做的调查进行分析、归纳、判断,将调查结论形成一份完整的授信调查报告,提出授信建议,经部门主管同意后,报送分管授信业务的行长同意,再报送授信审批部门审批。对于长期贷款项目,还应进行项目评估,评估报告随同附送。

（7）授信审查。接获业务部门报送的调查报告后,审批部门根据经验与专业进行风险评估审查,决定是否同意授信,或者附加另外的授信条件。授信经理有否决权,一经否决,授信程序即行中断。若统一授信,则须报经审批部门主管同意签署。

（8）超过审批权限的授信,审批部门授信经理审查批准后,经部门主管同意,报送风险总监审定、签批。

（9）超过风险总监审批权限的授信申请和固定资产贷款项目应交由授信委员会讨论。各银行授信审批授权不同。固定资产授信项目,无论大小,一律需要经过授信委员会讨论。

（10）补充材料。若审批部门认为现有资料不足以判定风险,要求增加补充资料的授信项目,转回授信业务部门,继续补充完善相关要求资料。

（11）签订合同。经过批准后,以批准条件为依据,告诉客户,签署授信合同和担保合同。如果涉及财产抵质押的,则需要同时办妥抵质押登记手续。如需进行合同公证的,办理公证手续。

（12）贷款发放,又称提款。授信合同签署后,具体贷款业务发生,仍然需要分别签订借款合同。所有贷款合同的余额不超过授信合同确定的授信额度。提款时有一次性提款,有分次提款,按借款合同约定进行,提款时客户应填具借款借据,作为实际贷款发生的依据。原则上银行从利益考量最好立即发放贷款,可以计息。但是考虑到资金安排计划、客户的用款计划与实际需要,须严格按合同约定执行。若是附加有授信条件的,须检查授信条件是否已经满足。若是银行委托付款的贷款,对贷款资金的使用要严格控制。

（13）授信监控。贷款发放后,资金交由客户使用,在贷款未到期归还时,客户经理需要进行授信监控,定期做贷后检查,分析财务报表,写成贷后检查报告,交部门主管与审批部门审阅。确保贷款能按时收回。

（14）收息还贷。根据规定利息每季度收取一次。有些有宽限期的长期贷款,在宽限期内只收息,不还本。对贷款归还,也有一次性还款与分期还款的情形。

(15)贷款分类与连续信用评级。这属于贷后管理范畴。一定时期需要对存续的贷款按五级分类标准与办法,进行分类。连续信用评级是在初次信用评级基础上定期对客户继续进行信用等级评定,分析客户在此期间的变化。

(16)催收。催收是指贷款到期后,不能如期归还,出现逾期,需要采取特别的措施,加紧催收,尽可能较少损失。

(17)资产保全。进入催收程序的不良资产,必须通过司法手段的,采取诉讼方式来保全财产,期待将来诉讼结束后,能处理相关的保全资产,收回贷款,减少损失。

(18)坏账核销。穷尽各种手段,确实未能收回的贷款,变成坏账,通过一定渠道,按规定办理核销。

(19)授信总结。授信结束后,特别是固定资产项目,应该完成一份授信总结报告,详细记录授信过程并存档。

(20)授信档案。把有关的文件、资料、协议、报告,稽核结论,进行整理,形成一个完整的档案资料。

图 2.2 是一个二级分行的授信审批程序。

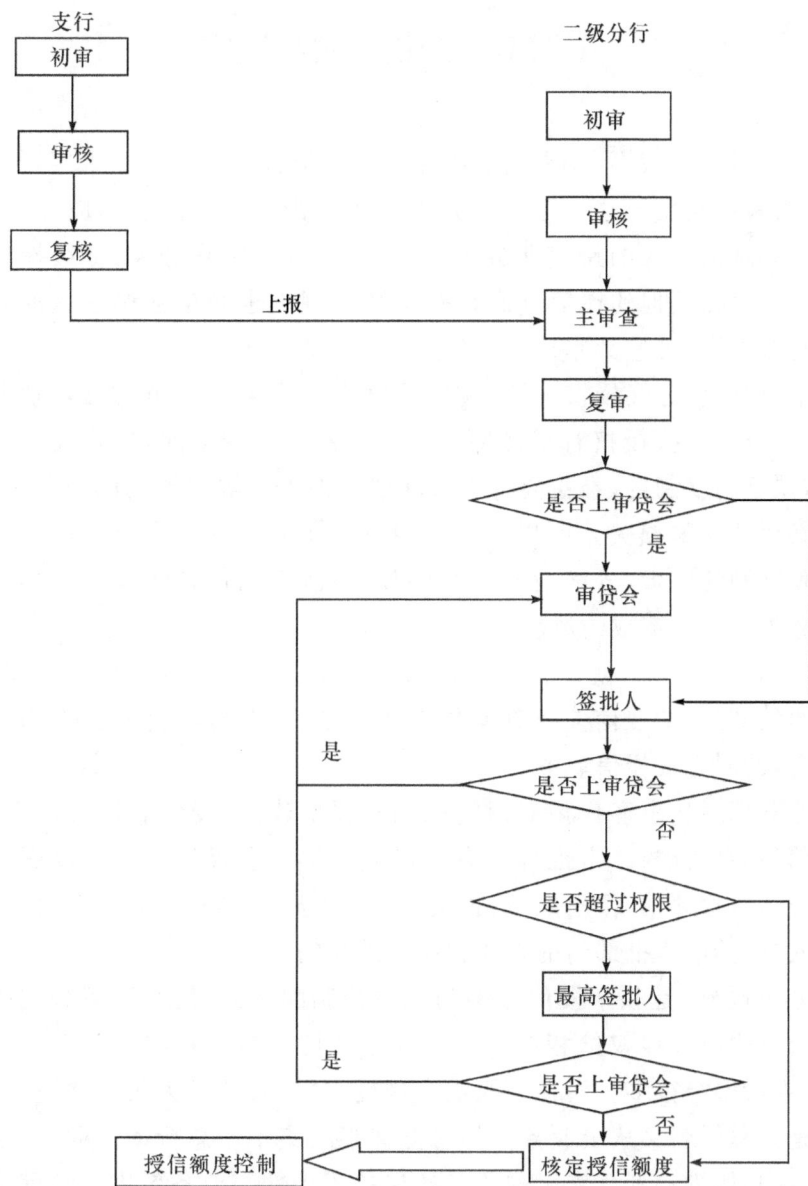

图 2.2　二级分行审批权限内的客户统一授信流程

第四节　授信原则与制度

《商业银行法》第 35 条规定:"商业银行贷款应当对借款人实行审贷分离、分级审批制度。"这一条款表述有些欠精准。正确的表达应该是:商业银行在办理借款人的授信业务申请时,应该实行审贷分离、分级授权审批制度。同时在其他的授信方面相关法律法规中也必定强调这一原则。这说明它是共识,且意义非凡。

审贷分离、分级授权审批原则的核心理念就在于在办理授信业务过程中确立互相制约、授权有限的原则。鉴于过去信贷实践,信贷人员的权利过大,缺乏制度制约,难免会将个人的情感因素影响到授信的业务过程,造成不必要的风险损失。所以有必要建立一个制约的制度,通过审贷分离,形成相互制约监督,分散业务人员的权力,减少因信贷业务人员主观因素或业务能力不适造成的风险。

所谓审贷分离,就是在银行授信业务架构中设置两个不同功能,又相互制约的部门,即授信业务部与授信审批部,并明确各自的工作职责和分工配合,共同完成授信业务。

业务部门从事客户拓展、授信调查、授信建议、授信监控等业务,但没有授信最后审批权。审批部门有权对业务部门上报的授信建议进行认真的审查与风险评估,作出准予、否决,及附加条件或补充调查的决定。根据制度安排,授信审批部门的否决权是终结性的。

分级授权,是基于授信效率与风险控制的平衡,授予下级分支机构或者银行机构内部授权给相关人员一定限额的授信审批权限。在分行制银行里,银行层级很多。而在一级法人制度里,所有的权力集中在总行,分支机构是以总行名义从事业务。如果全部事权集中于总行,是不现实也不可能的,这必然影响到分支机构业务拓展的积极性与业务效率。这就需要做适当的权力下放,把一定限额以下的授信审批放权给下属分支机构,但超过限额的授信审批仍然由总行执行。一般来讲,总行的授权只到一级分行。一级分行对所辖的下属分支行也有转授权,在总行给予的授权额度里再对不同的下属机构或本级业务部门授予授信审批权。例如在支行一级CNY 100 万以下流动资金贷款业务频繁且经常发生,在制度完善的情况下,完全可以简化处理,授予授信审批部门最终审批权,不必经行长级层次审批。

分级授权的具体权限,由各银行根据业务规模和需要自主决定。在国内银行,都拥有许多一级分行、二级分行。各个分行的业务规模、业务重点、业务经验不同,也不必给予所有分行同等的授信审批权限。一般来讲,沿海地区分行高于内地分行,沿海分行之间也可以设置差别,如上海、广州分行可以高于福州、宁波分行。

在分级授权体制下,也可能存在一种特别的情况。但目前为止,国内银行尚未发生过。这一特别情况就是指某一分行叙做某项业务因为特别出色特别专业或者特别集中,总行因而授予它特别的权限,或者将行内所有此等业务交由该分行处理,使得它在该项业务处理中事实上达到总行的权限。

根据这一制度设计,业务部门人员依照自身的业绩考核要求,总是有千方百计把业务做大的冲动,难免会在风险把握上放宽要求,审批人员的作用就能够很好地发挥出来,通过增加审批环节,制止可能的、明显的风险。审批的职责就是发现风险、否决风险或提出附加条件对冲风险。比较旧的信贷体制,从调查到审批都由同一部门完成,如果在部门内已经形成倾向性的意见,很有可能发现不了,或有意忽视风险。

业务人员有接触客户、维护客户的职责,而审批部门是不能接触客户,至少不能单独接触客户。这是基于人的局限性,审贷分离制度实际设计的精妙所在。因为人很难不为情感支配,如果审批人员也接触客户,就会慢慢地建立起彼此关系,这种关系的发展有可能影响到在将来对客户授信项目审批时,产生先入为主的倾向性,不能严格把握风险,最后放过了风险,不能完全发挥风险审查的作用。比如,在对于风险因素基本相同的两个项目,一个熟悉,一个不太熟悉,对不太熟悉的项目就会坚持风险标准,予以否决,而对熟悉的项目则可能予以通行。

我们知道,人是有局限性的,所以需要好的制度来保证。授信领域最忌讳的是接受客户财物,而导致对银行利益的损害。理论上,施惠于一个人,也可以施惠于两个人,一旦业务人员与审批人员都接受客户的施惠情况,原有相互制约的制度设计就会破功。通过了这两个关键关口,后面的关口中被阻止的概率要小得多。在西方银行授信制度中是严格禁止审批人员接触客户的。但是基于国内银行业现状与文化特质,目前尚不能得以很好的遵循。矛盾点在于,审批人员因为不接触客户,对客户一点感知都没有,甚至都不知道客户在哪里,仅凭相关文字资料要做出决定,很难做出风险评鉴,做出授信决策。因此国内银行也做了一定程度的让步,允许审批人员在认为有必要时可以在有业务人员陪同的情况下考察了解客户。

一个制度的确立,一定有它的理由。不接触客户制度是审贷分离制度的有机构成。国内银行业实践上的这一修正,说明离先进的授信文化尚有一段距离,需要经过一定时期的适应和磨合。在国外的大银行里,审批人员的担纲者都是一些经验丰富的资深业务经理。他们的业务素养、工作经验、专业分析能力足以保证在不接触客户情况下,仅凭书面文件材料进行逻辑性审查,做出自身的分析判断。换句话说,适任审批岗位的人员在业务能力上必须要求超越一般业务人员,这一制度才能维持。所以说,不是这一制度有瑕疵,不合国情,而是在认知上有差距,最终必将接受这一制度约束。

在审贷分离原则下,还需要强调,授信审批实行以垂直管理为主的模式。授信业务部门与授信审批部门不能是同一人的上级主管行长,其原理同行长不得为审贷委员会成员一样,否则相互制约的功能大失,同时更能对分级授权权限的运用进行规制。授信审批实行以垂直管理为主的模式,业务部门由主管行长统领。如果业务部门与审批部门同属一个上级,一旦该上级有自己的某种主观意愿,在实践中一定就会影响到业务人员和审批人员的独立判断与决策,因而有可能出现放低风险要求,使本不应该批准的授信项目获得批准。如果两个部门分属不同主管,各自对自己的主管直接负责,主管一级的影响力与可能的干扰能得以很有效的排除。

现有商业银行的审贷分离制度,业务部门仍然隶属于本级银行,但审批部门既接受本级银行的领导,同时又接受上级行风险管理部门的督导、指导,形成以垂直管理为主,平行管理为辅的双重管理模式。这种管理模式便于统一全行风险管理标准,准确及时采集与反馈授信风险管理信息。

授信管理中设置和实施的另一个制度是第一责任人制度。所谓第一责任人制度是指从事授信调查的客户经理对授信项目的风险承担第一性的责任。我们知道,在授信架构设计中,有很多部门参与授信决策,而且最后审批权属于授信经理。但是授信经理不接触客户,而是凭客户经理的调查报告做出审批,如果调查不实,或报告内容有瑕疵、遗漏,就会导致授信经理决策错误。因此,不实行第一责任人制度,客户经理的制约手段就弱化,授信经理也因责任分担而无法扮演它的角色,审贷分离体制就会瓦解。

▶▶▶ 第三章
企业财务分析

金融在英文里是 Finance，财务也是 Finance，说明两者有共通之处。其实金融是对于货币资金而言，财务是将企业资产资金化。一个是实际的资金，一个是虚拟的资金。对于一个合格的客户经理来说，懂得企业财务，并能够进行财务分析，是必备的基础。换句话说，没有很好的财务知识是不可能成为合格的客户经理的。无论是对企业的授信调查、风险审查或是信用等级评定，财务分析是其基础。

财务会计制度是现代企业制度的核心之一，也是近代资本主义得以产生和发展的技术基础，更是数字化管理的最直观、明显的体现。可以这样说，假如没有借贷记账法的普遍应用，大工业制度无法发育，代理人制度也难以产生。会计制度的优点在于数字化，将企业的所有资产与负债，无论其是何种形态，统一为一组按规定格式与标准的数字，每一个数字代表它特定的含义。管理者只要通过会计数字的解读就可以大体上了解企业的经营情况，为实现非现场管理提供了技术支持。对于银行来讲，财务分析也是了解企业的基本手段。

第一节　企业财务分析基础

企业的财务报表主要有三种：资产负债表、利润表、现金流量表（三表具体格式见后），三者构成一个完整的财务状况。资产负债表主要体现资产负债结构。利润表反映企业的经营状况和盈利水平，其结果反映在同期的资产负债表的未分配利润科目里。现金流量表，主要体现经营期间生产、经营、投资、融资的现金流入流出水平，用以验证企业的销售实绩与货款回笼情况,由此判断有没有假销售情况。

一、资产负债表

资产负债表由资产、负债与所有者权益三项构成。资产等于负债加所有者权益。其意义在于说明,企业的全部资产中来源于自有资产(所有者权益)和对外负债情况。简洁地讲,资产是指企业所拥有的可自主支配的财物。负债可以理解为总资产中借用别人的钱所形成的部分,因而是要归还的。所有者权益,就是这些资产里面属于自己的部分(指不是借入的部分)。所有者权益部分越大,意味着借贷别人的负债部分越少,企业还贷实力强。

资产又可以分为流动资产与长期资产。长期资产包括固定资产与其他长期资产。其他长期资产在企业资产里一般不占较大的比例。只有高科技企业的技术投入占比较大,有可能无形资产比率较高。

对应的负债,可以区别为流动负债与长期负债。

资产必须大于负债。若资产少于负债,就是资不抵债,所有的资产不足以清偿负债。

流动资产大于流动负债部分,就是企业自有流动资金。流动资产有时候会出现少于流动负债现象,说明固定资产占用了流动资金,导致资产结构不合理。

流动资产是企业资产中流动性较强的资产。所谓流动性,是指变现能力强。比如持有的债券,若现金不足,可以立即卖掉变现用于支付。它是企业实现财务周转的基础。企业在运营过程中,物质形态、资金形态是不断循环变换的。

(一)流动资产

流动资产,指企业在一年内要完成周转的资产。根据现行的财务制度包括以下内容:

(1)货币资金。货币资金包括银行等金融机构存款、库存现金及其他货币资金。

(2)短期投资。短期投资指企业购入的各种随时可以变现的持有时间不超过一年的有价证券,以及不超过一年的其他投资,包括股票、债券。企业将临时性的闲置资产用于购买有价证券,以获得更好的收益,是财务管理的基础。但是该类资产不能占总资产的很大比例,否则就会影响资金的周转。

（3）应收票据。应收票据指企业收到其他企业签发的尚未到期的商业承兑汇票、银行承兑汇票。根据《票据法》，票据是买方支付货款的方式之一，企业收到对方的票据，视同收到货款。不过票据与现金仍有区别，票据经贴现以后才是现金。若是有瑕疵的票据，就有被拒付的风险。

（4）应收账款。应收账款指企业因销售产品、原材料，提供劳务等业务，应向对方收取的款项，相当于是赊销。从财务管理角度，应收账款属于资产，等于借款给对方使用，所以应收款越少越好，周转越快越好。有些应收账款有坏账风险，另设立坏账准备金用于冲销坏账。应收账款科目是财务调查与分析的重点之一。

（5）预付货款。预付货款指预先支付给供货方的货款。此时货物尚未收到，或者货已到而发票未到。一般是比较紧张的原材料与订购的机器设备支付一定的预付款，确保合同的履行。预付款与定金之间是有区别的，法律关系不同，其性质不同。预付款受《合同法》管辖，定金受《担保法》管辖。

（6）其他应收款。其他应收款指在应收票据、应收账款以外的各种应收、暂付款项，包括各种赔款、罚金、存出保证金、备用金，应向职工收取的各种垫款等，本科目也是在财务调查中应认真分析的科目。有些企业将不合理的款项支出，以及涉及的财务漏项隐蔽在此。

（7）存货。存货包括库存的原材料、半成品、产成品、低值易耗品等有形的实物财产。库存商品的水平应该与生产能力、生产周期、销售程度相一致。产品过多就是积压；原材料、半成品过多，就是资金占用不合理。

（8）待摊费用。待摊费用指企业已经支付了，但应该在一年内各期摊销计入成本的各项费用，如保险费等。如果是超过一年时期摊销的已付费用，则属于长期资产，计入长期待摊费用，如开办费。

(二)长期资产

长期资产，指周转周期在一年以上的资产。

（1）长期投资。长期投资指超过一年期限的各种对外投资，包括购入的股票、债券，以及其他股本权益性投资与各种契约式投资。

（2）固定资产。固定资产是企业财产的重要部分，包括房屋、建筑、运输工具、机器设备等。它以原值入账，减去累积折旧就是固定资产的原值。固定资产科目反映的是企业的固定资产财务形态，而非实物形态，我们做财务分析时要注意考虑财务形态与实物形态的不同。折旧是将固定资产的价值分期摊销进入成本。折旧完毕的固定资产在财务上已经不存在,但实物形态上仍然在发挥作用,它的重置价值部分与固定资产升值部分一起称之为隐蔽资产。隐蔽资产多,是企业发展潜力的一个标志。

(3)在建工程。在建工程指企业进行新建、扩建、改建、大修理工程、自制自用固定资产过程中所发生的实际支出。这时候,固定资产处于未完成的在建状态,或者已经建成甚至已经使用中,但是还没有完成竣工验收。一旦竣工验收,即转入固定资产科目核算。但是房地产企业的在建工程与已经竣工的开发房产却列入存货科目核算,相当于正在开发的产品。根据规定,在建工程交付使用一年内须完成竣工验收。在建工程虽然交付使用,但不提折旧。

(4)无形资产。无形资产包括专利权、商标权、著作权、特许专营权、企业的土地使用权等各种无形资产的价值。它们没有实物形态,却具备财务上的价值。注意,土地使用权对于工商企业来讲不属于固定资产;对于房地产企业来讲,未开发的土地使用权属于无形资产,开发完成后一次性转入在建工程。

(三)流动负债

(1)短期借款。短期借款是企业融资的主渠道,但不仅仅指银行贷款,它指借款期限在一年以内的来自银行、非银行金融机构、其他企业、单位、个人的各种借款。职工集资也应该在此科目核算。

(2)应付票据。企业已经开发但未到期的商业承兑汇票、银行承兑汇票,无论是否被贴现都是应付票据。企业承担了到期必须无条件赎回票据、支付款项的责任。从票据责任来讲,比银行贷款更大,银行贷款到期尚可与银行协商。

(3)应付账款。应付账款与应收账款相对应,指与生产经营有关的购买原材料、物资、接受劳务供应等,应该支付给对方而暂欠尚未支付(将来总要支付)的款项。它相当于对方企业给予了融资。从财务管理角度来讲,该科目越大占用别人的资金越多,又不必支付利息(个别合同有放账期利息的规定),比银行贷款好。

(4)预收账款。预收账款指产品未发出,或产品已发,发票尚未开具而已经收取对方的货款。因为此时资产一方仍然记在库存栏里,相对应作为负债一方也要等额记录。预收账款大的企业,表明产品市场销售强。在房地产企业中,更是将已经销售(预售)未交付的房产计入预收账款科目,可以不必记销售,不必核算利润,可以缓缴营业税、所得税。

(5)其他应付款。其他应付款指应付账款以外的各种应付款项。其他应付款常用作关联企业往来转账的通道,财务调查时应注意其明细账户。

(6)预提费用。预提费用指企业已经预提但还没有实际支付的各项费用,因为已经计入成本,相当于暂时借给企业使用。如预提保险费、租金、利息等。对应资产中的待摊费用科目。

(7)应付工资。应付工资指应该支付给职工的工资而实际延后支付的工资、津贴等。一般企业均是后一个月发放前一个月的工资。也相当于暂时借予企业使用。

(8)应付福利费。应付福利费指按规定提取的职工福利费,尚未发放的部分。职工福利费应由全体职工共享,它不属于企业财产。

(9)应缴税金。应缴税金指当期应当缴纳而未缴纳的各种法定税金及附加费用。外贸企业因退税原因,本科目可能出现负数。

(10)应付利润。应付利润指经过合法程序进行利润分配后,应该向各个投资方支付应得的利润,但是投资人尚未提取的部分。相当于股东借给企业在使用。外资企业财务里有单独的股东借款科目,用于核算股东借款。在那里股东借款有特定含义,不包括未分配利润。本科目与所有者权益项下的未非配利润科目有一定关联。它是已经对未分配利润做了分配以后的结果。两者是一个联动关系。

(四)长期负债

(1)长期借款。长期借款指还贷期限在一年以上的各种借入款项。对于原定期限超过一年,但剩余期限在一年以内的长期借款,归入流动负债中一年内到期的长期负债科目核算。一般是固定资产贷款。

(2)长期应付款。长期应付款指各种期限超过一年的长期应付款项。如补偿贸易、融资租赁所形成的应付款项。

(3)应付债券。应付债券指企业发放的尚未赎回的长期债券。

(五)所有者权益

所有者权益指投资方股东应当享有的经济利益,即企业全部资产中除去负债形成的部分以外的剩余资产。所有者权益又称净资产,包括实收资本、资本公积、盈余公积、公益金、未非配利润。

根据财务制度,在企业存续期间,注册资本一定要经过法定程序增资或减资,是不能任意抽逃的。但是其他科目是有权变动的。

二、利润表

利润表主要用于反映一定时期(一个月或一年)企业的生产经营成果。

(1)主营销售收入。主营销售收入指进入纳税环节(开具发票)的主营业务的销售,包括发生但尚未收到货款的销售。

(2)生产成本。生产成本指直接生产成本,包含车间成本、管理费用在内,可以考察产品的附加值。

(3)产品销售费用。因产品销售而发生的各项成本费用,属于流通环节费用。

(4)税金及附加。各项法定税金,及其附加费,不包括所得税。如营业税、增值税、资源税、产品税、城市建设维护税、关税、水利基金等。

(5)其他业务收入。主营业务以外的其他业务收入。

(6)其他业务支出。主营业务以外的其他业务支出。

(7)管理费用。因企业管理而发生的费用,包括管理人员工资、折旧费用、行政费用、招待费用等。

(8)财务费用。因融资等财务活动发生的费用,主要是银行利息费用、融资手续费、承兑费、L/C费用等。

(9)投资收益。从事投资活动所产生的收益,包括股票买卖收益、债券利息或买卖收益、股权投资分红等。

(10)期货收益。从事期货套期保值活动的收益。

(11)营业外支出。与企业生产经营无关的各种支出。

(12)营业外收入。与企业生产经营无关的各种收入。

(13)利润总额。核算一定时期内全部经济活动的财务结果。

(14)所得税。按法律规定以利润总额为基础缴交的所得税。现行企业所得税率为25%,高科技企业为15%。有些特殊企业,如福利企业免缴所得税。所得税中有预交所得税,原因在于财政收入要均衡,对缴税大户不能年后一次性缴交。

(15)税后利润。缴纳所得税剩余的企业留利,也是企业可以实际支配、使用的利润。

利润分配。与可分配利润不是同一个概念。利润分配也有法定程序。用于利润分配的基础是税后利润。首先提取法定公积金,一般是15%;其次提取法定公益金 5%；再次是提取任意公积金，也可以不提取；最后才是本期可以用于股东实际分配的利润。若有股东未领取部分转入应付利润科目。

税后利润本年度不作分配的，计入所有者权益项下的未分配利润科目。

三、现金流量表

现金流量表反映一定时期企业资金流动的过程与结果，用于追踪资金来源与流向。

现金流量表主要包括三个部分：经营活动产生的现金流量、投资活动产生的现金流量、融资活动产生的现金流量。财务就是现金流。通过现金流量表各个方面的流入流出结果的考察，可以观察企业的活力。现金流量大，说明企业运转情况良好，有足够现金用于到期贷款的清偿。生产经营中的现金流为负值，尽管账面利润很大，现金总流量为正值，说明该企业生产经营恶化，资金要么被大量拖欠，不能回收，要么被迫采取放账赊销，或者是假销售，为了粉饰报表，虚增销售额，实际并未发生，也就不存在现金流。

如果把现金流比作企业的血脉，分析现金流就是诊断企业是否经营正常的有效手段，也是银行收息还贷的依据。

第二节　企业财务分析指标

从事授信业务或者审批的人员，不但要求看懂财务报表，更要能够进行财务分析。财务分析的目的是通过将财务数据进行加工处理获得一定比率关系，然后从这些比率关系判别企业是否处于正常状态，是否存在风险隐患。

理论上，财务分析指标主要有下面几个部分。

一、短期偿债能力指标

(一)流动比率

流动比率＝流动资产/流动负债

流动比率指标反映短期负债与流动资产之间的比率关系。企业的资产形态不断变换,同时负债也是不断循环的。流动负债相应的需要使用流动资产去归还。也就是说,当流动负债需要归还时,它有没有足够的流动资产支持。这一指标越大,说明对流动性债务的偿付能力越强。比如流动比率为1.5,代表每1元钱的流动性负债相应的有1.5元流动资产来保障支付。如果流动比率低于1,说明存在着固定资产占用流动资金的情况发生。一个正常的企业,固定资产与流动资产之间也有一个合理的结构问题。固定资产占用流动资金,是不合财务管理规范的。流动负债只能用于流动资产,不能移用于固定资产。长期负债用于长期资产。所有者权益中,至少要有相当于流动资产30％的份额用于流动资产。在这种情况下,企业的资产流动性存在问题,到期债务的清偿能力也一定有限,必定出现拖欠,因为它要处理部分固定资产才能完成。当然,对于流动比率,工业企业与商业企业也有所区别。工业企业固定资产较大,流通企业固定资产较少,因此商业企业的流动比例高于工业企业。

(二)速动比率

速动比率＝速动资产/流动负债

速动资产＝流动资产－库存商品

速动比率的意义在于考察更短时间内流动性负债的清偿能力。库存商品虽然属于流动资产范畴,相比之下,处理库存商品需要一定的时间,库存商品有一定的周转期,不像其他流动资产是随时可以变现的。当流动性负债集中到期后,是否能快速地筹集足够的现金用于还债,比如应收账款回收、债券股票的出售、银行存款的使用、票据贴现等。与流动比率一样,速动比率有工业企业与商业企业的区别。另外,它也反映企业是否存在库存过大现象。合理的库存是必需的,库存过大就说明资金占用不合理,没有发挥最好的效率。同时我们可以据此追踪是否有积压产品。

二、长期偿债能力指标

（一）资产负债率

资产负债率＝总负债/总资产×100％

所有者权益比率＝100％－资产负债率

资产负债率是所有财务指标中最重要的一个指标。一个正常企业的经营，不可能没有自有资本，而完全凭借贷而来。它反映的是在全部企业资产构成中，每一元钱的资产中，有多少是负债形成，有多少是自有资产（所有者权益）形成。

企业生产经营不可能全部依靠自有资金，那样就属于资产经营，不是现代资产负债经营。像苹果公司那样没有银行贷款，银行存款却有780亿美元的绝对是个案。资产负债经营就是通过资产杠杆，吸收合理的负债，使资产结构达到优化，效益最大化。资产负债率高，说明资产中借贷比率高，而借贷是需要归还的。资产负债率低，说明资产中来自借贷部分少，还贷能力就强。

资产负债率对于银行财务分析的最大意义还在于可以据此判断企业的抗风险能力。企业经营中可能发生风险，出现意想不到的亏蚀，首先使用所用者权益部分去冲抵，自有资金比率高，有足够自有资金抵消亏蚀部分，银行贷款相对安全。比如某企业总资产10,000万元，资产负债率60％，发生累积亏损3,100万元，从理论上，银行的贷款仍有能力归还。如果资产负债率70％，那么已经把所有的自有资金部分亏蚀精光还不够，理论上讲至少有100万的债务已经无法清偿了。

对于工业企业与商业企业，资产负债率要求也有不同。工业企业要求高于商业企业，因为商业企业流动性强、周转快，部分弥补对自有资金的要求，财务杠杆可大些。一般银行设定工业企业的资产负债率70％为上限，而商业企业资产负债率可以适当放宽到80％，这是基于不同类型企业的特质。

（二）有形资产与债务比率

有形资产与债务比率＝无形资产外的全部资产/总负债×100％

该比率考察出现特殊情况时，即企业在可能被清算情况下的偿还能力。我们知道在正常生产经营活动中，无形资产也能发挥作用，具有资产价值，一旦清算，除土地使用权外，无形资产很难变现用于偿付债务，即使收回一部分,也不可能保持账面值,而是大打折扣。对银行来讲,无形资产作为债务保障远远弱于有形资产。

对于高科技创业企业,以技术专利为主,应另外考察。

(三)利息保障倍数

利息保障倍数＝(利息支出＋折旧＋摊销＋税前利润)/利息支出

该指标用于考察企业的付息能力。倍数越低说明企业付息压力越大。一个企业连支付利息都感到有压力,根本不值得借贷。折旧是现金净流入,可以用于任何资产项目。根据财务制度规定,利息是可以进成本的,属于税前归还,所以使用税前利润指标。

这一指标还用于考察该企业的借贷数量是否过度。利息支付与利润固然不成正比例关系,但是借贷的目的不外发挥资金的增值功能,产生更多利润。有些企业,借贷总量很大,利息支付量也大,但利润较少,该比率就低。说明有一部分借贷是不必要的,边际收益很低,没有因此带来更大的利润,属于多余借贷。应该建议盘活资产,减少负债,提高效率,而不必急于借贷。

(四)杠杆倍数

杠杆倍数＝贷款总额/(利息支出＋折旧＋摊销＋税前利润)

国内银行也较少使用,大多用于国际银团贷款中。它反映全部贷款得以清偿需要多少年度的运营资金。目的在于防止企业在贷款期间过度借贷,增加贷款风险。杠杆倍数可以由银行根据经验及企业性质不同确定一个最低标准。

(五)固定费用覆盖率

固定费用覆盖率＝(利息支出＋折旧＋摊销＋税前利润)/固定费用
×100％

该指标用来衡量企业经营活动所产生的净现金支付企业固定费用的能力。企业固定费用是不变成本,无论产量大小都必须支付的成本。该指标主要是用于长期借款的分析考核。

三、盈利能力指标

(一)销售毛利率

销售毛利率＝销售利润/主营业务销售收入×100％

该指标反映每一元销售收入中生产经营成本与获利水平,体现产品的附加值大小。附加值高的产品,毛利率高,附加值低的产品毛利率就低。不过我们也要区别工业企业与商业企业的不同。一般,工业企业的附加值高,销售毛利率也高;商业企业基本是薄利多销,周转快,其毛利率也就相对低些。分析该指标时更应比较同行业一般水平,这样才更客观、科学些。

另外,毛利率高的产品,企业的竞争能力强些。毛利高,附加值高,同行业竞争中让利空间大,可以运用价格手段取胜。毛利高,扩大生产能力再投入可能性也大,发展潜力也大,竞争优势可以发挥。

(二)销售净利率

销售净利率=净利润(税前)/主营业务销售收入×100%

该指标与销售毛利率有一定关联,都是反映产品获利能力,只是侧重不同。销售利润中没有去除管理成本。两个指标比较看,可以反映,企业管理费用比例是否过高,有无压缩的空间。销售收入与销售毛利是成正比例的,但与净利润不一定是正比例关系。如果管理费用过高,也可能使净利润出现亏损。

(三)成本费用率

成本费用率=利润总额/总成本×100%

总成本=主营业务成本+营业成本+管理费用+财务费用

该指标反映企业投入产出关系,即每投入一元钱成本能够带来的收益,数值越大,产出效率越高。如果成本费用率数值为1,说明投入一元的成本能够产生一元的利润。

(四)资产净利率

资产净利率=净利润/平均资产总额×100%

平均资产总额=(期初总资产+期末总资产)/2

该指标反映企业资产运用的综合效果。光是一个期末资产数据或期初资产数据不足以全面反映一定时期内的盈利水平。因为资产水平会发生变化,单一指标衡量可能出现欠公允情况。比如下半年有新项目投产,产生的利润一定增加,如果按期末资产为基数,就会拉低资产净利率水平。

(五)净资产收益率

净资产收益率=净利润/平均净资产×100%

平均净资产=(期初所有者权益+期末所有者权益)/2

该指标反映投资者的投资报酬率,即一元钱的投资能够产生的收益。假定投资的机会成本是 30 年期国债利率,那么我们可以比较两者的收益率,判断投资是否有意义,换句话说,就是企业经营有没有价值。

四、营运能力指标

通过各项资产的周转速度来反映企业的资产使用效率。企业有自己的生产周期,一个周期结束,能够带来利润。在同样销售毛利水平下,周转越快,产生的利润就越多。如果产品积压、货款被长期拖欠,固定资产超过正常生产所需,经营效率就低。

(一)应收账款周转次数(率)

应收账款周转次数＝主营业务销售收入/平均应收账款余额

该指标反映企业销售中实际放账期的长短。一般来讲,应收账款指赊销部分,现金销售不包括在内,但实际财务报表制作很难区别两者,所以为方便起见,使用销售总额代替。应收账款是资金给对方使用,所以越早收回越好。现实中不予对方一定的放账期很难做到,但是可以做到尽早收回。应收账款周转次数越大,放账期越短,资金回笼速度越快,立即可以作为流动资金再投入下一循环,也可以用于归还到期贷款等债务,减少利息费用,又能改善资产负债结构,更能够防止坏账的风险。在供应链金融中,对应收账款周转速度要求更高。

现在国际上流行一种零应收账款管理方法,就是基于上面的各种因素考量。作为一种理论,核心就在于尽可能减少应收账款,而不是不发生应收账款。真正的零应收账款现实中几乎做不到,也不利于竞争力的发挥。

(二)存货周转次数(率)

存货周转率＝主营业务成本/平均存货水平

平均存货水平＝期初存货水平与期末存货水平的平均数

该指标反映库存商品周转速度快慢。存货不属于速动资产,存货周转快,占用的资金就少,流动性越强,变现能力强,还贷能力增强。企业应该有一个合理的库存水平。但也要具体分析库存增加的原因。也可能是原材料紧张或预期可能会涨价,而增加的库存,那是合理的。如果是产品积压所导致库存水平上升,则要提前预警。库存商品周转很快,也有可能是削价处理库存商品带来的结果。

(三)固定资产周转率(天数)

固定资产周转率＝主营业务收入/期初期末平均固定资产净值

该指标反映全部固定资产周转一次所需要的时间。固定资产虽然不可能自身一年内完成周转,但是通过该指标考察现有固定资产水平与产品生产、销售能力是否匹配。固定资产周转率越高,说明企业的固定资产利用越充分,固定资产与流动资产结构合理,能充分发挥固定资产的效能。反之,表明很可能固定资产规模过高,利用不充分,效率不明显,甚至有多余固定资产存在,固定资产的运营能力弱化。不过,鉴于财务实践,有折旧因素的存在,有些固定资产账面价值很小,却仍然在发挥正常功能,使形式上周转速度很快,或者因项目竣工验收后,从在建工程科目大量一次性转入导致周转速度放慢。

(四)总资产周转率(天数)

总资产周转率＝主营业务收入/平均总资产

该指标反映企业总资产的运营效率,总资产周转一次需要的时间。总资产周转速度越快说明企业的销售能力越强,产品的生产、销售循环周期越短。

(五)现金流量分析

银行的贷款是基于企业是否未来产生有足够的现金流。有些企业账面利润很高,但现金流很少,大部分以应收账款方式存在。有些企业财务上出现亏损,但是因为折旧摊销等因素,能出现较大的净现金流。使用现金流量分析可以弥补流动比例、速动比例指标的不足。

现金流量指企业一定时期内现金流入和流出的总量。现金流量表就是以现金流入流出为基础编制财务变动状况表,反映一定时期内企业获得现金的能力。

一家企业,经营效益很好,但是所获得的现金不断地用于新项目的投资,甚至连续不断地增加银行借贷,来扩大生产能力,提高市场份额,期望获得更大收益,以致实际每年的现金流量连续为负值,对银行来讲也是不可取的,因为它很可能没有足够的现金用于归还到期贷款,势必发生展期或拖欠情形,尽管最后没有发生坏账。

利用现金流量表对于分析虚假销售是一个有力武器。特别是在合并报表中,有些企业利用关联交易,比如全资的销售公司,在没有发生实质销售情况下,虚开发票,增大销售额,改善各项财务指标。通过现金流量表分析,就能发现。因为现金流入量没有因此增加,无法说明销售是真的发生了。

现金流量表主要分成三大部分。一是经营活动产生的现金流,包括流入流出。流入流出差额就是净流量。二是投资活动产生的现金流量,包括收回投资、取得投资收益、处置固定资产等收入和投资活动、购建固定资产、无形资产等长期资产现金支出。流入流出的差额得出净流量。三是融资活动产生的现金流量,包括借贷、还款、吸收外来投资、股利分配、支付利息等活动。其中,汇率变动对现金的影响,称汇兑损益。因为汇率升跌,原有手持外汇资产账面价值发生变化。不过汇兑变化对现金流的影响虽是一个考虑的因素,毕竟比较小。

(六)关联人交易与合并会计报表

现代企业有集团化、大型化发展趋向,很多属于合并财务报表,内容复杂,项目众多,行业横跨多领域,其中利用关联公司进行关联交易影响财务结构经常发生,需要特别提请注意。在上市公众公司的财务报告中,必须依法披露关联交易,说明关联交易属于股价敏感性信息。没有上市的私人公司,关联交易属于商业秘密,包括销售虚增、成本低估、应收账款奇高、存货被隐藏于某一子公司项下、隐性债务故意漏列、相互担保、通过投资收益或非对价交易虚增利润、美化报表、或有资产表列不实、多重转账将资金进入期货、股市从事金融投机活动、利用彼此之间的其他应付款隐瞒财务漏洞等。银行有权利取得这些秘密资料,但是如何精准分析,不为蒙蔽,就需要较强的专业知识能力了。

(七)表外交易

表外交易属于不在资产负债表反映的或有负债和或有资产交易,主要是指金融衍生品交易。这些交易有可能造成巨大损失,从而危及银行资产安全,以前较为银行忽略。近年来,因衍生品交易导致巨大风险的事例所在多多,应引起注意,在做授信分析时,要仔细分析是否存在投机性的衍生品交易。即使是为了避险的套保业务,也要看有没有敞口头寸,或是否中途对冲后,变成暴露头寸。

(八)预估财务报表

预估财务报表是比较先进的财务分析方法,用于中长期授信项目,是银行透过客户历史财务资料,考虑未来可能变动情况,分别设定不同情形下推演出未来的资产负债表、损益表、现金流量表。通过分析使银行预先估计到各种不同情况下能有多少现金流量能用于因应债务。

预估财务报表一般要假定到三种可能情形出现:①基本情形,假定没有发生大的变故,直接援引客户最新情况为基础编制。②压力测试,假设业务发生较大变化,经营环境恶化。③违约情形,设定出现导致客户违约情况出现的事件或情形。

我们在做贷款项目评估时,也需要使用预估财务报表分析。一般可行性研究报告中会编制项目达到生产能力时的预估资产负债表。

(九)动态分析

动态分析就是比较分析,即把各种不同时期的财务指标进行比较,观察是否改善或恶化,从而判断未来可能的走向。在授信分析中,需要企业连续三年的经审计的财务报表,目的就在于做动态比较分析。

第三节　企业财务分析实例

财务分析是客户经理的必备知识与技能。为了加深认识,掌握技巧,本书利用某公司的财务报表,进行实例分析,如表3.1～表3.3所示。

表 3.1　××股份有限公司资产负债表

日期:××年12月　　　　　　　　　　　　　　　　　　　　单位:万元

资产	行	年初值	本期	负债及股东权益	行	年初值	本期
流动资产	1			流动负债	10		
货币资金	2	167,841	207,774	短期借款	11	24,410	41,010
短期投资	3	76	76	应付票据	12	14,618	3,812
应收票据	4	0	0	应付账款	13	15,061	15,012
应收股利	5	0	0	预收账款	14	204,700	176,126
应收利息	6	0	0	应付工资	15	−16	16
应收账款	7	19,122	12,748	应付福利费	16	43	9
减:坏账准备	8	0	0	应付利润	17		
应收账款净额	9	19,122	12,748	应交税金	18	−9,863	−9,108

续 表

资产	行	年初值	本期	负债及股东权益	行	年初值	本期
其他应收款	19	6,926	1,711	其他应交款	45	66	39
预付账款	20	77,302	8,440	其他应付款	46	11,924	2,416
应收补贴款	21			预提费用	47	239	210
存货	22	112,452	110,336	预计负债	48		
存货原材料	23			一年内到期的长期负债	49		
存货产成品	24			其他流动负债	50		
待摊费用	25		57	流动负债合计	51	261,184	263,862
待处理流动资	26				52		
一年内到期的长期债权投资	27				53		
其他流动资产	28				54		
流动资产合计	29	383,721	341,143	长期借款	55	167,492	250,292
长期投资原额	30	5,082		应付债券	56		
减:长期投资损失准备	31			长期应付款	57	33	28
长期投资	32	5,082		专项应付款	58	0	740
长期股权投资	33			其他长期负债	59	69,717	45,683
长期债权投资	34			长期负债合计	60	237,244	296,744
合并价差	35			递延税款贷项	61	0	0
长期投资合计	36	5,082		负债合计	62	498,429	560,607
固定资产	37				63		
固定资产原价	38	82,890	217,973		64		
减:累计折旧	39	17,768	29,854		65		
固定资产净值	40	65,121	188,419	少数股东权益	66	13,944	13,690
减:固定资产减值准备	41	0	0	少数股东权益合计	67	13,944	13,690
固定资产净额	42	65,121	188,419		68		
固定资产清理	43				69		
工程物资	44				70		

续　表

资产	行	年初值	本期	负债及股东权益	行	年初值	本期
在建工程	71	151,334	164,216	实收资本（股本）	82	55,000	55,000
待处理固定资产	72			资本公积	83	69,414	111,243
固定资产合计	73	216,456	352,636	盈余公积	84	4,613	2,489
无形资产	74	68,543	81,590	未分配利润	85	35,890	32,822
无形资产土地使用权	75	69,102	77,986	外币报表折算差额	86		
递延资产	76	2,487	482		87		
其他长期资产	77				88		
无形及其他资产合计	78	72,031	82,073		89		
递延税款借项	79			所有权益合计	90	164,917	201,555
资产总计	80	677,290	775,853	负债和所有者权益	91	677,290	775,853
其他资产（平衡用科目）	81			其他负债（平衡用科目）	92		

表 3.2　××股份有限公司损益表

日期：××年 12 月　　　　　　　　　　　　　　　　　　　单位：万元

项目	行次	上年累计	本年累计
主营业务收入	1	341,690	400,455
主营业务收入出口产品销售收入	2	0	0
主营业务收入进口产品销售收入	3	0	0
折扣与折让	4	0	0
主营业务收入净额	5	341,690	400,455
主营业务成本	6	291,094	348,882
主营业务成本出口产品销售成	7	0	0
减：主营业务税金及附加	8	278	77
其他附加费用	9	00	0
加：递延收益	10	0	0
代购代销收入	11	0	0
其他收入	12	0	0
主营业务利润	14	50,317	55,495

续　表

项目	行次	上年累计	本年累计
加:其他业务利润	15	－1,594	2,341
减:营业费用	16	229	244
管理费用	17	17,291	28,671
财务费用	18	－15,188	－3,825
其他费用	19	0	0
营业利润	21	46,389	32,748
加:投资收益	22	285	0
期货收益	23	0	0
补贴收入	24	443	4,047
营业外收入	25	63	4,424
其他收益	26	0	0
减:营业外支出	27	1,250	899
其他支出	28	0	0
利润总额	30	45,930	40,320
减:所得税	31	10,198	5,499
少数股东损益	32	126	－253
加:未确认的投资损失	33	0	0
净利润	35	35,605	35,074
加:年初未分配利润	36	7,437	37,413
盈余公积补亏	37	0	0
其他调整因素	38	－3,578	－37,182
	39	0	0
可供分配的利润	40	39,463	35,306
减:单项留用的利润	41	0	0
补充流动资金	42	0	0
提取法定盈余公积	43	3,573	2,483
提取法定公益金	44	0	0
提取职工奖励及福利基金	45	0	0

项目	行次	上年累计	本年累计
提取储备基金	46	0	0
提取企业发展基金	47	0	0
利润归还投资	48	0	0
其他	49	0	0
可供投资者分配的利润	51	35,890	32,822
减:应付优先股股利	52	0	0
提取任意盈余公积	53	0	0
应付普通股股利	54	0	0
转作资本的普通股股利	55	0	0
其他股利	56	0	0
	57	0	0
未分配利润	58	35,890	32,822
未分配利润应有以后年度税前利润	59	0	0

表 3.3　××股份有限公司现金流量表

日期:××年 12 月　　　　　　　　　　　　　　　　　　　单位:万元

项目	行次	金额
一、经营活动产生的现金流量:		
销售商品、提供劳务收到的现金	1	463,012
收到的税费返还	2	26,342
收到的其他与经营活动有关的现金	3	8,471
现金流入小计	4	441,642
购买商品、接受劳务支付的现金	5	279,805
支付给职工以及为职工支付的现金	6	43,651
支付的各项税金	7	18,543
支付的其他与经营活动有关的现金	8	899
现金流出小计	9	394,049
经营活动产生的现金流量净额	10	107,334
二、投资活动产生的现金流量:	11	
收回投资所收到的现金	12	5,082

续　表

项目	行次	金额
取得投资收益所收到的现金	13	0
处置固定资产、无形资产和其他长期资产所支付的现金	14	0
收到的其他与投资活动有关的现金	15	0
现金流入小计	16	5,082
购建固定资产、无形资产和其他长期资产所支付的现金	17	158,007
投资所支付的现金	18	0
支付的其他与投资活动有关的现金	19	0
现金流出小计	20	158,007
投资活动产生的现金流量净额	21	−152,925
三、筹资活动产生的现金流量：	22	
吸收投资所收到的现金	23	0
借款所收到的现金	24	173,630
收到的其他与筹资活动有关的现金	25	23,509
现金流入小计	26	197,139
偿还债务所支付的现金	27	74,230
分配股利、利润和偿还利息所支付的现金	28	17,354
支付的其他与筹款活动有关的现金	29	0
现金流出小计	30	91,584
筹资活动产生的现金流量净额	31	105,555
四、汇率变动对现金的影响	32	0
五、现金及现金等价物净增加额	33	51,962

从财务报表的数据来看，它应该是一份合并报表。合并报表是集团公司将自己控股或持股的下属子公司的财务报表合并在一起，根据规定经过处理的财务报表。比如，所有者权益中的实收资本，是不能加总的，关联公司之间的应付应收款项必须去除。有些集团公司总部也经营业务，有些是纯管理机构，有些包括工业、商业、房地产业混合在一起，所以合并报表情况比较复杂。从该公司报表里，我们可以解读出它既有工业、商业，也有进出口贸易、房地产业，甚至投资借贷活动。资产负债表中土地使用权

77,986万元,预收账款项下 176,126 万元,表明有房地产开发业务;应缴税金－9,108 万元,那应该是出口应退税款。利润表中财务费用－3,825 万元,说明有大量的利息收入(非投资收入),应该是从事民间放贷的利息收益。民间放贷,法律是允许的,但是风险很大,如大量存在,应引起注意。

我们先计算它的资产负债率为 74%。对于工业企业,资产负债率属于比较高,商业企业尚在可以接受的范围,因为它是综合性集团公司,要分析业务的主体是否为商业、房地产。比较年初的资产负债率 75.65%,略有下降,说明公司尚处稳定状态。

再分析总资产,从年初的 66.7 亿元增加到 77.6 亿元,增加了 16.3%。主要是固定资产增加了 135,283 万元,银行存款增加 4 亿元。这说明该公司在进行大的工程项目建设。根据规定房地产开发企业的已经建成的房产计入存货科目,那么报表中的在建工程和固定资产应与房地产开发无关。我们就需要去调查项目情况,分析项目的可行性研究报告,评估其是否可行,资金来源是否落实,投产后的市场销路等。

从负债角度,来分析其资产增加的资金来源,是不是通过银行贷款完成的。所有者权益比年初增加了 4 亿元,短期借款增加 2.6 亿元,应付票据增加 2.6 亿元,长期借款增加了 9 亿元,说明该公司的固定资产项目贷款资金来源是正当的,没有过多挪用流动资金情况。资产增加部分是固定资产与土地使用权,企业的资产结构更加优化。

流动比率为 1.29,速动比率为 0.87,说明短期偿债能力较好。与年初分别为 1.47 和 1.04 相比,有明显下滑。这就要分析其原因。主要是流动资产减少,其中预付账款减少 6.9 亿元。我们知道预付账款减少是使公司资产结构优化,而不是相反,说明相应的原材料等产品买卖已经完成,从资金被别人过多占用变成较少占用。

有形资产比率为 0.89,与年初持平。无形资产中绝大部分属于土地使用权,因为没有开发,土地使用权不计入在建工程,开发以后一次性计入有形资产,实际上应该等同于有形资产来考量,把这一因素考虑进去,有形资产比率并不低。

利息杠杆倍数。该公司的利息杠杆倍数不能光从报表表面数据来推导,而应该用事实来分析。从报表看,不但没有利息支出,反而是利息收入,使该指标缺乏意义。毫无疑问,该公司有从事民间借贷的行为,如果是存款,不可能有这么多的利息收入。我们应该从贷款余额来计算实际一年中应该支付的利息,而把它的利息收入看做业务收入。包括票据融资在内(票据须支付贴现利息)的平均贷款余额为 $2.4+1.7/2+1.4+2.4/2+16.7+8.2/2=26.65$(亿元),按平均贷款年利率 6.5% 估算,年利息理论性支出应在 1.73 亿元,加上利息收入 3,825 万元,实际利息支出应在 2.1 亿元。利息保障倍数为 $7.3/2.1=3.48$,说明利息支付压力很大。原因是固定资产贷款数量较大。因此需要进一步调查具体贷款的还贷安排,比较分析各年贷款分期归还情况与项目投产后现金流入情况。

销售毛利率 $=55,495/400,455\times100\%=13.86\%$

销售净利率 $=40,320/400,455\times100\%=10.07\%$

成本费用率 $=40,320/398,797\times100\%=10.11\%$

资产收益率 $=35,074/726,571\times100\%=4.83\%$

净资产收益率 $=35,074/193,236\times100\%=18.15\%$

从盈利指标来看,该公司的盈利水平是比较理想的。销售毛利率在 13.86% 水平对于商业贸易为主的公司,属于较高水平。尤其是净资产收益率维持在 18.15%,说明经营效益良好,达到行业平均水平。最好能利用上年利润资料,计算各项盈利指标,进行对比分析,看是否在改善或下滑,使分析更深化,更能说明问题。

运营能力指标分析。应收账款周转率 $=400,455/15,935=25.13$,周转天数为 14.3 天。

库存周转率 $=348,882/111,394=3.13$,周转天数为 115 天。

固定资产周转率 $=400,455/126,770=3.16$,周转天数 114 天。

总资产周转率 $=400,455/726,571=0.55$,周转天数 654 天。

从营运能力指标分析,该公司运营能力较强,资金周转较快,特别是应收账款周转速度相当快,说明在货款回收管理方面做得较好,应收款维持在较低水平,减少了资金的不合理占用。但是存货周转速度不太理想,原因在于房地产开发业务中,房产已经销售,但未交付的作为存货处理,使得库存水平提高,这一点结合负债业务的预收货款科目能够明显得到印证。总资产周转率指标也不甚理想,考虑到公司经营是以贸易为主的情况,没有达到行业平均水平,原因在于新增固定资产较多、尚没有发挥效用,银行存款部分占比较大,其从事的借贷活动性质与商业经营不同,没有进行数据清洗,如果去除这个因素,仍是在正常水平上。由于最近新增固定资产较多,不久这些固定资产将陆续发挥各自的效益,对营收水平、盈利水平与周转带来积极的变化,公司有发展潜力。

现金流量分析。从现金流量表看,其现金流入量大,净现金流入水平也较高,为 51,962 万元,与资产负债表中数据是吻合的。从现金流入流出结构分析,投资活动产生了巨大的现金流出,相对应的,通过银行融资满足固定资产投资的资金需求。

在对相关指标分析的基础上,然后对资产结构进行必要的分析。资产结构分析,就是对构成公司资产或负债较大比例科目详细地进行调查与分析,分析其是否合理。同时,通过分析能够发现经营中存在的一些问题。

货币资金一项有 20.8 亿元,大于全部银行借款,也就是说,完全可以不向银行借贷。这结合利息收入情况,毫无疑问在从事借贷等活动,这是风险很大的资产。估计除了用于借贷的部分资金外,最大的可能性是借用该科目透过一些金融性公司以委托理财或其他方式在从事股票或其他金融衍生品交易。所以需要特别加以关注,有必要对相关凭证、凭据进行调查,确认是否有投机取利活动,监管措施如何,风险控制办法等。我们对于适当的金融投资并不完全反对,但如果像该公司这样,有如此规模的投资,一定要指出、警告、劝阻,甚至严压。一旦出现风险,不是公司能够承受的。

应收账款和其他应收款,看起来在合理水平上,也是需要调查分析的。重点是最大应收款对象、份额,以及年期。有没有超过期限的应收款项,那里也可能变成风险资产。其他应付款一般隐藏企业的坏账或财务漏洞。

存货科目,考虑到该公司从事贸易与房地产业务以及预收货款情况,应该属于正常的。

固定资产科目,年内增加数量很大,占总资产比例也高,其未来效用的发挥对公司发展有巨大影响,应该从项目评估角度进行必要分析。分析其是否将来成为公司发展的助力,还是可能变成风险因素。

无形资产,基本上是土地使用权,属于土地储备,对项目连续开发经营有利。

从负债方面,流动资金贷款与总资产规模和营业收入比较,不算很多,还有继续借贷的空间,也不存在固定资产占用流动资金贷款的情况。

应付票据,实际上是另一种形式的贷款,按授信的概念,票据融资就是授信的一部分。所以应该与贷款一起分析。一般企业票据融资都是开具银行承兑汇票,寻找贴现银行进行贴现,贴现资金由自己使用,减轻开户银行资金压力。

预收款情况前面已经讲过，是房地产业务的表征。

应付税金，也是从事出口业务的表征。根据规定，货物先行出口报关，然后再根据收汇情况向财政部门申请出口退税，所以出口退税在后。

长期借款，对应于固定资产项目，从报表看，其固定资产投资资金来源是来自长期借款，说明是符合要求的。

最后，是进行总体分析，得出基本结论，指出最大的风险节点。该公司的最大风险隐患，就是可能从事金融投资活动。在授信建议中必须明确地指出，便于审批部门把握。

任何一家公司的财务报表，只要具备一定的财务知识，多少都能够发现问题。而能够发现问题，正是客户经理的基本素质要求。所以，我们在分析财务报表时，宁可抱"有罪推定"的态度，发现可疑的数据，一定先行引起警觉，一步步深入，直到完全排除疑问。在强烈的怀疑精神下，最后得出财务正常结论的，一定是低风险的好客户。

▶▶▶ 第四章

客户信用等级评定与授信定价

　　银行对于什么样的客户可以叙做授信，应该有一个统一的标准。那就是对客户进行风险审查，评定客户的信用等级。只有达到一定信用等级以上的客户才可以授予授信额度。客户信用评级也是授信业务中不可或缺的一环。不仅在授信前，授信后也要连续进行信用评级。授信前评级，相当于设置一个授信门槛，通过这一门槛才可以进入下一阶段作业。授信后评级，属于授信监控的一部分。因为企业情况会发生变化。通过连续的评级，分析观察客户在贷款存续期间的变化状况，是向好、改善还是恶化、下降？风险有否增大？企业信用评级有内部评级与外部评级两种。外部评级是由专业性的社会中介机构承担，如标准普尔、穆迪、惠誉国际等国际上有影响力的评级机构，我国也有中诚信等信用评级机构从事社会评级业务。内部评级是在银行内部由专业评级小组进行的评级。但是两者在评级方法、指标内容、功能上都基本一致，目的在于通过信用评级揭示风险程度。

第一节　客户信用评级内容

　　发现目标客户，或者接获客户的授信申请，就需要有一个基本判断，值不值得发生业务往来。所以要求业务人员收集相应的客户资料，作为评价基础。我们强调收集客户资讯越全面越详细越好，但不是所有的客户资讯都要成为评估内容。

　　对于客户信用等级评定工作，每一家银行都会设立自己的评级机构和评级标准，而且因为管理水平、授信经验、风险偏好、涉及行业不同，具体的评级内容与标准会有一定的差异。同时考虑到不同行业的特点、地区差别、发展战略,在不同行业间采用不同的判别标准,使评级更精细化,更反映客观实际。例如,工业企业与商业企业,大企业与中小企业各自的特征差异很大,采用统一标准无法达到评级的真正目的。信用等级评定需要遵循统一标准、严格程序、分级管理、动态调整的原则,以财务分析为主,采用定性分析与定量分析相结合,整体指标与个别指标相结合,考虑客户实际情况科学评定。

一、信用指标

信用是授信的基础,通过客户的过往信用历史记录来判断其未来履约能力与履约意愿。主要是考察其历史上贷款逾期拖欠、利息偿还记录与现有贷款所处的状态三个方面。这些信息记录的查询可以利用同城信贷登记查询系统而获得。该系统中的历史数据不仅包括本行的记录,也包括其他银行的历史信用记录。

(一)信用偿还记录

考察客户历史上有无贷款拖欠情况,是否准时按合约规定期限按时归还,或者提前归还。如果出现违约逾期,则要分别不同逾期情形,是短期的,如半个月、一个月;还是较长时期的,一般是指一个月以上,按情形给予不同的指标分值。通常偶然性出现 7 天内的逾期,仍作为正常还贷处理。

(二)现有存续贷款的状态

考察客户现有存续的全部贷款的状态,是否有进入不良资产的贷款。注意,只要有一笔贷款列入不良资产,则全部贷款皆为不良资产。若有不良资产,说明客户信用已经有问题了,也就是说风险已经存在了。

(三)付息情况

利息是资金的使用价格,支付利息是最起码的义务。如果客户连利息支付都会发生困难,出现拖欠,表明企业财务状况已经非常恶化。一般来讲,偶尔出现短期(如三两天)延期支付,尚属于经常现象。而有拖欠一星期、半个月以上又无令银行信服的符合逻辑的解释理由的,则银行是断不可接受此等情形的,毫无疑问应列入信用不良记录中。

二、偿债能力指标

相关内容可以参考第三章财务指标分析。

(一)资产负债率

根据工业企业、商业企业、房地产企业等不同性质,设置不同的资产负债率指标要求。资产负债率越高,偿付能力越弱,评价分值越低。

(二)流动比率

流动比率体现流动资产与流动负债的匹配性。低于一定标准,说明已经存在偿付能力问题。从高到低设置递减分值。

(三)速动比率

设置一个指标值,评分从高到低递减。

(四)利息保障倍数

一般以 7 倍为基数向下递减分值。

(五)或有资产比率

考察没有列入企业资产负债表的或有负债(L/C、担保、承兑汇票等)占总资产的比率。因为这些或有资产有可能将来成为现实负债,必将削减还贷能力。其比例不能过高,过高则潜在风险可能性也增高。

(六)现金流量

从现金流量的规模和绝对值分析评价还贷能力。现金流量越大,清偿能力越强,同时银行的其他相关收益也越多。

三、盈利能力

(一)销售利润率

判别企业的产品盈利水平的高低。指标越高,评分分值越高。

(二)资产利润率

判别企业资产运营的效率。指标越高,评分分值越高。

(三)净资产利润率

判别股东的资本投资收益水平。指标越高,评分分值越高。

四、营运能力

(一)应收账款周转次数

考察销售货款的资金回笼情况,应收账款周转越快越好。

(二)存货周转天数

考察企业生产周期是否合理,进料、生产、销售、回款各环节运作是否正常。评价以越快越好。

(三)固定资产周转次数

考察固定资产周转情况。评价其周转次数越多越好。

(四)总资产周转率

考察总资产周转情况。评价其周转次数也是越多越好。

五、发展能力

发展能力是一种潜力。发展潜力大,前景看好,企业永续生存力强。通过一些财务指标的比较分析与相关因素来判别。

(一)销售收入增长率

考察企业近年来销售收入增长速率,反映产品市场拓展情况,判别是否处于成长阶段,是否有继续拓展的潜力与空间。

(二)净利润增长率

考察利润增长是否与销售增长成正常比例,来分析投资的边际利润是否到极限。如果销售增长,而净利润水平没有相应增长,甚至减少,就说明该产品已经开始步入衰退通道了。

(三)资本增值率

考察企业所有者权益的增长水平。所有者权益增加的来源主要是历年的未分配利润。如果将公司历年的利润进行分配,势必影响企业的发展及偿债能力。资本增值越大,从事生产规模扩大能力和融资能力越强。设置这一指标的意义就是在于鼓励客户尽量不进行或少进行利润分配。

(四)净资产规模

净资产是指公司的所有者权益。净资产规模大小与企业规模、资产负债率、销售水平成正相关关系。对于银行来讲,发育到一定水平的大客户具有竞争上的优势,经营成本相对低,现金流量大,融资规模较大也较容易,可以同时在不同银行获得融资,资金的周转能力相对强,还贷能力也强。

同时,根据专业上的"二八"现象,大客户当然的具有吸引银行的优势,银行也乐于与大客户保持关系,这一指标显示银行对大客户的偏好。

(五)领导者素质及管理能力

领导者素质与企业的发展前景密切相关。管理大企业与管好小企业对管理素质的要求大大不同。优秀的高素质企业领导人不但有市场开拓、业务创新能力,还有较高的团队整合、协调水平,更有广泛而良好的人脉关系。一般从管理者的以往业绩、获得的荣誉、诚信记录、团队精神等诸方面评价。

(六)发展前景

应从客户当时所处的内外部环境进行具体分析。对于中小客户,发展前景指标有相当的意义。因为客户经过一定时期的发展后,有可能成为优质大客户,如果在客户成长的早期阶段就有合作,彼此所建立的关系有助于客户维护。

六、银企合作

银行的收益目标如果仅仅依靠授信来收取利息作为收入来源就过于窄化。通过银企合作衍生出其他业务往来收益作为补充,亦是追求的目标。比如设定存贷比率或最低存款额,结算业务占比,中间业务,担当企业财经顾问等同时获得更大收益,使得银企合作能够互利双赢,长期共存。有较好合作历史的客户比一次性往来的客户更值得优先考虑。银行的资金总是要贷放出去,老客户情况比较熟悉、了解,能增加授信的安全感,授信成本也低。新客户要重新认识,经过一段时期后才相互了解。总之,银行比较倾向于与客户发展长期稳定的合作关系。

七、区别新老客户

评分的指标设置要照顾到新老客户的不同情况,区别对待。因为某些指标是针对老客户的,新发展的客户没有,同等标准评价对新客户说有失公平,也不利于业务的拓展。而且新客户一般为银行拉拢的对象。大多数银行为此对新客户的评分适当降低,比如新客户以80分评估分值对应于老客户的满分评估分值作为评级依据。

初看之下,对新客户的照顾与银企合作指标所体现的要求似乎有矛盾,老客户才有银企合作历史,设置银企合作指标显然倾斜于对老客户的照顾。其实是两者角度不同。银行的生存基础就是客户关系,银企合作是业务来源,必须考虑过往的合作情形。但是对新客户来说,银企合作属于将来时,设立新老客户的不同标准,正是对此所进行的一种合理救济。

八、限制性指标

通过上述各项指标的评估,企业将获得一个分值,每一分值对应于一个信用等级,但是有个别企业可能综合评估分值较高,而某一重要指标不理想,比如资产负债率相对较高,与所得的高级别评级不协调,就需要设置指标对综合评级结果进行修正,使之最高等级不能超过某一级别。使得评级结果更加合理,有操作性。

第二节 信用评级级别设置

根据新巴塞尔资本协议要求,银行对授信客户应设立至少六个正常借款级别与两个不良级别,所以一般银行评级中采用八个级别为多。每一个级别代表不同的信用水平。通过给予的评级,授信人员可以初步判断该客户是否基本达到本行的授信门槛,有否继续作业的必要或可能。在连续评级中,从评级的变化,观察是否信用状况恶化的现象,是否需要将授信余额列入观察关注名单,或者提出追加授信保障要求。

一、信用等级的意义

具体等级指标的设置因行而异,但是最高级别与最低级别的意义大致相同。一般信用等级标示为:AAA、AAA−、AA、AA−、A、A−、B、C。其中B、C属于不良级别,也就是说评级结果在B、C级别的,基本上达不到授信的初步门槛,如果没有特别的条件,银行将拒绝与之往来。

AAA:为信用最高级别。实力雄厚,风险极小,表现优秀,前景良好;企业效益良好,财务管理规范,现金流充沛,还贷能力强大,出现较大的意外损失时,仍具有足够的还贷能力。

AAA−:实力雄厚,风险偏低。表现为业绩优秀、效益良好、现金流充足,还贷能力强,但与AAA相比稍逊,出现一般性意外损失时,仍有足够还贷能力。

AA:实力较强、风险较低。业绩良好,现金流较大,具较强还贷能力。

不发生意外损失时,具足够还贷能力。

AA-:实力较强,风险较低。业绩良好,现金流较大,经营稳健,还贷能力较强。但比较容易受市场影响,若市场发生意外变化时,可能出现违约情形。

A:实力中等,中度风险。业绩中等,现金流正常,有一定还贷能力,但缺乏应付较大风险的能力,违约风险上升。

A-:实力不足,有一定风险。业绩一般,经营维持,现金流一般,偿债能力削弱,违约风险较大。

B:实力较弱,风险较大。业绩偏差,经营堪忧,还贷能力很弱,财务发生严重问题。现金流量不足。

C:实力耗竭,风险巨大。业绩不复存在,经营惨淡,经常违约,现金流较少,财务管理极差,还贷能力已不具备。

二、信用等级评定

信用等级之评定属于授信程序不可缺少的一环,所有银行都已经建立起自己的评级机构、办法、程序、标准。一般来讲,银行内部信用评级经过以下几个步骤:

(1)设立信用评级部门,由主管行长负责,业务部门、审批部门为主,吸收其他有经验人员组成评估小组,负责对新客户初次信用评估,及已有授信客户进行定期连续信用评估。

(2)借鉴经验,结合实际制定本行的《企业信用等级评估办法》,有明确、科学、可靠、符合实际情况的,可操作性强的、细化的标准和依据,减少评估的随意性。

(3)客户经理对拟评级的客户进行调查了解,按要求分类收集、整理相关信息和资料。

(4)业务部门按标准进行初评。

(5)初评结果报送审批部门进行审查、复核。

(6)评估小组讨论研究确定。

(7)主管行长批准生效,评估结果记入授信档案存档。

(8)通知客户评级结果,以此为基础开展授信作业。

(9)每隔一定期限再进行连续复评与调整,作为贷款分类的依据。

三、评定标准

将本章第一节评估内容中的几大指标,分解成一定的分值,根据客户的实际表现,确定客户的应得分值,经过汇总,获得一个综合分值,与综合分值相对应,确定它的信用等级。

表 4.1 是一个信用评级分值的等级对应表。

表 4.1 信用等级与评级得分、客户类别对应关系

信用等级	评级得分(百分制)	客户分类
AAA	95 分以上(含)	优良客户
AAA−	90 分(含)～95 分(不含)	优良客户
AA	85 分(含)～90 分(不含)	优良客户
AA−	80 分(含)～85 分(不含)	优良客户
A	75 分(含)～80 分(不含)	一般客户
A−	70 分(含)～75 分(不含)	一般客户
未评级		一般客户
B	60 分(含)～70 分(不含)	限制客户
C	60 分以下或得分在 60 分之上,但符合直接认定为 C 级客户条件之一的	限制客户

第三节 信用评级指标实例

为便于同学们更加深入了解信用评级具体办法和标准,下面选取以某商业银行工业企业与商业企业信用评级标准作为参考。通过评级标准设计,我们可以大致了解银行目前的评级内容及分值标准。注意,各家银行的标准是有差异的。

一、工业企业信用等级评分表

工业企业、商贸及进出口企业的信用等级评分表分别如表 4.2 和表 4.3 所示。

表 4.2 工业企业信用等级评分

序号	指标	满分	评级内容及计算公式	评分标准	直接评级人		评级复核人	
					评价值	评分	评价值	评分
一	偿债能力指标	32						
1	资产负债率(%)	8	负债总额/资产总额	小于等于60得8分,每上升4个百分点扣1分,大于88不得分				
2	利息保障倍数	4	(利润总额＋利息费用)/利息费用	大于等于7得4分,每下降1扣1分,小于4不得分				
3	流动比率(%)	4	流动资产/流动负债	大于等于130得4分,每下降20个百分点扣1分,小于70不得分				
4	速动比率(%)	3	(流动资产－存货)/流动负债	大于等于100得3分,每下降10个百分点扣1分,小于80不得分				
5	或有负债率(%)	6	或有负债/净资产	小于等于30得6分,每上升30个百分点扣1分,大于150不得分				
6	经营活动现金流入量(万元)	3		大于等于10000得3分,大于等于5000得1.5分,小于5000不得分				
7	经营活动现金净流量	4		净流量为正值,得4分;净流量为负值,不得分				
二	盈利能力指标	16						
8	销售净利率(%)	6	净利润/主营业务收入净额	大于等于6得6分,每下降1个百分点扣1分,小于1不得分				
9	资产净利润(%)	6	净利润/平均资产总额	大于等于4得6分,每下降0.8个百分点扣1分,小于0不得分				
10	净资产收益率(%)	4	净利润/平均净资产	大于等于9得4分,每下降3个百分点扣1分,小于0不得分				
三	营运能力指标	10						

续 表

序号	指标	满分	评级内容及计算公式	评分标准	直接评级人		评级复核人	
					评价值	评分	评价值	评分
11	应收账款周转次数	5	主营业务收入净额/应收账款平均余额	大于等于5得5分,每下降0.8扣1分,小于1.8不得分				
12	存货周转次数	5	主营业务成本/存货平均余额	大于等于5得5分,每下降0.8扣1分,小于1.8不得分				
四	信用状况指标	20						
13	贷款质量	10	根据入行信贷登记系统查询结果判断	无不良贷款得10分,有不良贷款得0分				
14	贷款付息情况	10	根据客户应付利息情况判断	无欠息得10分,应付贷款利息余额大于等于1个季度应计利息额得5分,超过1个季度应计利息额得0分				
五	发展能力及潜力指标	22						
15	销售收入增长率(%)	3	(上年销售收入—前年销售收入)/前年销售收入	大于等于8得3分,每下降2.5个百分点扣1分,小于3不得分				
16	净利润增长率(%)	5	(上年净利润—前年净利润)/前年净利润	大于等于10得5分,每下降2.5个百分点扣1分,小于0不得分,上期亏损、本期盈利的得2分,上期和本期均亏损的不得分				
17	资本增值率(%)	4	(上年所有者权益—前年所有者权益)/前年所有者权益	大于等于5得4分,每下降1.5个半分点扣1分,小于0.5不得分				

序号	指标	满分	评级内容及计算公式	评分标准	直接评级人		评级复核人	
					评价值	评分	评价值	评分
18	净资产（万元）	4	资产总额—负债总额—待处理资产损失	大于等于 5000 得 4 分，大于等于 4000 得 3 分，大于等于 3000 得 2 分，大于等于 2000 得 1 分，小于 2000 得 0 分				
19	领导者素质及管理能力	3	业绩、荣誉、诚信记录、团队精神	好得 3 分，一般得 2 分，差不得分				
20	发展前景	3	根据内外部环境进行判断	好得 3 分，较好得 2 分，一般得 1 分				
总计	老客户	100						
	新客户	80						

直接评级人（签字）：　　　　　　　　　　　　评级复核人（签字）：

表 4.3　商贸及进出口企业信用等级评分

序号	指标	满分	评级内容及计算公式	评分标准	直接评级人		评级复核人	
					评价值	评分	评价值	评分
一	偿债能力指标	30						
1	资产负债率（%）	6	负债总额/资产总额	小于等于 75 得 6 分，每上升 4 个百分点扣 1 分，大于 95 不得分				
2	利息保障倍数	4	（利润总额＋利息费用）/利息费用	大于等于 7 得 4 分，每下降 1 扣 1 分，小于 4 不得分				
3	流动比率（%）	4	流动资产/流动负债	大于等于 150 得 4 分，每下降 10 个百分点扣 1 分，小于 120 不得分				
4	速动比率（%）	3	（流动资产—存货）/流动负债	大于等于 80 得 3 分，每下降 10 个百分点扣 1 分，小于 60 不得分				
5	或有负债率（%）	6	或有负债/净资产	小于等于 30 得 6 分，每上升 30 个百分点扣 1 分，大于 150 不得分				

续 表

序号	指标	满分	评级内容及计算公式	评分标准	直接评级人		评级复核人	
					评价值	评分	评价值	评分
6	经营活动现金流入量(万元)	3		大于等于10000得3分,大于等于5000得1.5分,小于5000不得分				
7	经营活动现金净流量	4		净流量为正值,得4分;净流量为负值,不得分				
二	盈利能力指标	18						
8	销售净利率(%)	7	净利润/主营业务收入净额	大于等于5得7分,每下降0.8个百分点扣1分,小于0.2不得分				
9	资产净利润(%)	7	净利润/平均资产总额	大于等于4得7分,每下降0.6个百分点扣1分,小于0.4不得分				
10	净资产收益率(%)	4	净利润/平均净资产	大于等于12得4分,每下降4个百分点扣1分,小于0不得分				
三	营运能力指标	10						
11	应收账款周转次数	5	主营业务收入净额/应收账款平均余额	大于等于5得5分,每下降0.8扣1分,小于1.8不得分				
12	存货周转次数	5	主营业务成本/存货平均余额	大于等于5得5分,每下降0.8扣1分,小于1.8不得分				
四	信用状况指标	20						
13	贷款质量	10	根据人行信贷登记系统查询结果判断	无不良贷款得10分,有不良贷款得0分				
14	贷款付息情况	10	根据客户应付利息情况判断	无欠息得10分,应付贷款利息余额大于等于1个季度应计利息额得5分,超过1个季度应计利息额得0分				
五	发展能力及潜力指标	22						

序号	指标	满分	评级内容及计算公式	评分标准	直接评级人		评级复核人	
					评价值	评分	评价值	评分
15	销售收入增长率(%)	3	(上年销售收入—前年销售收入)/前年销售收入	大于等于8得3分,每下降2.5个百分点扣1分,小于3不得分				
16	净利润增长率(%)	5	(上年净利润—前年净利润)/前年净利润	大于等于10得5分,每下降2.5个百分点扣1分,小于0不得分,上期亏损、本期盈利的得2分,上期和本期均亏损的不得分				
17	资本增值率(%)	4	(上年所有者权益—前年所有者权益)/前年所有者权益	大于等于5得4分,每下降1.5个半分点扣1分,小于0.5不得分				
18	净资产(万元)	4	资产总额—负债总额—待处理资产损失	大于等于2000得4分,大于等于1000得2分,大于等于500得1分,小于500得0分				
19	领导者素质及管理能力	3	业绩、荣誉、诚信记录、团队精神	好得3分,一般得2分,差不得分				
20	发展前景	3	根据内外部环境进行判断	好得3分,较好得2分,一般得1分				
总计	老客户	100						
	新客户	80						

直接评级人(签字): 评级复核人(签字):

第四节 授信定价

授信定价就是银行在成本收益基础上,运用某种方法确定的对客户授信业务的综合收取的费用收入。随着利率市场化,商业银行对贷款利率的决定权已经有了很大的自主空间,未来的发展方向就是利率市场化。

随着利率市场化改革,商业银行的利率自主权越来越大。利率是资金的价格,利率的高低影响着银行的收益。盈利性也是商业银行的经营原则之一,所以,利率定价是商业银行实行效益型目标的基本手段。合理的授信定价,既有利于市场竞争,又能确保银行收益目标实现,更体现授信风险溢价的差别原则。

一、授信定价的原则

(一)机会成本原则

银行的资金大多数是从社会筹集而来,资金来源渠道众多,资金成本各不相同,有无成本的自有资金,也有低成本的活期存款和短期资金,还有较高成本的金融债券、长期存款、拆借资金等。这些资金来源都是可以很容易计算它们的平均成本的,加上银行的经营成本,就是构成了真实成本。不过,银行授信定价的依据里,真实成本只是一个参考依据,其基本依据却是机会成本,即同期贷款资金的资本市场的借入成本。银行应该假定这一资金全部都来自于资金市场,自己只是发挥中介作用,凭自己的信用从资金市场借贷而来,再行贷放给客户,银行必然要有一定的利差收益。所以,资本市场的利率可以作为贷款的机会成本,也就是说,银行即使有低成本的存款,如果不用于贷款,仅仅用于拆借或购买同期债券,也有一定的收益。如果授信定价达不到这一水平,银行宁可不放贷。

(二)风险溢价原则

银行本身就是经营风险的企业,必然要取得风险收益。因此在授信定价中,除了有正常的利差外,还应该包括风险溢价。即客户的风险越高,利率越高,高出正常利率的部分,就是风险溢价,是对风险的补偿。银行让渡资金予客户使用,客户还本付息是天经地义的事,问题在于,没有绝对的保证能够让客户按时还本付息,那么就存在一个不确定性,风险溢价是对这个不确定性的合理补偿。信用等级高的客户,按时还本付息的可能性极大,风险较小,风险溢价也少;信用等级相对差的客户,风险因此增大,其授信资金的定价就应该比信用等级优秀的客户高。风险溢价的另外一个依据是,银行在经营中,必须按照规定提取坏账准备金,坏账准备金显然应该从信用相对差的客户中收取。

(三)利润最大化原则

银行的盈利性就是追求利润最大化。授信定价也应该服务于这一原则。授信定价要考虑风险因素、竞争因素、供求因素等,尽可能地设定合理的价格水平,增加自己的收益。但是,银行的目标是寄希望于与客户建立一个长期的业务往来合作关系,授信定价也是笼络客户的一个手段,不能采取一味利用自己优势,抬高利率的机会主义的短期行为。同时,授信定价还要发挥价格杠杆作用,调节和影响资金的流向和流量,提高资金的使用效率。当然也不是说,利率定价越高越好。因为定价越高只是说明未来的权益越大,而未来权益决定于客户的风险程度。

(四)综合收益原则

我国现有法律规定,银行贷款除收取利息外,不得向借款人收取任何其他费用。事实上,银行所提供的授信产品是多种多样的,除贷款外,有些授信产品就是收取费用的,这一规定只是针对贷款而言。银行与客户建立授信关系,不能仅仅从贷款角度来理解,而是要综合考虑还有从贷款延伸而来的其他业务收入。这部分收入,是完全合法的,也是银行综合收入的一部分。比如 L/C、承兑、担保、结算,甚至约定的最低存款额,以及财经顾问等服务。因此,银行确定授信定价时,要考虑综合收益的多少,而不能专注于单一贷款的利息高低上。有延伸服务项目的授信,其贷款利率可以适当降低一点,以综合收益不降低为基准。

(五)信贷配给原则

信贷配给(Credit Rationing)指由于银行所能承受的风险能力是有限的,虽然有风险溢价因素存在可以在一定程度上弥补风险损失,但并不是说任何信用级别的借款人只要愿意支付更高的利息就可以获得贷款。如果由利率高低决定资金的供给,逆向选择将一定把银行拖入破产境地。

二、影响授信定价的因素

影响授信定价的因素很多,既有内部因素,也有外部因素。

(一)资金成本

银行的资金来源渠道很多,除了一部分自有资金外,都有借贷成本,即需要支付给存款人或金融票据投资人及拆借银行资金利息。一般,银行贷款利率都是在同期银行存款利率基础上加上一定利差而确定。

(二)经营成本

经营成本不仅仅指放贷成本,而是指银行所有经营成本。贷款成本只是经营成本的一部分。贷款是银行主要收入来源,该等成本必须分摊到全部贷款中承担。

(三)贷款期限

我们知道,贷款期限越长,风险越大,同时给银行的流动性管理增加成本,尤其在存在期限敞口较大的情况下,还存在利率风险,所以,一般情况下长期贷款被要求支付更高的利率。不过在实践中也发生过期限越长,利率越低的情形,那是因为预期市场利率下降所做的调整。预期利率下降,也等于资金成本将跟着下降,而资金成本下降的幅度完全大于期限因素对利率的影响。

(四)央行货币政策

央行的货币政策,对授信定价的影响是显而易见的,无论中国或美国。从我国来说,央行的基准利率调整,商业银行贷款利率必然进行同步调整;存款准备金比率提高,更多资金不能放贷取息,推高了资金的综合成本。存贷比提高,也影响银行部分资金的收益降低,从而影响目标利润。就美国来说,联邦基金、再贴现率、十年期国库券利率水平是市场利率确定的最重要依据。联邦基金调低,银行存款利息也下调,利差一定的情况下,贷款利率也一起下调。另外,货币政策导致银根紧松,产生供给与需求关系的变化,银行也因此可以适当调整利率。

(五)风险程度

客户的风险度越高,违约概率越大,需要对银行支付更多的风险溢价,来补偿可能的风险损失。通常,银行会根据信用等级的差别制定自己的风险溢价标准。如基准利率上浮 30%、下浮 20%,三个月 LIBOR＋X% 等,就属于风险溢价因素。基准利率可以看做是无风险资产收益。比如,三年期国库券利率,银行同业拆息,均可以看做无风险利率。企业的风险度一般均低于国家和银行,如果不支付风险溢价,银行就不愿意提供贷款,而转投资于国库券或从事同业拆借。

(六)目标利润

目标利润是银行经营的重要推力。银行的利润主要依靠贷款利息,不以盈利为目的,也不称其为商业银行。定价时就应该把自己的目标利润分解到各项贷款利率中。

（七）资金供求

市场里银根松紧，会推高或调低市场利率，等于银行资金的机会成本也随之变化。从供求角度来讲，作为资金的价格，利率也会发挥它的调节作用。银根紧，说明市场中的资金相对需求来说紧张，按价格优先的原则，谁能够支付更高的利率，谁就优先得到资金。

（八）竞争因素

优质的大客户一定是银行争取和拉拢的对象，关系、服务质量和利率是三个基本手段。此时大客户处于比较有利的地位，有选择银行的优势，银行为了竞争，必须考虑利率、费用优惠。对银行来讲，利率虽然降低了，但是业务总量上去了，绝对收益却可能因此增加了。

（九）客户性质

这里主要针对中小企业。很多书上都提到"二八定律"，在现象上确有其事，但实际上却可能是一个误区。因为中小企业相对的银行投入成本要高，但是一家银行如果光是为个别大企业服务，资源就存在浪费，而且为了维护大客户，在价格上就要做出让步。而中小企业客户，不但在银行博弈中相对具有优势，而且借助于金融专业上具有的更大知识和信息优势，银行可以因此提供更多的服务项目，在利息上也可以提出对方可以接受的条件，还能获得除利息以外的服务费用，相对收益率要高于大客户，更何况中小企业将来也会成长为大企业。

（十）其他因素

如他行的贷款利率等。

三、授信定价的方法

授信定价的方法有很多种，他们之间具体表述方法有所不同，基本原则与考量要素却是相同的，无非侧重点不同而已。基本可以归结为成本加成模式、客户盈利分析模式和风险定价法三种。

（一）成本加成模式

成本加成模式是最传统的定价方法。它是从银行经营成本角度出发，以一定的风险水平与目标利润为基础所确定的利率水准。它由四个部分构成：

贷款利率＝资金成本＋经营成本＋风险溢价＋目标利润

资金成本,就是银行从市场上吸收的资金成本。银行的资金结构不一样,有些银行活期存款等低利率资金较多,有些银行长期资金较多,综合成本会不一致。前者定价可以适当低些,因此具有竞争力。

经营成本,需要银行进行预估。一般,它包括员工工资、福利及奖励、营业税金、房屋租金及折旧、能源费用、办公用具、交通费用、代理费用、交际费用等。经营成本可以以一定的存款水平为基础来预计。

风险溢价,就是根据不同的信用等级收取的风险补偿费用。它包括两个部分,一是违约补偿费,违约风险可能性越大,风险溢价越高;二是授信期限补偿费,期限越长,相对风险越大,风险溢价也越高。

目标利润,就是银行股东所要求的必须达到的资本收益水平,或者银行同业的平均利润水平。

(二)客户盈利分析模式

客户盈利定价模式是一种在成本收益基础上更加深化、更细致的有针对性的定价方法。它把客户与银行的关系因素考虑在内,通过某个客户授信业务的总成本和总收入资料,将它们与银行的目标利润相比较,以此来确定对该客户的授信定价是否恰当。这一方法考虑了银行与客户之间的整体,体现了银行利率定价的差别性原则。就是说,分别不同的客户与银行的往来情况,以银行提供的全部金融服务能够从客户所收取的全部收益为基础确定不同的利率标准。比如,对国内外结算业务多、平时存款余额大、外汇买卖量大,并以本行为主要结算往来行的客户,其利率或费用的定价可以适当降低一些。

$$贷款利率 = 银行目标利润 + 为客户服务总成本$$
$$- 贷款业务外的其他收益 / 贷款总额$$

客户盈利分析模式的优点在于实施差别定价,有利于吸引和维持优质客户,符合商业银行以客户为中心的现代营销管理模式。比如某一客户,在本行账户的平均活期存款保持在较高水平,我们知道,活期存款利率比较低,银行可以将该存款用于放贷取利,或者拆借出去,这部分收益,可以视作来自客户的综合收益,我们在决定对该客户的利率水平时,就可以适当降低一点。其实,所降低的利率是从存款业务中获得补偿的,但是也因此增加了银行的管理成本。

(三)风险定价法

风险定价法是银行在考虑资金成本的同时,结合不同客户的风险水平所给的利率;又称领导价格调节法,是一种以风险违约补偿为主的定价方法。其方法是基准利润加上风险溢价,是国际贷款经常使用的利率定价模型,有两种不同的表达方式。

贷款利率＝基准利率＋风险溢价点数

如某银行贷款利率报价为:基准利率为 6 个月 LIBOR,信用等级 AAA 的为 6 个月 LIBOR＋0.25％,AA 的为 6 个月 LIBOR＋1％,A 的为 6 个月 LIBOR＋2％,后面的百分点部分就是风险溢价加成。

贷款利率＝基准利率×风险溢价系数

两者含义基本相同,只是计算方法有异。

风险溢价＝违约率×违约损失率×风险敞口

违约率与违约损失率,可以根据历史资料及客户的风险评级获得,风险敞口是指没有进行套期交易的对冲风险的资产头寸。

另外一种称优惠利率加成法,比较多用于国内贷款利率定价上。优惠贷款利率一般用符号 P 表示。优惠利率是银行对最有信誉的企业的贷款利率,其他企业视其信用等级与风险程度,在此基础上如同上面基准利率法,加一定点数或乘以一定系数确定。好处在于,既能通过利率优惠拉拢优秀的大公司客户,也从信用相对较差的客户获得风险补偿。优惠利率加成法也有两种不同表示法:优惠利率加点,$P＋x$;优惠利率乘以风险溢价系数,$P×(1＋x)$。

▶▶▶ 第五章

项目评估

银行的固定资产贷款、项目融资、银团贷款项目等长期授信,因为金额大,期限长,比一般流动资金贷款风险大,不确定因素多,在贷款前,按规定需要进行对建设项目的评估。项目评估也是中长期贷款的必经程序。

项目评估是从银行的角度,在对拟贷款项目的可行性研究报告的基础上,对贷款期间可能存在的各种风险进行评估,使贷款审批有一个客观可靠的依据。

项目评估的基本内容有以下几个部分:

(1)项目合法性评估。

(2)项目必要性评估。

(3)项目建设条件评估。

(4)项目建设的设备、工艺、技术评估。

(5)项目投融资评估。

(6)项目财务效益评估。

(7)项目贷款担保评估。

(8)项目国民经济效益评估。

(9)项目不确定性评估。

(10)项目总评估。

第一节 项目基本状况评估

一、项目合法性评估

项目合法性评估包括两部分:一是项目的建立是否合法;二是作为借

款人的主体资格是否合法。

根据我国政策规定,固定资产项目是需要有关部门(发改委)批准的,超过批准权限的项目,还需要更上一级部门批准,特大型项目要由国家级管理部门审批。按照固定资产投资程序,应该有经过批准的立项文件、项目建议书、项目的可行性研究报告,以及经过审查论证的初步设计与扩大初步设计等。这些文件是项目得以成立的基本依据。审查这些资料是否完备,已经进行的程序是否合乎规定、规范。

借款人可能是项目本身,也可能是投资人。评估重点在于借款人是否经过工商登记和必要的年检年审,检查其营业执照中的经营年限是否与贷款期有冲突;审查注册资本数量及出资进度和验资报告,评估实际资本与贷款规模的对应性。如果是股本贷款,就要考虑公司对外股本权益性投资不得超过所有者权益的50%的限制性规定。同时还要评估资本金占项目总投资的比例是否符合相关规定要求。如果是中外合资企业,外方股份比例一般不得低于25%。

作为项目法人,其合资合同、章程的相关规定条款对向银行借款是否有特别的规定,若有,必须按照其中的规定要求执行,否则就会产生借款有效性与合法性问题。例如公司章程有规定,向银行借款的决定权在公司董事会,那么必须要由公司同意借款的董事会决议。如公司章程中规定一定金额的投资需股东大会决议,则需要股东大会相关决议。这些材料是构成项目合法性的法理依据。

如果项目借款人从事特种行业,需要行业主管部门颁发的特许经营许可证,如医药行业、爆破业、采掘业、森林工业、学校等。

二、项目必要性评估

项目必要性评估就是对项目成立的理由和背景,及可行性重新进行审查、分析和评估。项目必要性评估分宏观必要性评估与微观必要性评估两个方面。

(一)宏观必要性评估

宏观必要性评估,是从国民经济发展的整体角度,衡量项目对国民经济宏观总量平衡、结构优化和产业政策以及地区规划、行业规划等宏观方面的影响。一般来讲,大中型项目侧重于国民经济与社会发展角度进行评估,小型项目侧重于地区与行业发展角度。主要包括以下几方面:

（1）建设项目是否符合国民经济总量平衡的需要。分析项目的产能对市场需求的影响，是否是产能过剩，或接近饱和的产品，特别要注意是否属于"三高一剩"（高能耗、高污染、高投入、生产能力剩余）项目。

（2）项目建设是否符合经济结构优化的原则，有利于实现资源的合理配置与有效利用。

（3）项目是否符合国家的产业政策。一定时期国家都会发布产业政策导向，分为鼓励、允许、限制、禁止等几种情形，不能是国家限制、禁止的项目。其依据是《产业结构调整目录》及《外商投资产业目录》等文件。

（4）是否符合国民经济长远发展规划、行业发展规划及地区发展规划的要求。

（5）产品对国民经济与社会发展的作用，是否符合国民经济发展要求，更好地满足社会需求。

（二）微观必要性评估

微观必要性评估，就是从企业角度来衡量项目对市场需求、企业发展、科技进步、投资效益等微观方面的影响。

（1）产品是否符合市场需求，是否有竞争力。项目成功的关键在于所生产的产品能否最终被接受。如果产品不合格，或者不符合市场要求，就谈不上竞争力，也无所谓投资效益。

（2）与企业发展战略、发展目标是否相一致。企业一般制定有中长期的规划与目标，项目的实施应该与这一规划、目标保持一致。

（3）建设项目是否考虑到合理生产规模的要求。生产规模与市场、原材料、成本、规模效应有直接的关系。

（4）是否有利于科技进步，采用的工艺技术、设备是否先进，其先进程度如何，与大多数同类产品相比，其生产效率是否更优、产品品质是否更有保障。

三、项目建设条件评估

项目建设条件评估，重点评估根据不同行业特点，现有条件是否满足项目建设要求。其主要包括建设资金条件、建设场地、设计力量、设备制造供应、施工力量等方面。

（一）建设资金条件评估

建设资金条件评估，即评估建设资金是否落实，来源是否符合国家规定。

（1）认真核算、核实项目总投资，按国家有关规定进行测算，不能留有缺口，并按建设年份、进度和资金来源合理地分配资金使用，确立年度投资计划。

（2）对资金来源的正当性与可靠性进行分析。根据资金来源渠道的不同分析各自的融资条件和融资成本，重点分析各种资金来源渠道的可靠性与落实程度。防止出现建设资金中断的风险，导致项目延后。

（3）对资金来源的各种条件与使用可能性进行分析，并能满足项目进度的资金支出安排。

（二）建设场地评估

建设场地评估，就是对项目所在的地理环境、自然条件、建设用地和建设现场的水电、交通条件进行评估。主要内容如下：

（1）分析项目所在地的自然地形地貌、工程地质、水文条件，对项目施工过程中有否不利影响，尤其土壤荷载和地下水对施工带来的影响，是否采取有效可行的措施。

（2）对建设用地可行性进行分析。建设用地是否获得许可证，是行政划拨还是公开出让，面积、构造是否满足项目要求，出让与征用成本是否合理。

（3）对施工现场的供电、供水条件进行分析。在数量上、质量上、时间上能否足够保证施工正常开展，项目按进度计划完成。

（三）生产条件评估

生产条件评估，主要分析项目建成投出后，生产条件是否具备，原材料供应是否充足、是否落实，交通运输、劳动力资源的保证程度，以及其他外部条件是否落实。

（四）资源条件评估

资源条件评估，主要评估为项目提供资源的报告是否可靠落实。如以矿山资源为原料的项目，就要根据勘探报告评估资源储量、品位、成分、开采价值、能够开采的有用储量以及运输条件。分析资源的可供数量、质量和开采方式、供应方式、可用年限，及综合利用情况。评估资源开发对自然地貌、水土等自然环境的影响。对于稀缺资源和供应紧张的资源项目，还应分析开发新资源的可能性及替代途径。对使用进口资源的项目，要分析资源供应的连续性、稳定性,及国内资源未来利用的可能性。

四、原材料、燃料、动力供应评估

(1)根据设计能力、工艺技术、设备性能,估算、预测原材料供应数量是否满足项目设计生产能力。同时,要考虑近期、远期不同的需要量与供应来源。对于供应紧张的原材料,了解是否已经落实供应合同或供销意向书,评估其供应的保证程度。

(2)分析原材料的质量是否适应生产工艺的要求。了解原材料的品种、规格、性能及其他质量要求,分析评估原材料供应商的质量保证程度。

(3)分析原材料投入物的价格是否经济合理。通过国际国内市场信息的收集,并依据以前年度价格波动幅度的历史资料,分析预测原材料价格变动的可能趋势。

(4)对于进口原材料为主的项目,应分析国际市场的供应情况及价格的稳定性,与运输到港装卸等环节,并预估进口供应情况有变化时国内产品替代供应问题。

(5)对所需燃料的品种、来源、数量、成分、热量、供应条件、运输方式进行评估,同时要考虑到燃料的储存基地问题,是否足够。

(6)对项目所需要的动力设施与条件进行分析,包括年耗电量、最大负荷、按正常生产能力与工艺设备计算的日耗电量,变电站、变压器功率,输电线路,输电方式、接入方式等。分析用电能否保证日常生产需要。

五、交通运输条件评估

交通运输条件评估包括原材料运输与产品的物流条件与方式,项目所在地周围铁路、港口、公路、机场等分布情况。根据生产能力需要,估算进出物资的数量,分析现有交通条件是否足够保证原料与产品的运输,并在此基础上选择最优化的运输方式。

六、劳动力资源评估

首先,评估确定项目所需要的工人、技术人员、管理人员的数量、质量在现有条件下是否保证,尤其是技术人员的选择、招聘。其次,评估所制订的企业劳动培训计划方案是否切实可行,是否满足项目生产要求,劳动保护方案是否合理可行。

七、工艺技术与设备评估

根据先进性、经济性、合理性、安全性、可靠性原则,对所采用的工艺技术设备进行评估。

(1)评估技术的成熟度与先进程度,分析工艺技术和生产流程对保证产品质量、降低成本、提高效率等方面的可靠性与合理性。对工艺技术尚不成熟的项目则应该谨慎。

(2)评估技术的来源,是否有专利技术,或者专利使用许可证。对成套设备引进,要分析引进的技术能否保证设备顺利采购安装调试、操作、维修,及国内消化。避免引进与生产工艺关系不大的不必要技术。同时分析国内同类技术水平,并进行比较,评估是否有引进必要;更要考虑国内是否已经引进相关技术,避免重复引进。

(3)设备的可靠性评估。评估设备是否符合国家规定的技术标准和技术规范,判断其性能的可靠性。同时分析是否对该设备进行过必要的考察,以考察数据为依据,分析其运行的可靠性。

(4)适用性评估。对设备的生产能力与项目实际设计生产能力对比分析,看是否达到设计要求。同时要对引进的设备对原材料的特殊要求、国内配套、维修等方面进行评估,避免投产后,无法发挥正常效益。

(5)经济性评估。通过对拟选用设备价格与同类产品价格的比较,及采购方式合理性的分析,确定设备价格的经济合理性。

八、项目设计、施工、监理评估

(1)评估项目的平面设计、建筑设计是否合理,是否能够满足生产需要。

(2)评估设计、施工、监理单位的资质、技术力量、技术装备,以及过去的业绩,分析资质是否完备,与完成整个项目的能力。

(3)评估施工条件的难易程度,现有装备条件下能否按时完成。

九、环境保护评估

对项目在环境保护的影响进行评估,主要包括以下方面:

(1)是否已经取得国家环保部门的环保审批手续与环境评估报告。根据规定,所有项目都需要首先取得环境评估报告才能开工建设。没有进行环境评估,或者环境评估不达标的项目,均不能通过项目评估。

(2)评估项目投产后对周围环境、大气的影响程度。是否会对周边居民生产、生活带来影响。是否落实了相关措施,确保项目的环保能力达到国家环保标准。

(3)对废水、废气、废物的处理,是否符合国家的要求。特别对大型的化工项目及产生较大污染物的项目,如印染、电镀等,分析拟采取的三废治理方案是否合理,最大限度减少生态环境的影响,审查投资中是否包含相关部分的投资。

(4)劳动保护。评估员工的生产条件是否符合国家规定要求,防暑、降温设施是否落实,职业病防治措施是否到位,生产过程中的噪声、有害气体、有害物质的控制条件是否可行。有露天高温作业、爆破作业、水上作业、高空作业、坑道作业的特殊项目,对作业人员的安全保护措施应特别加以重视。

第二节　市场销售分析评估

项目的成功达到预期效果,完全建立在产品市场预期之上,对市场销售分析一定要严密、仔细、认真、有预见性。预测结果与实际情况必然有差距,评估的目的在于通过多角度、多因素分析使预测与实际市场变化结果趋势基本一致,不发生大的背离。

一、产业前景评估

产业前景评估,主要评估所在行业目前状态、特点、政策环境与发展前景。

(一)行业政策

根据国家有关部门发布的产业政策目录,看是否属于国家鼓励项目,有无扶持倾斜政策,税收优惠等。国家鼓励项目主要是基础设施建设项目、高科技项目,农产品深加工项目,资源开发性,需要大力引导培育的加工业。如果属于政策限制项目,或者产能接近饱和的一般性加工项目,如钢铁、水泥、一般家电产品等,就可能存在政策风险,市场前景存在较大不确定性,因而贷款风险也较大。

(二)行业发展阶段与特点

分析该行业目前所处的产业发展阶段。一般产业须经历导入期、成长期、成熟期、衰退期几个阶段。在导入期阶段,产品未完全定型,市场前景不明朗,投入高,风险也大;在成长期阶段,产品已经基本定型,并被市场广泛接受、认知,前景看好;在成熟期阶段,产品稳定,市场已经完全打开,但竞争激烈;在衰退期阶段,产品市场逐步萎缩,替代品及更高性能的产品大量出现,效益大幅下滑,进入尾声阶段,风险极大。

(三)竞争程度

分析所在行业的竞争程度。一般来说,进入门槛低的行业,属于完全竞争产业;进入门槛高的行业,竞争程度较低。特别许可的行业,属于垄断行业,市场比较有保障。竞争充分的行业,要保持竞争优势,势必要加大市场方面的投入,而且被竞争对手超越的可能性越大。

(四)发展前景

评估发展前景就是与行业发展阶段相联系,评估该行业是否存在继续扩张的空间。市场是否已经饱和,后续是否有再行扩大生产能力的必要性与可能行。有些行业经历的后期较短,有些则较长。如纺织业,它的成熟期比电子业的成熟期要持续更久。即使处于衰退期的产业,新产品的开发也可能有它的市场发展前景。

二、产品供求评估

一切投资无非通过产品在市场的销售来实现利润。市场是否能够接纳,多大程度上接纳该产品是一个关键因素。市场分析就是要从对供求关系的预测来评估可能的市场演变状况。

(一)供求现状

(1)供给现状分析。分析已有的国内外本产品的设计生产能力、实际供应能力、开工率,及主要生产厂家。根据最大供应能力与实际供应量,来分析本项目进入市场的难易程度。现有生产能力已经全部发挥,新增供给只能通过新项目投资才能增加。

(2)需求现状分析。分析目前国内外的需求现状,包括主要市场、主要客户、供需关系、价格水平及变动趋势。评估需求满足的程度和市场接受能力,及供需不平衡的原因与特点。

（二）未来供给与需求

项目投产是针对未来一段时期，决定项目产品的是未来市场，所以对未来市场预测比对现状分析更重要。不过对未来的预测也是基于对现有市场的调查基础之上的科学分析，预测的准确度对项目成败有决定性的影响。市场预测一般要从以下几方面进行：

（1）根据经济发展水平，从国民收入的宏观角度预测社会商品购买力增长趋势。有购买力支持的需求才是真实需求。

（2）未来的供给能力评估，包括本项目在内，在建、拟建项目情况，生产能力，投资规模，所在地区。

（3）市场对该产品的需求预测，包括品种、规格、型号、质量因素，以及消费习惯、消费水平、偏好、消费方式等。

（4）产品价格变化预测，包括生产经营成本、价格弹性及盈利的变动趋势预测。

（5）产品经济周期及新产品投入市场的适销性预测。商品都有经济寿命，包括从试销、增销、饱和到滞销的过程。要考虑期间替代品出现的可能性及产品升级因素。

（6）资源预测。主要针对项目生产所需要的资源的保证程度。

（7）是否存在行业壁垒、关税壁垒或技术壁垒。

（三）目标市场评估

（1）评估目前市场供求现状，重点分析目标市场现有供需总量，主要供应商及其规模、优势。

（2）是否通过市场细分确定目标市场，重点分析目标市场选择是否合理。

（四）预测未来供求状况的变化

重点分析，新开工项目及新增生产能力，进出口变化，进口替代出现等因素对市场供给的影响。

三、产品价格评估

产品价格是项目未来成功的基础。评估的目标就在于此后的一系列财务数据与指标是否合理可靠。

评估重点放在现有价格水平与未来一定时期价格可能变化预测上。

影响产品价格的因素主要有四个方面:一是供求关系;二是偏好;三是成本;四是政策。产品供不应求,价格就会上涨,供求平衡,价格稳定,随着竞争激烈,价格将下降。偏好是消费者个人的文化、心理、习俗、价值取向、流行等有关的主观感官与选择,不仅影响需求,更影响价格。成本上升,价格不变,则利润空间下降,价格能否做相应调整,成本推动的可能性有多大?有些行业,政策因素对销售价格的影响非常大,或者说基本取决于政策因素。如进口替代产品,未来关税若下降,进口产品的国内售价也跟着下降。某些公用事业,其价格与收益及收费政策未来调整的决定权在政府,如电力、收费公路等基础性产业。另外,政府补贴对价格也有影响,如出口退税行业补贴。

四、竞争能力评估

分析评估投产后进入市场在同业中的竞争能力,具备的基本优势。主要从有以下几方面进行评估:

(1)产品销售战略。制定明确、可行的销售战略,包括市场进入战略、新市场开发战略、新产品开发战略。

(2)产品销售计划是否合理。包括:①产品价格优势,是否有价格上的竞争力。②营销策略是否科学,营销网络是否合理。③广告宣传、策划是否有效、可行,能否发挥最大效能。④经营管理水平,经理层的知识水准、管理经验、能力、团队精神,员工招徕及培训计划等。

(3)产品生产规模、质量、工艺水平技术、科研能力、专利技术。

第三节　投资与融资方案评估

资金筹措是项目建设顺利实施的最基本前提条件。资金不落实,一切沦为空谈。投资与融资方案评估就是对项目资金落实渠道和可能性的评估。一般来讲,银行之所以参与项目评估,就是本身存在一定的融资意向。

一、投资总额评估

投资总额指完成该项目建设,达到正常生产能力时所需要的全部资金投入,不仅仅指建设所需的固定资产费用,还包括评估前已经发生的建设前期费用,投产后所需要的生产流动资金。评估的目的在于估算投资总额是否合理,是否有意留有缺口。如果投资资金留有缺口,需要追加投资,需要重新筹措资金,财务评估的数据也要做大调整,整个项目的可行性研究基础不实,项目成立就存在怀疑。

建设项目总投资主要由以下几部分构成。

(一)前期费用

前期费用属于沉没成本,无论项目是否成立,都是已经发生的成本费用,属于递延资产,计入开办费用。它包括为项目成立所支付的项目咨询费,设备、市场、技术考察费,项目建议、初步可行性研究费用,立项准备文件等发生的费用。一般开始时由项目发起人垫付,项目立项完成后,再行转入项目开办费开支。前期费用占总投资的比例很小。

(二)固定资产投资总额

1. 固定资产投资

固定资产总投资＝固定资产投资＋建设期利息＋固定资产投资方向
　　　　　　　　调节税（目前仍存在但已停收）

固定资产投资,要占总投资的绝大部分,换句话说,项目投资主体是固定资产投资,评估的重点也是固定资产投资。其分项内容复杂,变化大,涉及方面广,过程长。

固定资产投资＝工程费用＋工程建设其他费用＋预备费用

固定资产投资分静态总投资与动态总投资,两者口径不一样。动态总投资等于静态总投资加上物价上涨预备费、建设期利息、汇率变动费用。

2. 工程费用

工程费用＝建筑工程费用＋设备安装费用＋设备、工器具购置费用

(1)建筑工程费用,包括项目生产所需要的全部建筑物、构筑物、厂内公用性地面、地下设施和场外工程如墙外绿化等支出。

建筑工程费用估算可以参考不同建筑类型、结构、用途、设计标准等当地的每平方米造价标准来确定。办公用房与生产厂房设计标准完全不同,不能套用同一造价标准。

(2)设备安装费用计算是以设备定价乘以设备安装费率估算。有以下两种估算方法:

设备安装费＝设备原价×安装费率

设备安装费＝设备总重×每吨设备安装费率

（3）设备购置费用，需要考虑国产、进口不同情况确定。

国产设备购置费＝设备定价＋运杂费

进口设备，涉及关税和银行国际结算业务、保险等环节，估算标准不同。

进口设备购置费＝设备到岸价×汇率＋进口环节增值税＋进口关税
　　　　　　　＋银行国际结算费用＋外贸代理费用（若有）
　　　　　　　＋国内运杂费

其中，进口环节增值税计算基础是到岸价乘以 17％。进口关税计算基础是在到岸价计算增值税后再乘以关税税率。

（4）工器具购置费用：

工器具购置费＝工器具原价×工器具与生产工具费率

3. 工程建设其他费用

（1）建设用地使用权费，通过出让方式获得土地使用权，一般是净地价格，可以使用合同价。

（2）土地征用费，不是通过出让方式，而是征用方式，一般是政府公用项目为多，包括土地征用补偿费、青苗树木补偿费、安置补助费、居民迁移费、旧房拆除费补偿费等。

（3）建设单位管理费，业主单位为管理项目发生的费用。一般以总投资的一定费率计算。

（4）其他的投资费用，包括但不等于以下几部分：

勘察设计费、研究试验费、联合试车费、生产职工培训费、办公及生活家居购置费、绿化费、供电贴费、电力增容费、白蚁防治费、墙改材料费、建筑防空费、工程监理费、工程保险费、施工机械迁移费、引进技术设备其他费用、施工技术措施非、环保评估费、排污费、建筑配套费、供水费、预备费用、基本预备费、涨价预备费、建设期利息、流动资金等。

二、资金来源评估

资金来源评估，主要评估项目的各项资金筹措是否可靠、落实。资金不落实，项目再好也是空中楼阁。所以我们要对项目的资金来源进行评估。

投资项目的资金来源主要有以下几个渠道：

（一）资本金

新建项目必须要先行具备一定的项目资本金。无资本金的项目是不可想象的，银行根本不会考虑贷款，尤其是叙做项目融资的项目。资本金比例、金额、出资进度是银行提供贷款的前提。

资本金是由各个股东按股份比例投入的原始资金，可以是现金、物资、土地使用权、工业产权。不过，现金以外的财产需经过评估以确认价值。工业产权、专利技术出资份额不能超过资本金的 20%，在高新技术项目中亦不能超过资本金的 35%。

不同行业，国家对资本金的要求不同。交通、煤炭行业，在总投资的35% 以上，钢铁、邮电、化肥行业为总投资的 25% 以上，电力、机电、建材、化工、石油、有色金属、轻工、纺织等行业为总投资的 20% 以上。

（二）股票、债券

发行股票、债券向市场融资进行新项目投资方式越来越多。根据我国相关规定，发行股票融资的目的就是因为有较好的效益的投资项目，但是项目发起人资金不足，需要以该项目未来收益为依托，向社会上那些有闲散资金且正在寻找投资出路的投资者提供投资机会，筹集资金，从事项目建设，及时发挥效益。法律规定，发行股票必须提出相应的项目建设作为基础，证明筹资目的在于特定项目建设。筹集资金后，主要用于项目建设，不能随意改变用途。股票属于资本金范畴，是扩大资本金，不用计付利息，不用偿还，新项目中有这类资金来源，定能大大提高银行贷款安全性。

债券发行也是因特定项目需要筹集建设资金，但它属于一般债券，到期时被要求赎回，定时需给付利息。不过债券是面向各个投资人，期限较长，使用限制比银行贷款少，属于项目资金中优先争取的渠道。

另一种可转换债券，是兼具股票与债券的特点，又包含期权性质的混合工具。债券投资人认购债券后一定时期，可以按约定价格（期权行使价），将债券转换为股票，或者要求赎回（弃权）。对发债人来讲，存在到期被普遍赎回，大量现金流出的风险。

（三）股东贷款

股东贷款在国外项目建设中普遍存在，国内较少。它是各个股东在各自资本金出资之外，为了筹集项目资金，再按比例出资借贷给项目使用。对项目来讲，股东贷款优于银行贷款，期限较长，到期可以灵活协商，可以不付息。股东贷款的存在对吸引银行贷款有很大帮助。通常股东贷款归还迟于银行的项目贷款。等于说股东在项目中承担了资本金与贷款的双重风险，说明股东们对项目的期望值比银行大，对风险考量更全面。

(四)银行贷款

银行贷款包括国内银行贷款和国外银行贷款，具体见固定资产贷款、项目融资、银团贷款、外汇贷款。

(五)租赁

租赁一般指融资租赁，就是通过向租赁公司融资，以租赁公司名义，用于购买特定机器、设备，出租给承租人使用，按融资租赁金额加上相应利息，按期支付，付清后租赁资产归承租人所有的一种融资方式。它的好处在于，租赁物所有权为租赁公司所有，比抵押贷款更好地保障债权；承租人以每期支付一部分金额，取得机器设备的使用权，有利于减轻项目资金压力。同时租赁费计入生产成本，可以少付所得税。大型运输工具、先进的、价值高的大型生产设备，使用融资租赁有较大优势。国内航空公司基本上采用融资租赁模式融资。较大的银行一般设立有自己的租赁金融公司。

(六)国外政府贷款或买方信贷、国际金融机构贷款

随着我国经济的发展，这类贷款越来越少。

(七)补偿贸易

补偿贸易属于贸易融资性质。国外进口商，为了稳定取得产品的供应，先行将项目所要使用的机器设备提供给国内厂家使用，国内厂家由该设备生产的产品必须全部或大部分由其购买。同时双方约定一个设备的价格，然后其价款从出口产品里逐步扣还。投资不大的一般出口加工业采用补偿贸易的较多。

三、资金使用计划评估

对项目资金使用计划方案的分析与评估，主要应重点考虑以下几个方面：

(1)项目实施进度计划是否能与筹资计划相吻合，有无调整与修改的建议；资金使用计划是否与项目实施进度相衔接，合理安排分年度投资；用款计划安排是否与资金来源相适应。必要时，应通过多方案比较，选择最佳资金使用方案。

（2）根据项目投资估算确定资金需要和分年度投资额，评估可行性研究报告中提出的资金来源及资金使用计划是否合理，是否符合国家有关政策规定；对各类借款，尤其是外汇借款，项目有无偿还能力。

（3）评估项目流动资金安排是否足够。根据规定，新建项目需要具备30％的自有流动资金，在投资资金支出安排时要充分考虑这部分生产性流动资金。

（4）评估投资使用计划的安排是否科学合理，是否能保证项目顺利实施和资金最佳利用的要求。同时根据项目资金使用方案，应编制"资金使用计划与资金筹措表"和"资金来源与运用表"。

第四节 财务效益评估

财务效益评估，就是从财务角度分析计算项目所发生的财务效益与各种费用，据此编制财务报表，计算评估指标，考察项目的清偿能力、盈利能力、抗风险能力、外汇平衡等财务状况。财务可行性是项目决策的重要依据。

财务效益评估的程序是，首先分析和评估项目的基础财务数据，是否可靠、客观，有否遗漏，包括对生产规模、原材料消耗、价格、各项生产成本、项目进度、销售收入、利润等逐一评估；其次，将上述财务数据汇总，分别编制现金流量表、损益表、资金来源与运用表、资产负债表，及外汇平衡表等五类主要财务报表，并对这些报表进行分析评估；最后，在此基础上，计算各项财务效益指标，并进行分析评估。

一、生产成本评估

生产成本评估就是逐项计算、审核生产成本支出。产品的生产成本构成是：

(一)原材料成本

按不同年份的达到生产能力的不同，分年以总产量、单位产品用量、损耗量与市场价格计算。

(二)辅料成本

按不同年份产量计算所需要消耗的各种辅料（包括包装物）的各项

成本。

(三)燃料、动力成本

燃料、动力成本,主要是电力耗用量与油料耗用量,也就是按实际每年耗电量与耗油量计算其成本。

(四)职工工资与福利费

职工工资包括实际发放给职工的工资和按规定应该扣除的各项法定基金。工资实际支出在财务上按员工岗位不同而从不同渠道开支,如直接生产成本、销售费用或管理费用。

工资计算以不同岗位的工资级别与各项基金缴纳汇总计算。福利费是按职工工资总额的14%提取的。

有些企业实行年金制度。年金也是一项福利,但不包括在法定福利费用中。年金一般由公司支付一部分,个人扣缴一部分,统一由公司作为一个基金运作,其收益人为职工的福利形式。计算时,只能计算企业出资部分。不过,一般企业年金是在产生利润后才可能成立,其支出渠道是企业利润。

(五)折旧费

固定资产折旧费属于管理费用。对于固定资产折旧,其费率、期限、方法,国家均有详细规定。一般使用平均年限法,或工作量法。平均年限法,是按固定资产性质分类,规定不同的折旧年限,将固定资产原值减去残值(一般为3%~5%)后,每年平均分摊,如房屋为30年,电子设备、运输工具为5年。工作量法就是确定一个总的工作寿命,算出期间的理论产量,再分摊在每个工作量上。

(六)修理费用

修理费用包括固定资产大修理费用和中小修理费用。其计算方法为固定资产原值乘以年修理费率。

(七)摊销费用

摊销费用包括开办费、其他长期待摊费用、无形资产费用等分年分期进行摊销,按规定计入各项成本。

(八)利息支出

建设期间所发生的利息,作为固定资产投资支出,计入固定资产投资总额,作为固定资产价值的一部分;生产期间所发生的固定资产借款利息、流动资金借款利息一律计入当期成本。

(九)其他费用

其他费用是指不在以上八项费用之内的其他费用支出。

生产总成本费用＝1－以上各项费用之和

可变成本＝原材料成本＋辅料成本＋燃料、动力成本＋工资及福利费

固定成本(不变成本)＝管理人员工资＋折旧费＋修理费＋摊销费
＋利息支出＋其他支出

经营成本＝生产总成本费用－折旧费－摊销费－利息支出

根据以上各项成本支出,编制总成本费用估算表与单位产品生产成本估算表。

二、利润效益评估

利润效益评估主要包括销售收入评估、销售税金及附加评估、利润评估。

(一)销售收入评估

销售收入根据项目的产量与销售价格确定。对销售收入评估时首先要注意,投产后各年,包括第一年份的生产能力,达到设计生产能力的几成。一般项目受原辅材料供应和工艺技术因素的制约,是不可能一次性达到设计生产能力的。各年的生产能力的确定是否有充分依据。其次,所选定的销售价格是否合理,价格水平是否反映市场状况,依据是否可靠。防止项目效益被夸大或缩小。最后,认真鉴别确定销售收入的计算是否准确。

(二)销售税金及附加评估

销售税金及附加是指与项目生产销售有关的应该缴纳的各种税金及附加。

增值税,按产品增值部分征税,适用税率有17％、13％两种。项目缴纳增值税,是以销项税额减去进项税额处理的,税金是一种价外税。出口产品按先征后退方式处理,经过退税后,包括自己缴纳与前人缴纳的全部环节增值税皆为零。但是不同商品的退税率有所变动,可能实际退税部分金额达不到全部已经缴纳的增值税金额。

消费税，是另一种针对特定商品征收的增值税外的税收。共有11种产品，包括酒类、酒精、化妆品、汽油、柴油等适用消费税。消费税征收有从量、从价两种方式，酒类、油品按量以每吨计算，其他按价格计算。其税率从3％～45％不等。

营业税，交通运输、建筑、金融服务等行业及不动产销售，均征收营业税，具体税率从3％～20％不等。

资源税，是对资源开发行业征收的一种税收。原油、天然气、煤炭、有色金融、黑色金属、非金属矿产、盐类产品等使用资源税。税额不等。

城市建设维护税和教育附加费。该等税费征收额较小，一般以已经征收的增值税或营业税为基础按规定税费率附加计算。

税金及附加体现项目的社会贡献。要注意，销售收入中不包括税金及附加，税金及附加须单独立项计算。

评估时，应根据销售、产量、价格与不同行业税收政策，编制销售收入、税金及附加估算表。

(三)利润评估

销售收入除去生产成本和各项税费后就是利润。

利润产生后，根据法律规定还需缴付所得税。目前，所得税率内外资皆统一为25％。对经确认的高科技企业，所得税减为按15％征收。

利润分配。项目产生利润，并缴纳所得税后，进行分配也要符合法律规定。根据现行税法规定，在弥补以前年度亏损后，其分配顺序是，首先提取法定公积金，一般是税后利润的10％，但达到注册资本50％时可以不再提取；然后提取法定公益金，一般是税后利润的5％，剩余由各股东进行分配。对于股份有限公司，还需要先支付优先股股利，再提取任意公积金，最后才进行利润分配，支付普通股股利。

评估的同时要编制损益表。

三、贷款归还能力评估

根据总投资支出、各项资金来源、每年产生的利润等数据，按照先归还借款，后收回本金原则，编制贷款还本付息表。

可以用作贷款归还的资金为：税后利润中经提取法定公积金、公益金后可分配利润部分；项目的固定资产折旧；待摊费用的摊销；无形资产及递延资产的摊销。

贷款利息部分的计算,可以简约地以期初期末贷款的平均数按贷款利率确定。由于生产期全部利息已经计入成本,所以不需要动用其他现金归还。建设期固定资产借款本息虽然计入固定资产,但要计算每年利息支出的数据。

同时,编制借款还本付息计算表。

四、现金流量评估

现金流量评估就是分析建设期与生产期各年现金流入、流出与净现金流量情况,编制现金流量表。

项目在建设期内的现金流量=固定总投资—流动资金投资

建设期现金流量还只有流出,没有流入,应为负值。

项目投产初期现金流量=销售收入—经营成本—销售税金及附加
　　　　　　　　　　　—流动资金贷款增加额

此时,没有达到生产能力,净现金流量可能仍为负值。

正常生产年份净现金流量=销售收入—经营成本—销售税金

经营成本中不包括折旧费、摊销费、流动资金利息。

同时,编制各年的现金流量表。

现金流量表中累计净现金流量应是当年净现金流量与前一年累积现金流量之和。各年的净现金流量要与固定资产贷款还本付息表相对应,还贷的基础是净现金流量。

五、财务效益评估

财务效益评估就是在利润损益表基础上,计算各项盈利指标,评估项目的收益水平、盈利能力与投资回收期。评估时应注意重点审核相关数据是否真实可靠,审查利润分配是否按国家有关规定程序进行,对于需要偿还的贷款,借款期间应先归还借款,再分配利润。

财务效益指标主要有:

投资利润率=年利润总额/总投资×100%

年利润总额是指达到正常生产能力后的年利润总额,应与行业平均投资收益水平进行比较。

投资利税率=年利税总额/总投资×100%

年利税总额是指达到正常生产能力后的年利税总额,也应与行业平均水平比较。

资本金利润率＝经常年度税后利润/项目资本金×100％

同时,资本金利润率也应与行业的基准收益水平进行比较。

投资回收期,指项目投产后产生收益抵偿全部投资所需要的时间。投资回收期指标有静态投资回收期与动态投资回收期。前者不考虑资金的时间价值,后者考虑了资金的时间价值(折现率)。

静态投资回收期＝累计净现金流量出现正值的年份－1
　　　　　＋上年累计折现值的绝对值/当年现金净流量

动态投资回收期＝累计现金流量折现值出现正值的年份－1＋上年累
　　　　　计折现值的绝对值/当年现金净流量折现值

财务净现值,按部门或行业的基准收益率为折现系数,将以后年度现金流量折算为建设开始年度的现金之和,是反映项目在整个寿命期内的总的活力能力的动态评价指标。

项目的财务净现值可以从现金流量表中计算求得,并根据计算结果进行判断:

净现值＞0,说明项目活力能够达到部门或行业的基准收益率,项目是可行的;

净现值＝0,说明项目的收益水平刚好达到基准水平,如果没有其他特别的因素,项目不可行;

净现值＜0,说明项目收益率低,财务上不可行。

财务内部收益率,就是项目寿命期内,各年的净现金流量等于零时的折现率。与财务净现值不同,财务净现值是先确定一个折现率后,再计算净现值。内部收益率是先确定净现值等于零,然后再计算折现率。

从项目内部收益率的大小,与基准折现率进行比较,判断项目是否在财务上可行。

六、清偿能力与外汇平衡分析评估

清偿能力评估是指在盈利能力基础上,对项目资金来源与资金运用、资产负债结构及借款偿还期等进行评估,分析其偿债能力。

(一)编制资金来源与运用表

资金来源与运用表由资金来源、资金运用、盈余资金与累积盈余资金四大部分组成。对此表的评估,除了考查其编制是否符合有关规定,表中数据与其相关报表数据是否一致外,还应特别注意各年累计盈余不能出现负值。如果出现负值,就要通过增加短期贷款解决,延长贷款偿还期。

资金来源与运用表用于反映项目计算期内各年的资金短缺与盈余情况,用于资金筹措方案的选择,制订合理的借款及偿还计划,并为制定资产负债表提供依据。

(二)投资的贷款偿还期评估

主要评估在现有财务条件下,项目投产后所产生的可以作为还贷来源的收益,如利润、折旧费、摊销费等,来偿还项目贷款所需花费的时间。它是反映项目贷款偿还能力与寂静效益的一个综合性指标。该指标计算公式如下:

贷款偿还期＝贷款偿还后开始出现盈余年份－开始贷款的年份

＋当年应偿还贷款额/当年可用于还款的资金额

贷款偿还期满足银行的要求期限时,项目才可以确定是可行的。

(三)资产负债表与财务比率分析评估

项目的资产负债表,能综合反映项目计算期内各年末的资产、负债与所有者权益的增减变化情况及相互间的对应关系,以检查项目的资产负债、资本结构是否合理,是否具备较强的还债能力。通过编制各年的资产负债表,得以计算其所反映的偿债能力。

主要的偿债指标是:资产负债率、流动比率、速动比率。

(四)外汇平衡分析评估

对于涉及有外汇收支的项目,还需要进行外汇收支平衡分析,评估其外汇来源与外汇使用情况。通过外汇平衡分析评估,掌握项目计算期内各年外汇余缺程度,衡量项目实施后对国家外汇状况的影响,可使投资者对项目未来经营期内外汇平衡问题做到心中有数,如果外汇不平衡,则需要在现行政策下考虑积极的措施和办法。

外汇平衡分析主要是编制外汇平衡表。外汇平衡表包括外汇来源与外汇运用两大部分,分年编制,便于分析各年的外汇余缺情况。外汇来源包括出口收入、外汇借款及其他外汇收入三项;外汇运用包括投资中的外汇支出,进口原材料和零部件的外汇支出,生产期间的技术转让费、外汇支出,偿付外汇贷款本息和其他外汇支出。外汇来源与外汇运用的差额为外汇余缺。在外汇平衡分析评估中,一般要求外汇收支基本平衡,如果不平衡,则应采取相应解决办法,并在外汇平衡表中体现出来。

第五节　银行贷款效益与贷款风险评估

银行有自己的利益考量,在进行项目经济效益评估时,还要对银行贷款效益及贷款风险进行评估。

一、项目贷款效益评估

贷款效益评估包括流动性评估与其他效益评估,评估银行除利息收益以外的其他经济利益。

(一)流动性评估

流动性评估主要分析项目在银行开户结算资金流动情况,并计算存贷比与银企资金相向流动现值比率。

1. 存贷比

存贷比是银行考核贷款的指标之一。存贷比越高,银行的效益越好。因为存款利息比较低,一般以活期为主,贷款利息相对比较高。存贷比高,项目在银行的日常派生存款就多。

$$存贷比率 = 企业平均存款 / (固定资产贷款 + 流动资金贷款) \times 100\%$$

企业平均存款是指企业在银行账户中的结算存款和其他存款。结算存款按正常年份平均存款余额,一般以销售收入的一定百分比测算,其他存款按存款正常生产年份折旧费与未分配利润之和估算。

2. 银企资金相向流动现值比率

银企资金相向流动现值比率是反映银行综合动态效果的评估指标。

$$银企资金相向流动现值比率 = 回流银行资金现值 / 流出银行资金现值 \times 100\%$$

回流银行资金现值是项目计算期内实际固定资产、流动资金贷款回收,企业存款、贷款利息收入的现值之和。流出银行资金现值是计算期内固定资产与流动资金贷款,企业存款支用、利息支出的现值之和。该比率若大于1,说明资金回流银行现值大于流出银行的现值,流动性效果较好;0.8以上,说明流动性效果一般;小于0.8,说明流动性比较差。

(二)其他收益项目效益评估

银行通过贷款除企业日常存款、利息以外还有其他各项收益,可从定性、定量两方面来进行评估,主要包括:

(1)国际国内结算业务量的增长。特别是国际结算业务,收益较好,也有利银行国际化发展,是银行竞争的重点。

(2)评估是否为项目的主办行,有没有可能成为企业的财经顾问。

(3)能否通过项目吸收到上下游企业业务往来。

(4)代理保险和信用卡业务。

(5)如果是银团贷款,有管理费等费用收益。

(6)通过贷款能够掌握行业动态与各级信息。

(7)通过贷款增进与地方政府的关系。

(8)通过贷款提高知名度,和同业竞争能力等情况。

二、贷款风险评估

贷款风险防范评估就是评估贷款的风险程度与风险防范措施,是不是达到银行授信的要求,一般从贷款风险度、担保措施及抵质押品价值与权属三方面进行评估。

1. 贷款风险度评估

贷款风险度评估就是银行从债权人角度出发,综合考虑项目贷款方式与贷款对象、贷款期限等因素对银行授信资产风险程度的影响。贷款风险度等于贷款方式对信贷资产安全的影响系数(即贷款方式基础系数)与贷款对象对信贷资产安全的影响系数(即企业信用等级转换系数)的乘积。

贷款风险度＝贷款方式基础系数×企业信用等级转换系数

贷款方式基础系数与企业信用等级转换系数,一般由各家银行自行制定;也可以考虑采用信用评级机构的评级结果再考虑调整系数予以确定。贷款风险度的数值越小,说明银行贷款的风险性也越小。

2. 信用担保评估

信用担保评估,就是对信用保证人的主体担保资格与偿债能力进行评估。担保属于第二还款来源,当借款人失去偿还能力时,银行还有向担保人索偿的机会。关于担保评估部分内容,可以参阅第十章第一节。

3. 抵质押评估

一般银行叙做固定资产贷款时,必然要求银行贷款所形成的固定资产作为贷款的抵押品。有时候,除了项目本身固定资产及其他资产外,借款人也可能以项目外的资产或第三人的资产作为贷款的抵质押担保。有关抵质押担保的内容可以参阅第十章第二节。

第六节　不确定性分析

前面对项目所做的财务分析是基于预测的数据作为一个确定的变量为基础,而实际上发展的结果可能不是如此,因而存在不确定性因素,包括成本、销售收入、汇率、价格、工期、投资、利润等。不确定分析就是对不确定因素对项目收益等各种经济指标的变化和变化程度进行分析,评估项目在多大程度上能够承受这些因素变化的影响。

不确定分析主要有三个方面:盈亏平衡分析、敏感性分析以及概率与分析风险。盈亏平衡分析主要在财务分析中使用,敏感性分析以及概率与风险分析可以用于财务分析评估与国民经济评估。

一、盈亏平衡分析

盈亏平衡分析是通过研究产品产量、生产成本、销售收入三者变化对项目盈亏的影响,通过寻找盈亏平衡点,分析项目在一定价格下,达到不盈不亏的平衡水平所应具备的生产能力或产量,亦即项目盈利与亏损的分界点。

在盈亏平衡分析中,成本区分成固定成本与可变成本。

盈亏平衡分析有线性分析法与非线性分析法两种。线性分析法假定产量、成本、盈利三者呈线性的函数关系。非线性分析法是假定以上三者很可能不是呈线性函数关系。这里只介绍线性分析法,非线性分析法可以参考项目评估专业专门著作。

线性分析法,有图解法与数学法两种。

(一)图解法

图解法可通过几何图标来表示,如图 5.1 所示。

(二)数学法

设生产总成本函数:$y_1 = f + vx$;销售收入函数:$y_2 = px$。

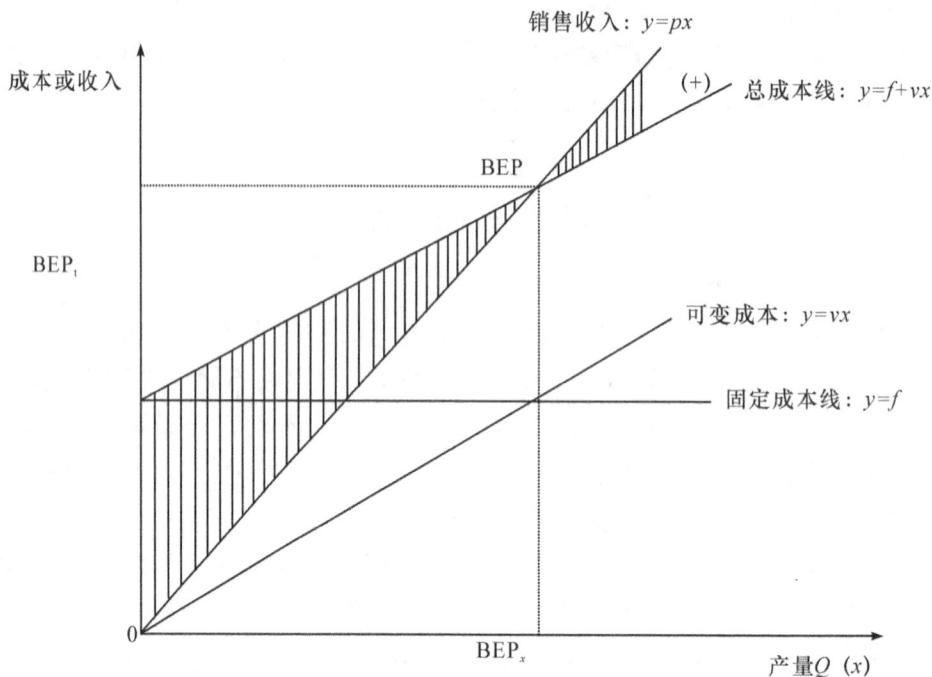

图 5.1 盈亏平衡分析图解法

当 $y_1 = y_2$ 时，则：

$$f + vx = px$$

式中：y_1 为正常生产年份内的生产总成本；y_2 为项目投产后正常年份的销售收入；f 为总固定成本；v 为单位产品成本；p 为单位产品价格；x 为正常年份内的产品产量。

1. 用实际产量表示的盈亏平衡点 BEP_x

$$BEP_x = \frac{f}{p - v}$$

盈亏平衡点产量＝总固定成本/(产品单价－单位可变成本)

2. 用销售收入表示的盈亏平衡点 BEP_s

$$BEP_s = p \times BEP_x = p \times \frac{f}{p - v}$$

平衡点销售收入＝产品单价×总固定成本/(产品单价－单位可变成本)

3. 以生产能力表示的盈亏平衡点 BEP_R

$$BEP_R = BEP_x/R_x \times 100\% = \frac{f}{p-v} \times \frac{1}{R_x} \times 100\%$$

式中：R_x 为正常年份设计年产量。

平衡点的生产能力利用率＝年总固定成本／（年销售收入－年可变总成本）×100%

4. 以单位产品保本价格表示的盈亏平衡点 BEP_P

$$BEP_P = f/R_x + v$$

平衡点单价＝总固定成本／设计年产量＋单位可变成本

以上销售收入中，包含销售税金在内，所以在使用销售收入数据时应该将销售税金减去。

二、敏感性分析

敏感性分析是指通过分析预测总投资、成本、售价、销量等因素变化，对项目内部收益率、贷款偿还期、投资回收期等指标的影响，判断项目的抗风险能力。比如，售价可能下降 5%、10% 的时候，销售收入、利润同步下降，其他指标也一起发生变化。通过敏感性分析可以在诸多不确定因素中，找出对经济效益指标反应敏感的因素，并确定其影响程度，计算出这些因素在一定范围内变化时，有关效益指标变动的数量、范围，从而建立主要变量因素与经济效益之间的对应定量关系。同时可以预测项目经济效益情况变化的最乐观和最悲观的临界条件或临界数值，求出各因素变化的允许幅度，计算出临界点，评估其是否在可接受范围内。

敏感性分析有单因素分析与多因素分析。单因素分析只分析单一因素发生变化，其他因素不发生变化时对经济效益指标的影响程度；多因素分析指几个因素同时发生变化后对经济效益指标的影响程度。评估指标主要有敏感度系数与临界点。

敏感性分析的方法和步骤是：

(1)确定敏感性分析研究的对象。针对不同项目特点和要求、不同研究阶段与实际需要，选择最能反映项目经济效益的综合性评估指标（如投资利润率、投资回收期、内部收益率、净现值等）作为具体分析对象。

(2)选用分析和对比的不确定因素。根据建设项目特点选用对经济指标有重大影响的主要变量因素。主要是产量、价格、原材料成本、汇率、可变成本、固定成本、建设工期等变量。

（3）计算各变量因素对经济效益指标的影响程度，寻找和分析敏感因素。按预先制定的变化幅度（＋10％，＋20％），先改变某一个变量因素，而其他因素暂不变，计算该因素的变化对经济指标的影响数值，并与原方案的指标对比，得出该指标变化的差额幅度，然后再选另一个变量因素，同上进行效益指标的变化率计算。必要时可以改变多个变量。这样将不同变量计算出的对同一效益指标的不同变化率再进行比较，选择其中变化率最大的变量因素为该项目的敏感因素，变化小的为不敏感因素。

（4）绘制敏感性分析图，求出变量变化极限值。作图表示各变量因素的变化规律，可以更直观地反映出各个变量因素的变化对经济效益指标的影响，而且可以求出内部收益率等经济指标到达临界点时，各种变量因素允许变化的最大幅度。

三、敏感面分析

敏感性分析是单因素分析，其局限性是只能分析一个因素发生变化，而其他因素不变的情况下对项目效益指标的影响。敏感面分析是一种多因素敏感分析，它分析两个敏感因素同时发生变化对效益指标的影响，如销售价格下降10％，投资增加10％情况同时发生。两个敏感性因素分析可以得到一个敏感面。详见图5.2。

把敏感性曲线的分布与等量曲线合列在一张图中，根据方案的几个参数，可把图分为可接受区域与不可接受区域两部分。如果我们选择两个参数或三个参数进行敏感性分析，就要先列出一个方程式，以便确定该方案的现值或年值。其中一个参数用图上的 X 轴表示，一个参数用 Y 轴表示。再利用上面所列出的方程式导出使年值或现值为零时的 X 和 Y 的对应关系的表达式，然后用一条敏感性曲线在敏感性曲线图上反映出来，发现在曲线的一侧的百分比变化使方案的现值为正值，属于可以接受区域，曲线的另一侧的百分比变化使方案的现值为负值，属于不可接受区域，此曲线为划分项目方案的分界线。

四、概率分析

概率分析，就是用于研究预测不确定因素和风险因素对项目经济指标评估影响的一种定量分析法。一般对大中型项目进行评估时使用概率分

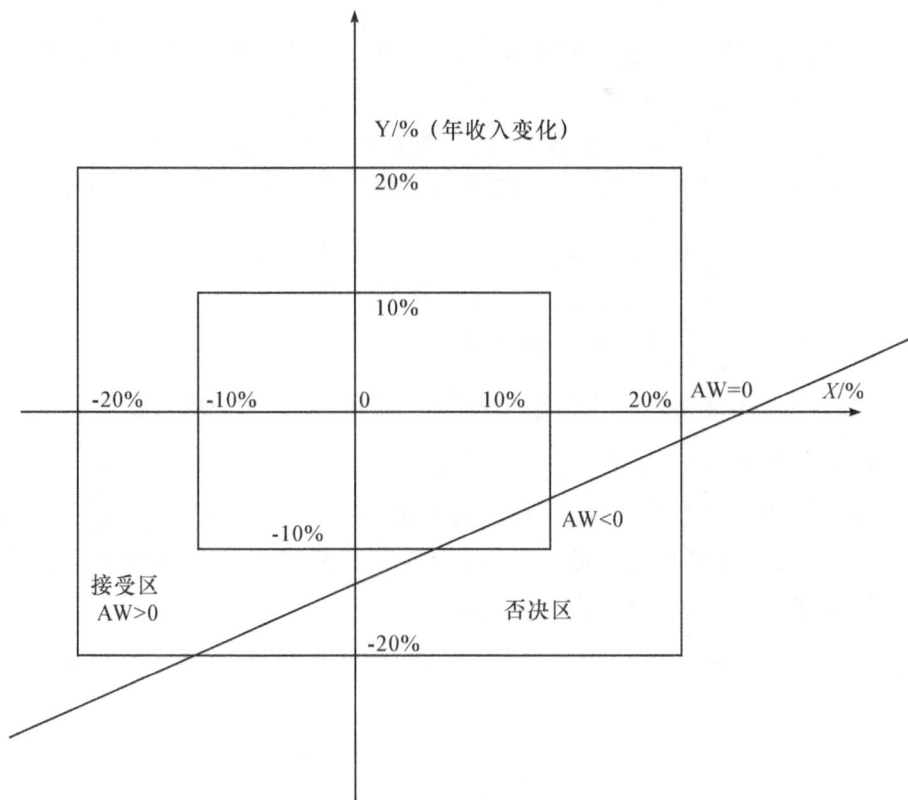

图 5.2　两因素敏感面分析

析法。目的在于确定影响项目经济效益的关键变量及可能的变动范围,并确定关键变量在此范围内的发生概率。

概率分析法主要有期望值法、决策树法和效用函数与模拟法等。这些方法因为缺少可靠的必要的历史统计资料,如概率值,应用尚不普遍。

(一)期望值法

计算项目净现值的期望值及期望净现值大于等于零的概率。

(1)确定一个或两个不确定因素或风险因素,如总投资、收益。

(2)估计每个不确定因素出现的概率。概率的估计借助于历史统计资料以及评估人员自己的经验进行。

(3)计算变量的期望值:

$$E(X) = \sum_{i=1}^{n} X_i P_i = X_1 P_1 + X_2 P_2 + \cdots + X_n P_n$$

式中:$E(X)$ 为变量 X 的期望值。

$$P_i = P(X_i)$$

式中：P_i 为对应所出现变量 X_i 的概率值；X_i 为随机变量的各种取值。

（4）方差与均方差计算：

方差用来衡量变量 X 的各期 X_i 与期望值的平均偏离程度。

$$\text{方差 } \sigma^2 = E[X_1 - E(X)]^2 + E[X_2 - E(X)]^2 + \cdots + E[X_n - E(X)]^2$$

$$= \sum_{i=1}^{n} P_i [X_i - E(X)]^2$$

$$\text{均方差 } \sigma = \sqrt{\sum_{i=1}^{n} P_i [X_i - E(X)]^2}$$

比较项目净现值的上下限取值是否大于零，以此作为决策依据。

（二）决策树法

决策树法是比较直观地运用概率分析的一种图解方法。主要用于对各方案的状态、概率和收益进行比较，为决策和最优方案的选择提供依据。一般用于多阶段决策分析，详见图 5.3。

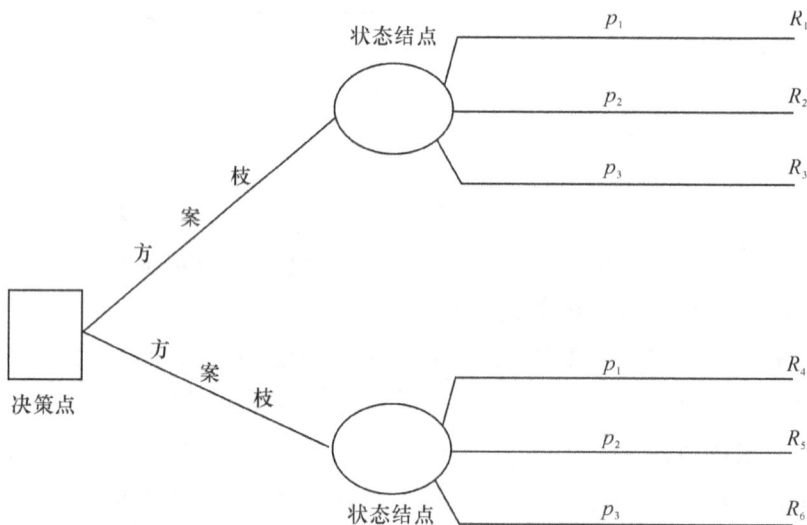

图 5.3　决策树

第七节　项目总评估

项目总评估是项目评估的最后环节,是在汇总各分项评估结果的基础上,运用系统分析研究方法对拟建项目的可行性及预期效益进行全面分析和综合评估,并提出结论性意见与建议。应根据国家宏观管理的要求与项目特点,在财务评估的基础上,进行综合的计算、分析和论证。评估的内容主要包括以下六个方面:

一、综述项目研究评估过程中重大方案的选择与推荐意见

综述项目研究评估过程中重大方案的选择与推荐意见主要论述项目建设方案的必要性和可行性。必要性指建设项目符合国家的建设方针与投资优先方向,生产产品适应市场需要,项目建设能够解决阻碍原有企业发展的问题,并与原来的生产技术条件协调配合。可行性研究指项目的建设条件和生产条件能得到充分保证,要进行工艺设备、生产技术是否先进、适用、安全,产品方案、建设规模是否可行,项目所需各项投入物供应能否保证等方面的分析论证工作,并确定相关项目同步建设问题。

二、综述项目建设方案的企业财务效果

综述项目建设方案的企业财务效果包括项目投资来源和筹资方式,以及生产成本、销售收入、利润、税金和贷款还本付息等财务基础数据的测算工作,编制现金流量表、损益表、资金来源与运用表、财务外汇平衡表和资产负债表,据此进行各种企业财务效益评估指标的计算、分析和论证工作。

三、综述建设项目的国民经济效果

综述建设项目的国民经济效果包括国民收入和社会净收益等经济效果指标的计算和分析,还应考虑收入分配效果、劳动就业效果、外汇效果、综合能耗和环境保护等社会效果的计算与分析,以及各种非量化的社会效益与影响等定性分析。

四、综述不确定因素对项目经济效益的影响以及项目投资的风险程度

为了检验企业财务评估和国民经济评估的可靠性,还必须运用盈亏平衡分析、敏感性分析和概率分析等不确定性分析方法,判断项目经济效果的客观性和真实性,采取积极措施,确保项目投资的可靠性,减少投资的风险程度。

五、综述项目非数量化的社会效果

应根据项目的具体情况及特点,确定综合分析内容。一般应包括以下内容:

(1)对提高人民物质文化生活及社会福利的影响。

(2)提高产品质量对用户的影响。

(3)对节约及合理利用国家资源(如土地、矿产)的影响。

(4)对节能的影响。

(5)对环境保护及生态平衡的影响。

(6)对节约劳动消耗及增加就业机会的影响。

(7)对发展地区经济及部门经济的影响。

(8)对外汇平衡的影响。

(9)对提高国家、地区和部门科学技术的影响。

(10)对国民经济长远发展的影响。

(11)对国防建设和国家安全的影响。

(12)对工业布局与产业结构的影响。

(13)对部门、地区之间公平分配的影响。

六、提出项目评估中存在的问题和有关建议

主要是针对各种技术方案与总体建设方案、投资方案等进行多方案选择与论证,最后推荐一个以上的建设方案,或者对原方案提出改进或重新设计的建议,甚至做出项目不可行的建议,以之作为科学决策依据。

综上所述,在项目可行性评估的基础上,做出银行是否可以贷款的结论意见,提供授信决策部门进行研究决策。重点在于项目经济效益的可靠性与贷款风险程度的把握。

▶▶▶ 第六章

授信调查与审批

授信风险控制涉及很多环节,授信调查是整个授信业务过程的最为重要的一环。从授信角度来讲,风险的产生完全基于信息不对称。银行凭信用吸收公众存款,然后贷款给那些信用良好的客户。倘若客户不遵守信用,不能按期归还贷款,则银行也就不能如期归还存款人。因此,对银行来讲,不是选择存款客户,贷款客户选择才是根本。客户能不能按时归还贷款,通过专业的方式是可以分辨的,也因此授信成为一门艺术。授信艺术里面的核心部分就是借助于严谨、翔实、科学、客观、细致、可靠的授信调查,进而分析借款人的信用程度,判别风险。

第一节　授信调查

客户对自身的信息应掌握最全面。但是当他向银行提出授信申请时,无论如何不可能主动展示自己不良的一面,而总是强调和表述自己如何如何好,以良好形象赢得银行的信任,来争取贷款。他们总是担心若银行了解到客户所存在的问题时,会影响到银行对自己的评价与判断,因而客户经理不进行深入的调查,是很难揭示和发现客户真实风险的。

信息不对称理论运用于授信管理是完全适用的。如果银行也像客户一样掌握充分的信息,99%的风险就可以防止。授信调查是弥补和解决信息不对称问题的根本也是唯一的选择。由此凸显出客户经理的职责。

一、调查方法

(一)双人调查发生

客户经理受银行的委派,到客户处去从事授信调查,需要双人邀约,不能单独调查。这是授信制度的一部分,其功能犹如审贷分离,起相互制约作用,但是在实践上其效果尚待检验。因为在很多场合下,双人组合里彼此之间存在情谊或互助关系,各自项目的授信调查以主从方式,一起承担双人调查职责。甲的项目以甲为主,乙协助调查;乙的项目以乙为主,甲协助调查。从形式上做到双人调查。但对于一个制度设计来讲自有它的科学合理性,至少可以对明显存在瑕疵的项目有制约作用。

(二)现场调查

这是必须做到的职责。即使是非常熟悉的客户,过去情况的了解不等于现时状态的掌握。对新客户更加要求现场调查。连客户在什么位置的感性认知都没有,怎么有办法下判断呢?

现场调查的目的在于通过现场观察和了解,掌握第一手资料,与其他文件资料等相联系、印证,能够建立起自己主观的基本判断,客户的生产经营是否基本正常,客户的自我介绍与实际情况在多大程度上吻合。单方面听信客户的介绍,是犯了专业的大忌。

(三)非现场调查

非现场调查属于客户调查的一个补充办法。光靠现场调查,也不能获得客户的全面资信。需要借助非现场调查方法,将两者结合起来,能更全面了解客户情况。比如,通过客户财务报表的分析与解读;客户来银行办理其他业务时的有意识交流;向地方政府、相关宏观经济主管部门等了解、查阅经营活动的资料等;通过互联网等现代电子化工具等从其他方面进行调查,尽量掌握更充分的信息。

(四)向第三方理解

向客户本身以外的第三方了解相关情况,也是经常使用的调查方法。有时候,通过第三方了解,反而能获得比较及时、准确的信息,有利于正确判断。比如向海关、税务等有宏观管理功能的机构进行了解,它们也掌握客户相关情况,而且某些方面比较详尽、真实,如报关的进出口数据、已缴交的税款等;比如向客户的同行了解,因为相互的竞争关系,彼此对对方的信息掌握是很及时、准确的；比如向与客户有过往来的其他银行了解其过去及目前的资信情况；比如向客户的上下游企业了解其商业信用；等等。

（五）其他途径

若有其他途径能了解到客户的相关情况，也要尽可能利用各种渠道进行调查，不使客户的信息遗漏。有时候，看似不太重要的信息，恰恰演变成风险的主因。比如借助于媒体了解，收集网上信息，私下的调查、咨询，以及利用信贷登记系统等。

二、主体性确认

主体性确认，就是要调查授信申请人的主体性资格是否具备。对于借款人所要具备的主体资格，法律法规有明确规定。《贷款通则》第17条规定："借款人应当是经工商行政管理机关（或主管机关）核准登记的企（事）业法人、其他经济组织、个体工商户或具有中华人民共和国国籍的具有完全民事行为能力的自然人。借款人申请贷款，应当具备产品有市场、生产经营有效益、不挤占挪用信贷资金、恪守信用等基本条件，并且应当符合以下条件：①有按期还本付息的能力，原应付利息和到期贷款已经清偿；没有清偿的，已经做了贷款人认可的偿还计划。②除自然人和不需要经工商部门核准登记的事业法人外，应当经过工商部门办理年检手续。③已开立基本账户或一般存款账户。④除国务院规定外，有限责任公司和股份有限公司对外股本权益性投资累计额未超过其净资产总额的50%。⑤申请人的资产负债率符合贷款人的要求。⑥申请中期、长期贷款的，新建项目的企业法人所有者权益与项目所需总投资的比例国家规定的投资项目的资本金比例。"

对照上述规定，及授信实践，应调查以下几方面内容，来确认它的主体性资格。

（一）营业执照

营业执照是工商部门颁发的营业许可，是最基本的法人资格证明。营业执照有正副本，副本是需要每年进行一次年鉴年审的，年检部门需要在副本上加记经过年检的标记。我们只要查验副本上有无年检的标记，并加以复制即可。营业执照里面记载公司注册资本、企业性质、经营期限、法定地址、法人代表等主要信息。事业单位也有相应的主管部门的核准登记文件。个人贷款，则以身份证件为准。

(二)批准证书

有些公司的成立,在领取营业执照前,需要相关有权部门批准。如三资企业,需要外资管理部门的批准证书。固定资产项目,需要发改委等有关部门的项目批准文件。若无相关批准证书,就会出现未来被视为非法经营的情形。如江苏常州 300 万吨钢铁项目,钢铁加工业是国家限制项目,按规定需要国家发改委批准,经过运作,分拆成四个项目由地方发改委批准,规避国家审批,最后项目被判定非法,导致交通银行等多家银行共计 30 亿元的贷款风险。

(三)公司合同、章程

大多数企业系股份有限公司或责任有限公司形式,根据《公司法》,公司成立前,应该订立合资合同、制定公司章程,以规范各个股东的权利与义务,建立公司运作程序、管理体系、权力架构、利益分配等。对于银行来讲,重点要关注其中有关董事会与管理层的权责划分,尤其是与融资有关的内容。如有些公司章程规定对于公司的固定资产投资计划、达到总资产一定比例的交易活动、银行借款、对外提供担保,需要经过董事会同意,那么我们在叙做授信时务必需要注意,必须取得董事会授权,否则,就是越权行为,将来公司就可以以未经授权为理由抗辩,要求认定借款属于无效行为,银行就会很被动,无端增加法律风险。

(四)可行性研究报告

有些公司的成立,如外资企业,固定资产投资项目等需要提供可行性研究报告。银行应该获得项目的可行性研究报告,便于对借款人未来经营状况与投资项目进行评估,使贷款依据更加充分、可靠。

(五)税务登记证

税务登记证由税务部门,包括国税、地税部门颁发的纳税许可状。公司营业必许缴纳税款。即使出口企业实行全额退税,也是要求先行缴纳税款,再行办理退税的,而且只是针对增值税、产品税等流转环节税款,有些税种是不退税的。有些特种企业,如民政福利企业,一般是免税的,也有税务登记证,我们也需要取得民政、税务等部门的认定或批准文件,加以确认。

(六)法人代码证

法人代码由一组数字组成,每一个企业都是不同的,其唯一性的特征有利于确认、查验公司的相关经营活动情况。法人代码证系由技术质量监督局颁发。

(七)开户许可证

开户许可证是由中央银行颁发的企业开户许可状。结算账户国外称支票账户。企业账户主要有三种形式:基本账户、存款账户、辅助账户。根据规定,我国企业实行主办银行制度。基本账户,即开立在主办银行的结算账户,可以提取现金,发放工资,基本账户一家企业只能有一个,一旦确定,不能随便撤销,撤销也要经过央行批准。存款账户,又称一般账户,也可以办理存款结算业务,但不能提领现金,主要目的在于控制市场的货币投放。一家企业可以根据需要开立多个存款账户,但也需要央行批准。辅助账户,是为了特种目的而开立的分别核算、管理的账户,如工会账户、福利账户等。也有一种辅助账户,属于基本账户的辅助账户。功能与基本账户一样,比如,企业基本账户开立在分行,而营业所在地较远离分行的地方,根据企业申请,主办行同意就近在当地主办行的下属支行,或其他银行机构开立辅助账户,这也须经过央行批准才能开立。此种账户也可以提领现金,发放工资。

外汇账户开立与人民币账户有所不同。外汇账户的管理机关是外汇管理局。有外汇结算业务需要的公司根据需要可以向外汇管理局申请开立外汇结算账户,领取外汇账户开户许可证。根据规定,一家企业可以开立一个美元结算账户,一个其他货币的结算账户。实践中,银行可以灵活地给客户开立临时账户,不需要批准。临时账户是一个共同账户,下设二级明细账户,才体现不同的客户。

开户许可制度的目的在于控制现金货币的投放,推进银行授信业务的有序竞争,帮助银行掌握企业的开户信息。根据《商业银行法》,发生授信业务,企业必须在本行开立结算账户。许可证上所登记的开户银行与账户越多,说明客户往来银行越多,给账户管理,主要是资金的划转、结算业务量、平时存款余额的分配或最低存款协议实施的监督增加难度。

贷款账户,是银行单方面给予的每一笔贷款发生的债权记录,只记录放款与还贷情况,不需要批准。贷款发放时,资金即转入结算账户。

(八)贷款证

贷款证也是由银监会发放的准许企业向银行借贷的资格证书。没有贷款证,企业是不能向银行申请借款的。贷款证上记载了企业的全部授信往来情况。根据规定,每发生一笔授信业务,包括开证、担保等业务,银行即行在该贷款证上做一个记录。贷款归还、担保结束,也需要相应的记录。所以,它能够反映客户目前的授信余额与或有负债情况,及贷款的银行、期限、利率、抵押担保、拖欠等信息,是一份很重要的情资。通过对其过往信用的历史记录,可推定未来的还款可能性。同时从其他银行给的授信条件,判断推理出他行的评价。

(九)特种业务经营许可证

有些产品的生产经营是需要特别许可的,由主管部门颁发经营许可证。如烟草、煤炭、油品、化妆品、外贸进出口、交通运输、教育医疗、房地产、建筑、建造、勘探、设计、监理等。据此判定其目前所经营的业务是合法的,是符合国家规定的,防止非法经营的风险。

(十)营业资质

营业资质是在业务许可证基础上,业务能力的资格证明。一般分一级、二级、三级等级别,每一级别都规定了可以从事的业务范围。如建筑工程公司,不同级别承包工程项目的范围是有区别的。一定建筑面积、高度、总造价等指标用于划分各自的营业范围。资质与企业的技术力量与生产能力有关,据此判断其完成生产任务的技术保障性。

(十一)高科技企业证书

高科技企业情况比较特殊。国家设立很多优惠政策鼓励帮助高科技企业的发展,但是高科技企业同时也存在高风险的特点。高科技企业的优惠政策主要在税收上所得税按 15% 征收,另外还有财政的各项补助,无形资产占资本的比例较高等。同时为鼓励银行对高科技企业的贷款,在授信标准上也不同于一般企业。高科技企业需要由主管部门按一定程序来认定的。高科技企业证书是认定是否属于高科技企业的要件。

(十二)民政福利企业证书

民政福利企业,是为了帮助扩大残障人士就业而给予一定政策优惠的企业。达到一定的残疾人安置标准,经过民政部门批准,可确认为民政企业。对于民政福利企业,银行叙做贷款时一定要有正确的态度。一方面帮助民政福利企业,体现政府与社会对弱势人群的关怀,应该大力支持;另一方面,鉴于现实,存在着正常风险以外的风险。一旦出现风险,就很难对民政福利企业采取与其他企业一样的有效措施收贷。银行会面临很大的社会压力,同时残障人士可能会被动员起来作为对抗银行的工具,很难处理。

(十三)验资报告

验资报告是股东出资的证明,由会计师事务所出具。由于国内企业、外资企业注册制度不同,验资报告体系也不一样。内资企业工商登记前需要出具验资证明,然后才能发放营业执照;外资企业经过批准后,进行工商登记,股东出资按合资合同约定进行,可以分期出资。根据规定,经营期间,资本不得抽逃,即使实际被股东占用抽逃,也构成债权债务关系。通过有效的验资报告,分析股东是否已经按规定出资,出资额与注册资本的比率多少。有些大型项目允许实收资本低于注册资本,不足部分在以后年度逐步注入。股东的资本投入,是银行控制与评估风险的基础。若企业没有按时投入资本,或投入很少资本,则其所经营的资金来源主要依靠银行,一旦有很小的经营风险发生,就立即体现出银行的风险。若股东已经投入一定的资本金,发生损失,首先损失的是股东的资本,只要损失低于股东资本,银行的资金仍有安全性。当然并不是说,所有的贷款必须是在股东出资完毕以后才能贷款。有些项目出资期限很长,分几期出资,在建设、经营过程中有需要,出资符合合同、章程规定,经银行评估后也可以发放贷款。

(十四)预留印鉴

授信发生,开立账户是前提条件。银行应该取得账户的预留印鉴和将来合约、票据等文书上的有效签字盖章样本。一般须是企业的公章,法人代表的印鉴或签字,或者是经过合法授权的非法定代表人的签字或印鉴。签章可以是单一的,也允许混合的,目的是用来验证确认合同契约和票据的合法性,防止伪造、欺诈。有时候,借款人不是出于主观意图,而是疏忽也有可能造成印鉴不符情况,如有多个印鉴,用于不同的账户或银行,使用时发生差错,银行若不仔细检查核对,将来一旦出现风险,是非常不利的。这对业务经办人员来讲属于重大过失。

(十五)授权书、董事会决议

银行授信必须在合法的架构下进行。对于借款人公司章程规定,银行借贷、对外提供担保等情形需要董事会讨论同意的,一定要按照章程规定进行。可以是董事会的授权书,授权书内容必须明白清楚,不能有含糊、保留的词句,基本要件必须具备,必须说明是一次性授权,还是长期授权,或是有期间限定的授权;也可以是董事会决议形式。提供董事会决议书,决议内容也必须明白清楚。要与办理的业务相一致。

无论是借款担保授权书,或董事会决议,必须注意出具人是董事会,而不是公司本身。因此必须要求有符合公司章程规定的董事表达无保留同意的真实意思及签字。他们的签字也要与预留的签字式样核对,防止代签现象发生。在国内代签现象会比较多,应引起注意。

有时候,有些规范的企业在与银行接触办理业务时,会提供业务授权书。其含义是企业指定特定个人与银行接洽,其他人无权代表企业处理该等事项。

(十六)其他证明文件

如法定代表人或董事长的身份证复印件;经营场所与注册地不一样时的房屋承租合同等。

三、历史信用的掌握

客户的信用状况是授信风险审查的重要部分。我们在客户信用评级一章里已经有所了解,银行在做客户信用评级时,已经考虑并设置一定比率的信用状况分值。客户的历史信用包括银行信用、商业信用。透过对历史信用的调查了解,分析判断未来履约的可能性。违约有客观违约与主观违约,客观违约是客户因市场变化等外在不可控的原因造成的经营风险而产生违约情形;主观违约,却是客户主观原因导致的违约。前者的违约风险可以透过其他风险控制措施,如担保、抵押等来缓解,而后者的主观违约风险是从一开始就已经存在的,一旦授信发生,风险随即也产生了。因此,主观风险是银行可以并且应该得以排除的风险。

检查贷款证记录以外,另外可以通过央行的同城信贷登记咨询系统,能比较全面、系统、完整地了解客户的信用记录。其中既有客户历史上还本付息记录,也有现实授信余额及状态,同时包括开证、对外担保等表外的隐性债务情况。在授信实践中,客户由于各种原因偶然发生较短时期的拖欠,也应该列入正常信用之列。但是如果经常性存在逾期拖欠,虽然最后得以清偿,对该客户的信用状况应该引起注意,至少说明其财务管理与资金计划安排存在严重问题。

检查客户所开具的各种票据,包括汇票、支票的支付情况。票据是一种无条件支付命令,票据支付的要求高于银行贷款归还。贷款逾期可以拖延一时,票据支付必须严格按照票面记载。银行承兑汇票,到期支付时,虽然银行承担第一性对外付款责任,客户仍然有义务在到期前将相关的资金划入银行的备付准备金账户,除非另外有约定,银行同意动用贷款支付。商业汇票支付也是客户的信用状况的一部分。信用优良的客户,对银行贷款与对企业的欠款一视同仁,在商业往来上缺少信用,经营环境就会越来越恶化,必然影响到经营效益,导致总体信用下降,风险增加。所以我们不能单方面理解信用调查仅指在银行的信用表现,商业信用与对银行信用是互为一体的,靠减损商业信用来维持对银行的信用是不会持久的。支票信用主要是检查有否开具空头支票,是善意疏忽还是经常性应付。依国外惯例签发的支票出现空头支付或被拒付三次,列入信用不良记录中。

在个人信贷业务中,个人的信用状况尤其重要,因为个人信贷的其他风险控制手段较企业薄弱。个人的还款意愿对风险的影响更大。个人财产转移、隐匿,逃避债务更容易,银行反制措施少。

通过客户的商业伙伴了解信用状况。货款支付是否及时,有否经常性拖欠,合同履约、货物的验收是否很挑剔,经常提出超越合约的条件要求对方让步等。有些客户,经常性的应付款迟迟不付,实在没办法时才支付,应收款还没到期就不断催促付款,形式上看似乎财务管理有方,实际上,这种客户的信用都一定有疑,迟早会发生问题。所谓信用,就是坚守合约、约定、惯例、承诺。

利用自己的人脉,通过同行去了解。从客户以前往来银行了解一些不在信贷记录中的信息,主要是对该客户合作过程中的一些主观感受或评价,通俗的说,好不好打交道。如果客户难以打交道,即使经营状况再好,也要尽量避开,因为将来会牵扯你很多的精力。

四、经营状况

银行的贷款是基于客户未来是否能产生足够的现金流。现金流来源于公司的正常业务经营。经营状况调查的目的在于判断客户在多大程度上能够在授信期间维持正常生产经营,保持预期效益,分析其将来还贷来源的可靠性。

(一)经营历史与现状

(1)概况。包括公司成立与经营时间;注册资本;法定或营业地址;法人代表;营业范围;以前年度的经营效益;资产规模与主要产品等。

(2)领导人品格、能力、信用调查。

（3）资本及内部结构。主要调查股东及股份情况，尤其是控股大股东及其背景和双方之间的管理模式。控股股东拥有主要决策权，其本身的信用及经营情况必然影响到公司。主要防止控股股东将之作为自己融资的管道。如果控股股东拥有完全控制权，应该将之视为控股股东的一部分，作为集团授信处理，不适宜采用单独授信。

公司内部管理体制，主要分析是否建立了现代企业制度，内部机构部门设置符合内部控制要求，或者形式上具备内控要求，实际不发生作用。内控制度不落实的公司，说明存在制度风险隐患，一旦出事，风险很大，银行没有必要已经预估到风险因素而与之往来。银行授信是建立在现代企业制度基础之上的。一整套风险控制要求与措施也随之确立、展开。没有建立现代企业制度的客户，银行的授信风险控制制度就可能不能发挥应有的作用。现代企业制度的核心是，代理人制度、内控与制约制度、会计信息公开、工薪制度及员工激励制度。

家族企业，是与现代企业制度不同的一种企业制度。因为我国经济处于转型期，同时存在许多家族企业。家族企业相对现代企业的局限性是很明显的。其主要缺陷在于资本产权不清晰，没有代理人制度，实际控制人个人意志与控制力强大，内部管理规章执行力有限，会计信息准确度差，企业资产与个人资产混同，且容易转移。对于家族企业，实际控制人个人情况调查放在与企业调查同等重要的地位，在授信条件上应该高于现代企业制度的客户。

（4）产品及产品销售。了解公司主营产品的生产情况，包括产品的质量、工艺水平、生产流程、先进程度、生产能力、生产规模、主要原辅材料及来源、供货协议等。

了解产品销售市场，包括原材料价格、生产成本、销售价格、毛利水平、主要销售市场、销售方法、货款回笼情况、最主要的卖家、销售合同、协议。

（5）进出口情况。如果有进出口业务发生，需要调查出口地区、数量、销售比例、出口价格、结算方式、效率、结算往来银行、国外应收账款情况、有无拖欠、与进口商的合作历史、对方的信用情况、国内退税情况、出口港、海关记录等。进口商品和原材料的，了解进口商、进口价格、内销价格、结算方式、到货港、进口产品的质量状况等，有否保税，查验手册，进口报关情况，及国内同类产品情况等。

（6）纳税情况。企业一般不可能愿意多支付税款的。税款属于现金净流出。通过查看税务部门的税单,我们可以基本了解它的营业、销售与盈利情况,包括营业税、增值税、所得税、关税、印花税等。每一个税种都反映与之相对应的业务规模。通过纳税情况的调查,印证客户的生产、销售与盈利水平与其他资料是否一致。

(7)水电费支出。水电费支出可从另外一个侧面印证公司的生产经营情况是否正常。公司处于停产半停产状态,其水电费支出必然减少。同时,通过与上期对比推算报表所反映的产量与水电费用支付是否一致。

(8)仓库库存。进入仓库核查也是必要一环,但经常为我们所疏忽。公司对仓库物资的管理一定有严格的制度,进出仓记录属于原始可靠资料。仓库库存主要是原材料与生产成品。一是观察有没有库存积压情况;二是库存数量与报表记载是否基本一致,判断账实相符;三是通过核对一定时期进出仓记录,对比生产产量与销售数据,进行互相印证;四是通过库存结构分析其生产经营是否处于正常状态。

(9)机器设备。机器设备既是公司固定资产的一部分,又是产品质量的保证。主要调查其生产厂家、性能、质量、价值、先进程度等。

(10)行业地位。调查客户在同行中所处的地位,判断其是否有竞争优势、发展潜力。

(11)职工及福利工资水平。员工知识水平、技术能力、熟练程度、积极性、忠诚度等与公司经营效益密切相关。通过了解职工工资福利水平、奖励制度,判断员工与公司之间是否处于合理关系。刻薄对待员工、生产生活条件恶劣、员工稳定性差的公司,一定不会是一家好公司。企业不仅是一个生产经营机构,同时也是社会的一环,应负一定的社会责任。国际上专门制定了 SA8000 作为企业社会责任的标准,防止出现血汗工厂。

五、财务状况调查

财务分析部分已经在第三章讲述过了,这里主要讲财务调查。财务调查千万不要以为就是让公司提供财务报表了事。假定有欺诈企图的客户提供虚假的财务报表,那么你据此作出的财务分析就毫无意义,而且很可能因此上当。财务数据的真实性是财务分析的基础。鉴于我国目前财务会计报表普遍性存在的问题,及审计中介公信力尚未完全建立,财务数据调查应该亲自进行,以报表为出发点,对认为重要的科目进行明细调查,必要时不妨翻阅原始凭证来证实。

经过审计的最近三年的财务报表,实际控制人的最近三年经过审计的财务报表,以及最近三个月的财务月报。

(1)授信总额。包括流动资金贷款、长期贷款,开证、银票等现有余额、期限、利率、担保条件等。分析报表数据与信贷登记系统、贷款证记录是否有差异。如果有较大的差异,则应当作出合理解释,是否疏忽或其他原因。有些企业为了粉饰财务报表,故意将一些债务不在报表中反映,以获得较好的资产负债率。

(2)对外担保情况。对外担保不在资产负债表里反映,如果公司隐瞒不报,银行也无从知晓。对担保来讲,他人为己担保与他人担保从风险角度来讲是两个完全不同的概念。

(3)应付账款。调查最大十家或者占绝大部分应收款比例,及形成的时间。

(4)其他应付款。金额如果较大,或占总负债比率较高,应该进行明细审查,逐一列出应收对象。有许多民间借贷在此科目里核算。

(5)所有者权益。通过历年资本、利润分配等情况,确认它的真实性,防止有些公司虚增资本。尤其是集团合并报表,相互投资部分是否有抵消。所有者权益代表公司实力,如果不实,后果很严重。

(6)银行存款。既要调查它的平均存款水平,也要认真地核对。具体可以要求公司提供主要结算账户的银行月结单,与报表数据对比。需要重视的是,若对方提供的是证券、信托等银行金融机构的对账单,有可能从事委托理财,实际是金融投机交易活动。账面上表现为银行存款,实际是风险资产,一旦风险成真,后果不堪设想。若有此等情形,且刻意向银行隐瞒的,无论如何不要放贷。

(7)应收账款。主要调查它是否正常,水平是否合理,期限多少,有没有超过合约期限,逾期原因,是否有变成坏账的可能性,应收账款收账是否正常。这可以利用银行月结单与销售数据结合分析。如果销售没有增加,而应收账款增加,说明情况可能正在恶化中。也需要对主要应收账款对象进行明细分析,把最主要的应收对象记录下来。同时也要分析应收款对象是否存在风险。

(8)其他应收款。该科目需要重点关注,很多关联企业内部资金往来在此核算。内部资金往来,资金支配权在实际控制人手上,名义上作为资产在报表上反映,实际资产并不在公司中。一旦实际控制人财务出现问题,关联企业都必受影响,也基本是无账可收。另外,该科目也是资金体外循环的渠道,企业之间相互短期借贷,尚可说是正常交往,如果进入投资公司或其他名目公司进行交融投机交易,一定要引起注意。更有严重的,公司存在较大的财务漏项或亏损,实际资产已经不存在,虚增一笔增产来掩盖。所以,对这个科目的明细情况是一定要搞清楚的。

(9)存货。存货情况已经在前面库存调查分析了,主要是做好涨势分析,是否积压滞销。

(10)固定资产与在建工程,也是必须仔细调查的科目。需要填制固定资产调查表,详细记载固定资产面积、数量、价格、现行估价、营造期间,机器设备、交通工具名称数量、价值,使用时间,在建工程合同总价值,有无抵押、抵押率、保险等。

(11)在建工程。需调查开工日期,合同造价,已经完成比例,其余资金来源,营建公司,有无抵押,抵押率等。

(12)无形资产。主要是土地使用权,将权利证书进行复制,位置、丘号、宗号,原始价值、现价,有无抵押、抵押率等,并向有关部门核实。

(13)专利技术等无形资产,如果价值较大,或占总资产比重高,也应该进行详细的调查,若比率不大,只作简单了解。

其他应付款科目是值得特别关注、需要详细了解的负债科目。许多关联交易,比如内部资金往来都在这一科目下记录。内部关联资金往来,财务上属于应收应付关系。可能被用作资金逃避监督的黑洞。出现财务危机的公司,此科目项下一定是不规范的。

六、竞争力与发展前景调查

企业竞争力调查主要调查分析企业是否具有竞争优势,其调查内容包括以下几方面:

(1)所在行业所处阶段,及发展前景。

(2)在行业中的地位。

(3)企业领导人的管理经验、能力、水平,管理团队的合作精神。

(4)专利、科研研发能力,科技力量与科技投入。

(5)科学、合理的营销网络。

(6)对市场产品定价权的影响力。

(7)垄断性的特许权利。

七、贷款用途调查

贷款用途必须合法合规。不能从事国家明令禁止的活动,如金融投机、禁止类项目投资、违规房地产放贷项目等,尤其要防止以流动资金名义贷款,用于固定资产项目。固定资产项目投资有缺口,应该使用固定资产贷款,不能挤占、挪用流动资金贷款,这是一个基本原则。

贷款用途也是授信审查的一个必经环节。对银行来讲,风险评估是基于合法用途,若当中改变用途,那么等于评估基础发生了变化,风险增加了。贷款用途调查,正常性的流动资金贷款,通过生产规模、自有流动资金,及银行现有授信等进行估算。临时性流动资金需求或其他用途贷款,则需要对方提供合同、协议、意向书等。固定资产贷款需要项目批准文件,外汇贷款要提供外汇用途的证明,防止外汇贷款兑换成人民币使用。当然,以出口为主的企业的流动资金贷款应尽量说服企业使用外汇贷款,避免汇率风险。

八、担保能力调查

调查担保人是否有足够担保能力,及履约可能性。详见本书第十章。

九、其他方面调查

如有无涉及司法诉讼,包括企业与企业领导者个人;是否有从事金融投机;是否合理避税,还是偷逃税款;股东内部的关系及对企业发展方向是否存在分歧;有否从事国家禁止的交易等。

第二节 授信调查报告

客户经理将以上几方面的调查情况,利用自己的专业知识与经验,进行初步分析判断,若是认为风险可控,可以叙做授信业务,则应该对相关调查资料、信息进行整理,按银行的要求,形成一份专业性调查报告。报告中在调查结论基础上提出自己的授信意见。

授信调查报告是授信后续环节的审批依据,调查内容、深度、质量、客观性直接影响到审批决策。因此,授信调查报告应尽可能将调查信息显示出来,同时还要持客观立场,如实反映问题,切不可有选择性地显示,将不利的信息过滤掉,以求得批准。如是,则严重违背了职业伦理。

为了更直观地了解授信调查,以下选择了一份某银行授信调查报告样本(见本章附录),以资学习参考,增加感性认知。

第三节　授信审批

授信审批就是进入决策阶段。根据客户经理的授信调查报告及授信建议,由风险管理部门按规定进行风险审查,以确定同意授信,不同意授信,或者同意授信,但须附加一定的条件。审批按授权权限进行。

一、形式审查

形式审查是风险审查的第一步,主要是审查资料完整性、完备性、合规合法性、真实性。

业务部门送审上报的授信文件中,除授信调查报告外,还需要收集一系列的能证明客户、担保人的主体性、合法性的文件,及反映生产经营状况的其他资料、附件。审批部门必须进行认真的检查复审。是否有资料不完整、失效、编造等情形,至少在形式上能够确认客户具备借款资格,所送资料之间能够相互印证。当审批人员认为资料有疑问,或者不足以完全证明、反映客户的情况时,可以要求补充相关材料。借款人的主体资格是由法律规定的,必须了解哪些客户属于法律禁止的授信对象,以免混乱,出现合法性风险。比如,政府行政机关、职能部门、未经授权的企业分支机构等不得贷款。个人不得叙做外汇贷款。有权签字人签字样本,印鉴预留进行仔细的核对,以免疏忽而致差错。授权文书内容是否与授信申请书相一致,格式与行文是否符合规范要求。工作中经常会出现由于疏忽而致混淆的情况。比如,很多集团公司的下属子公司名称很相似,资料会混淆在一起。最新的一个案例是叙做应收账款质押贷款,而向银行提供的供销合同竟然是伪造的,更奇怪的是,前几次提供的供销合同已被发现是伪造的,这是典型的形式审查出现问题。因此,不能忽视形式审查。

二、逻辑审查

逻辑审查,是在形式审查基础上更进一步的审查,需要较强的专业知识与授信经验。逻辑审查的重点在于从送审的资料附件的相互关系中,来初步印证、确认客户的资料的完整性、准确性、合法性,将这些资料构成一个完整的证据链。

从经验来看,主要有以下方面:

(1)主体性,也即借贷与担保资格。借款人的主体资格是有法律规定的,必须了解,哪些客户属于法律禁止的授信对象,以免混乱,出现合法性风险。比如,政府行政机关、职能部门、未经授权的企业分支机构等不得贷款,个人不得外汇贷款。公司章程、合同、有权部门发放的营业执照、法人代码、贷款证、税务登记证等。公司名称、简称、注册地址、法人代表、注册资本、营业地址等记载是否一致。是否在营业期限内。经营业务范围需要主管部门特许批准的,是否有批准证书,有否超越经营范围。

(2)客户出具的相关文书,特别是授权文书,应严格审查。一是文书的内容与授信申请内容是否相一致。二是文书的格式是否符合银行要求、规范,书写精准,没有歧义。三是是否在授权权限内。认真、严格地审查其公司章程中对于借款、对外担保的规定,授信业务办理是否合法有效。比如公司章程中规定,向银行借款需要2/3董事同意,就要审查在授权书或其他证明文件中表达同意的董事人数确实占到2/3。

(3)客户在银行的预留印鉴、签字样本等应该仔细核对、审查,一旦疏忽就会出大问题。借款人的公章、法人印鉴、银行开户印鉴,以及公司董事签名等资料应该好好保管。如果公章、印鉴、签名不真实,将来司法追债时就会很被动。对公司董事签名应特别小心审查,实践中发现问题较多。因为公司董事分散各处,有时候业务办理较紧,图省事,以代签冒名蒙混银行。冒名代签情形,教训很多。交通银行曾准备去香港联交所上市,涉及交通银行改名为交通银行股份有限公司事宜。公司改名系重大事项,须一定比例以上董事同意,有几个董事在外地公干,一时无法取得签字,相关人员自作聪明,找人代签,报送上去,终被联交所审查发现,被停止上市,影响甚大。代签事件还好在内地,若在香港则是伪造文书罪。中国内地这方面意识不强,审查时要重点关注。

(4)抵押品审查。审查抵押品的权属关系,有否完整处分权,及权利证书真实性。审查抵押品是否符合国家相关法律规定,允许抵押。审查抵押品所处位置、新旧、完整性;审查抵质押品的价值、抵质押成数,资产评估报告,评估机构的合法性、评估结论的准确度,评估结论的时效、评估范围、评估依据是否可靠,防止高估抵质押品价值,套取授信额度。是否有已经抵押第三人,或者被司法保全。

(5)固定资产项目。有没有有权部门的立项审批文件、可行性研究报告。

(6)其他文件资料,能够证明的相关资料。如税务证明、银行月结单、资信证明等。通过对这些资料解读,证明企业真实存在,正常运行,信用可靠。

三、实质审查

实质审查就是风险确认。借助专业经验、知识与分析工具,对客户进行全面分析,审查可能存在的风险因子。

理论上,授信审查有"5C"和模型法。"5C"属于专家法,就是从 5 个要素出发对借款人进行分析,以评判其风险度。模型法是比较现代的运用计量模型来测定授信风险的办法。

(一)"5C"法

1. 品质(Character)

品质是对借款人信誉的一种度量。对借款人品质的判断基本上基于其以往的银行信用记录、其他借款人与其的交易经验以及其信用评级。银行只有确定借款人具有还款能力和还款诚意,才能考虑发放贷款。借款人的品质优劣,对贷款的影响是很明显的。品质好的借款人不仅平时与银行保持良好的接触,建立信任关系,在遇到暂时困难或波动时,亦会主动与银行商量,详细描述目前的困难和正在采取的措施,以及应对银行贷款的办法,使银行能够及时掌握借款人的动态。相比之下,品质不好的借款人,在出现这种情况时,总是隐瞒情况,直到无法隐瞒为止,此时银行可能已经失去采取有力措施的最佳时机。借款人出现困难之时,正是银行渴求获得相关信息之时。两种品质的结果,高下立判。因此银行的审查不是将能力而是把信用放在第一位考量。

2. 资本(Capital)

资本实力也是很重要的因素,资本实力强,还贷能力也强。一方面,借款人经营中若出现亏损,应该先使用自己的资本补亏,当亏损超过了资本,资不抵债,债务才会无法清偿。资本实力强,抵抗经营风险能力也更大。一般的较小的经营亏损不会影响贷款的归还。另一方面,借款人若没有资本,则其资金均来自借贷,品质再好,银行也不能借贷。很可能产生道德风险,因为收入多,支付给银行的只是利息,若亏损,银行的损失是大部分,就会助长其投机心理,从事高风险的投机。

3. 能力(Capacity)

借款人的能力是第三位考量因素。借款人能力与经营效益有关。银行总希望往来客户获得好的经营效益,能维持长久的合作关系。能力差的借款人,经营效益必处于一般或较差状态,贷款的风险评估长期维持较低水平。

4. 抵押品(Collateral)

虽然银行永远是基于借款人本身的资信发放贷款,担保只是第二还款来源,当出现意外情况时,有一个最终的追讨对象,但是抵押品数量与质量对贷款的安全性仍是重要的因素。抵押品流动性好,价值稳定且抵押成数较低,最终发生风险时,及时收回的可能性大。高质量的抵押品可以不计入资产风险敞口的。

5. 环境(Condition)

环境指宏观经济环境,或者经济周期。经济周期对某些借款人的经营影响很大,比如房地产业,在经济不景气时,其销售、价格、效益等就会出现问题,而经济景气时,情况则相反。

除了"5C"法,也有人总结出"5W"(Who,借款人;Why,用途;When,期限;What,担保品;How,还贷来源)、"5P"(Personal,借款人;Purpose,借款用途;Payment,还款来源;Protection,担保;Perspective,前景),与前述"5C"基本相同,只是表述上略有差别而已。

(二)计量分析

为了弥补定性分析法的缺陷,西方商业银行吸收计量经济学的分析工具,运用计量模型发展出定量风险分析方法。定量风险分析模型逐渐被国内银行引进,未来将出现定性分析与计量模型相结合的方法,使授信风险控制更加科学化、现代化。计量模型有很多种,在此对Z评分模型作简单介绍。

1. Z 评分模型

Z 评分模型(Z-score)由美国学者奥尔特曼所建立,属于传统的信用评价模型。它通过对观察到的借款人某一特征计算出一个分值,用以代表借款人的违约概率或者将借款人归于不同的违约风险等级。它将反映借款人财务状况或影响借款人信用状况的若干指标(如资产负债率、盈利能力等)赋予一定权重,通过特定模型计算获得一个分值或违约概率值,并与基准值比较,然后进行授信决策。

Z 评分模型的基本形式为:

$$Z = 1.2X_1 + 1.4X_2 + 3.3X_3 + 0.6X_4 + 0.999X_5$$

式中:X_1 为营运资金与总资产的比率,运营资金等于流动资产与流动负债的差额;X_2 为留存收益与总资产的比率,留存收益等于未分配利润加资本公积金;X_3 为息、税前利润(Earnings before Interest, Tax)与总资产的比率,是一种盈利能力的指标;X_4 为权益的市场价值与负债的账面价值之间的比率,权益包括优先股与普通股,负债包括流动负债和长期负债;X_5 为销售收入与总资产的比率,它反映公司的周转速度与运营能力。

Z 值越高,说明借款人处于较低的违约风险组,其信用状况越好。根据奥尔特曼的研究,Z 值在 2.99 以上时,表明借款人具备债务偿付能力;Z 值在 1.81 以下时,借款人将发生债务违约;Z 值在 1.81~2.99 之间为灰色地带,不能有效判断是否一定违约。

对于非上市公司而言,权益的市场价值无法取得,只能以账面价值计算,所以又修订了非上市公司的 Z 评分模型:

$$Z = 0.717X_1 + 0.847X_2 + 3.107X_3 + 0.420X_4 + 0.998X_5$$

其所得灰色区域为 1.23~2.9,也即 Z 值在 2.9 以上借款人偿债能力较好,Z 值在 1.23 以下,借款人有违约风险。

对于非制造企业,资金周转速度快于制造企业,也需要对模型加以修正,X_4 仍然采用权益的账面价值,并去掉了 X_5:

$$Z = 6.65X_1 + 3.26X_2 + 6.72X_3 + 1.05X_4$$

2. ZETA 模型

1977 年,奥尔特曼、哈尔德曼和纳里亚安对 Z 评分模型进行了扩展,建立了第二代模型。自 20 世纪 90 年代以来,ZETA 模型被广泛应用于信用风险的度量与评级。

ZETA 模型如下:

$$ZETA = aX_1 + bX_2 + cX_3 + dX_4 + eX_5 + fX_6 + gX_7$$

式中：X_1 为资产报酬率，是息、税前收益与总资产的比率；X_2 为收益的稳定性，用 X_2 在 5～10 年估计值的标准误差指标来衡量；X_3 为利息保障倍数；X_4 为累计盈利，使用公司的留存收益指标；X_5 为流动比率；X_6 为资本化率，可用普通股权益与总资产之比来衡量，使用 5 年股票平均价格作为普通股按权益计算基础；X_7 为企业规模，可用总资产来表示；$a,b,c,d,e,f,$ g 为系数，因为涉及商业机密，目前无法获得相关系数的真实数字。

四、授信决策

授信决策就是在对业务部门提交的授信申请报告进行各方面审查、分析、评估的基础上作为判断并给予明确结论，同意、不同意，或者有条件同意，即须追加一定的条件。

对于超过一定限额的授信申请与固定资产项目授信，则应提交授信委员会研究审定。

第四节　金融反欺诈

在授信实践中，金融欺诈的事情也是经常发生的。作为客户经理，也必须具备基本的识别能力，从过去的历史经验中吸取教训。金融欺诈的方法手段不同，本质上一样，以非法占有为目的，通过提供虚假的资料获得银行的信任，从而骗取金融机构资金。《刑法》第 192 条到第 200 条都是关于金融诈骗罪的内容，其中主要提到非法集资、伪造文书、资料骗取贷款、票据欺诈、信用证诈骗、信用卡诈骗、保险诈骗、伪造有价证券等行为。与银行授信有关的，有骗贷、票据、信用证诈骗，信用卡属于消费信贷，不在此讨论。

其实，按现行的授信架构与原则，要发生银行被诈骗得逞是较难的。所有的诈骗行为都是可以通过授信调查与风险审查揭露的。之所以仍不断有诈骗事实发生，并不是骗子的骗术高明，而是因为经验不足，调查不实，过于轻信对方，或者客户经理本身参与欺诈所致。以前因为银行急于拓展业务，加上内部控制不到位，曾发生许多利用引进资金、项目等虚假理由，利用虚假的经济合同及虚假的证明文件、立项文件等进行诈骗的事件。

从现在形势看,主要集中在票据、信用证、有价证券、抵押担保等方面。

根据规定,向银行提出授信申请,必须提供一系列的文件资料,这些资料能够构成一个完整的证据链来确认申请人的基本状况,要伪造一系列文件难度颇大,也容易被银行发觉,大多是在合法性形式掩盖下,利用银行的防范薄弱点才得逞。

一、票据诈骗

票据诈骗主要利用伪造的银行承兑汇票贴现骗取资金。根据《票据法》,票据认票不认人,只要票据形式合格就可以。犯罪分子就会利用这一点,伪造或变造票据,利用银行的疏忽达到目的。另一种诈骗形式是内外勾结,在没有资金的情况下,银行为犯罪分子开具承兑汇票,然后去贴现银行贴现,承诺贴现后存入该银行,一旦得到资金后,却逃之夭夭。2004年,民生银行广州白云支行副行长凌敏勾结广州鹏骏置业有限公司开具该行金额3亿元的伪造票据,幸好被该行柜台及时发现,从天津农信社的贴现资金尚存该行,未造成损失。

二、信用证诈骗

信用证诈骗一直存在,层出不穷,因为有海外因素存在,须特别小心。

以前对信用证业务处理交由国际结算部门为主,国际结算部门,对单证及结算处理是专业的,但对风险把握与控制上存在不足。现有授信模式就将信用证、押汇等业务归入统一授信架构下,能更好地避免信用证欺诈风险。但是犯罪总是走在预防前面的。作者所接触到的信用证欺诈,主要有四种。

第一种是国外利用进口信用证实施诈骗,诈骗对象为国内进口商和银行。利用资信不了解,谎称有货物出售,骗取信用证,立即伪造单证,索取款项,或者把信用证权益转让。此等诈骗案例可以在国际结算课本中随意找寻。第二种是利用出口信用证的软条款,相互串通,诈骗银行。如曾有人利用委托出口制度,与外商合伙,从汇丰银行开具一张信用证,收益人为上海某大型进出口公司,并叙做70%的打包贷款,作为收购资金。信用证中的价格是正常价格的10倍。信用证中有一个条款,由对方通知发运。过了信用证有效期,也不见对方通知发运。此时那出口商早已经以很低的价格买了产品,放入进出口公司仓库。银行就向进出口公司追款,进出口公司向出口商人追款。出口商人系早有预谋,声称自己已经完成任务,并无过错,贷款早已经用于出口产品收购,无钱归还,只能用入库产品抵偿,最后进出口公司承受损失。第三种是通过开具融资信用证进行诈骗,高潮是2000年前后。利用与过往银行的正常授信往来建立的信用,支付一部分保证金,银行按要求开信用证予对方收益人。其实双方根本没有实体贸易往来,是一种非法借贷关系,信用证被作为担保品。在信用证到期前,再开一张信用证,所得资金用于前一张信用证项下的支付款项。以此循环。开证额度越来越大,直到无以为继,才暴露。此时,付款责任在银行,开证申请人也差不多处于破产地步,根本无款可追。第四种信用证诈骗,是目前较流行的融资模式,既有实体贸易,又有融资性质,隐蔽性更大。就是利用进出口公司已有信用,进口物资后低价出售,所得资金用于借贷或投机,最后往往酿成大案。具体手法是,瞄准出口业绩好而进口业务不多的外贸企业,声称实行部门承包从事大宗进口业务,由外贸公司向银行申请进口开证额度,交其运用,支付一定费用给外贸公司。从形式上来看,完全符合进口信用证规则,而实际上,目的在于套取资金,利用远期信用证的延迟付款期,将出售货物资金用于其他投机活动。信用证到期前,再开具新信用证,售卖后货款用于支付前一张信用证款项。以此循环。外贸公司很少介入具体业务,银行也看到真实的单证与货物到港,较难发现。而且,这种做法,往往前面的业务非常顺畅,给外贸公司、银行一个错觉,以为他们的信用很好。天津中粮进出口公司就是使用此类手法进行诈骗的。

三、抵押品诈骗

利用银行比较重视抵押品的心理,使用虚假抵押或重复抵押,骗取个人贷款。

曾经有人隐瞒房产已经抵押的事实,向某银行提出借贷申请,银行调查不实、形式主义,主要还是过度相信借款人的陈述。借款人若告知银行房产已经抵押的事实,贷款就不能获批。于是使用以前"克隆"的房产证(真本已交抵押银行),银行也没有仔细审查,同意抵押。按规定抵押合同签署后应该进行抵押登记,此时仍有发现的机会。借款人借口银行客户经理很忙,由其代理办理抵押登记,便伪造了一本他项权利证书,交给银行,银行被蒙在鼓里,以为完成了抵押手续。重复抵押情形一般在个人抵押贷款业务中比较多。利用银行与房产抵押中介公司在业务上的漏洞,在多家中介公司、多家银行,多头套取贷款。银行与房产中介抵押贷款业务合作问题见本书第十章。

四、骗贷

骗贷主要发生在那些看似庞大的集团公司身上。利用复杂的关联企业网络,粉饰的财务报表,喧嚣的舆论宣传,生鲜的政治光环,广袤的政商脉络,营造造福一方的财神形象,获取源源不断的金融养料,暗渡陈仓,转移资产,摇身一变,债留国内,逍遥法外。最新的例子是天宝王国的周天宝,共获得授信额度 160 亿元,贷款 67 亿元,形成银行坏账高达 33 亿元。浙江之骏控股集团的何之军前后开设 140 多家关联公司,用于骗取银行贷款,最后造成银行损失 11.7 亿元。这些骗贷案成功的共同特点是编造财务报表,使得财务数据符合银行的要求,只要认真做授信分析与财务分析,一定原形毕露。

五、有价证券诈骗

利用有价证券骗取银行贷款,典型的是持伪造银行存款单骗贷。齐鲁银行案即此。

鉴于这些金融诈骗现象的不断出现,反欺诈也是客户经理必须掌握的日常技能,能够从相关的资信分析中发现和判断欺诈的可能性。

(1)注重品德培养,加强廉洁教育,严格操作程序,提高安全防范意识。从很多案件经过来分析,越是严重的大案,一定有银行内部人员的参与。因为他们熟悉授信业务,可以出谋划策,使相关文件尽可能投合银行要求,同时在必要环节利用权力,从旁协助,使诈骗得逞。授信业务是涉及金钱的部门,经常性地会受到诱惑,若没有良好的品德操行与廉洁意识,很容易误入歧途,贪图钱财,走上犯罪道路。

(2)经常性加强业务培训,熟悉各项业务的特点,了解它们容易被利用的可能环节,提升大家的业务嗅觉,发现可疑之处,能立即从"三防一保"(防诈骗、防抢劫、防盗窃、保资金安全)角度思考,把隐患杜绝在预谋阶段。只有非常了解业务,才能对每一个环节提出疑问。

(3)经常性开展同行与同事之间的业务交流,互通信息、互相交流心得,探讨业务经验,了解金融诈骗的最新动态。以前,我们总认为同行竞争关系大于合作关系,相互不太往来。一个人等到经历被诈骗时已经晚了。

我们防诈骗的知识与技能主要还是要通过别人已经发生的间接经验。何况,金融诈骗骗术也是在不断更新的,在甲银行已经出现过的情形,乙银行一定也会面临,通过平时接触交流,有利于积聚防诈骗的意识,识破各种手段。

(4)及时的案例通报与学习也是防范的手段之一。案例通报的目的在于使大家了解诈骗案的各种手段及特点,汲取有益的经验教训,使大家在将来遇见同样情形时,有预先的足够思想准备与识别方法,采取有效措施。

(5)要求授信调查务必认真,风险分析务必全面。不能轻信对方的承诺与美景描述,而是要以扎扎实实的作风,按授信业务要求,对企业做详尽的调查,发现一点,一定要追问下去,直到有足够的解释或理由能说服自己。魔鬼藏在细节里,往往一个细节忽视过去,隐患就正好隐藏在里面。实际上,除了自身参与诈骗,所有的诈骗案件,均可以通过深入调查发现或阻止。

(6)严格执行授信管理办法中的内控制度。现有授信制度,一个人的力量不足以完成诈骗,必须借助他人的帮助。有时候,因熟悉而过于相信对方,发现问题也不提出,没有严格遵照内控制度要求,反而起到善意的帮手作用。

本章附录　××银行授信调查报告

管　理　行：<u>××分行</u>

经　办　行：<u>　　　　　　</u>

信　贷　员：<u>　　　　　　</u>

信贷员电话：<u>　　　　　　</u>

受信人全称	××针织有限公司
受信人信用等级	AA
授信种类	综合授信
授信金额	10,000万元 中国××银行
授信期限	一年
担保人全称	
担保人信用等级	
抵（质）押物	
抵（质）押率	

信贷员声明：

　　本人采取如下所列的调查方式对受信人进行了调查，并遵循《调查报告撰写说明》所列原则完成本报告的撰写，本人对调查报告所陈述事实和数据的真实性承担责任。

信贷员签名：<u>　　　　　　　　　</u>

1. 实地调查及贷后检查报告

序号	时间	地点	调查内容	接触人物	备忘录号
1	2005 年 3 月 11 日,星期五	××针织有限公司	企业整体经营状况	公司总经理助理×××、财务部×××	
2	2005 年 3 月 11 日,星期五	××针织有限公司	企业财务状况、税务记录、海关出口记录	公司总经理助理×××、财务部×××	
3	2005 年 3 月 11 日,星期五	××针织有限公司	核实销售状况	公司总经理助理×××、财务部×××	
4	2005 年 3 月 11 日,星期五	××针织有限公司	了解供应商状况	公司总经理助理×××、财务部×××	

2. 新闻媒体

序号	媒体名称	刊号、页号、网址	题目	附件号
1	网络	http://www.shenzhougroup.com/gysz.html	××针织有限公司	
2				
3				

3. 第三方了解

序号	内容	附件号
1	××开发区国税局	
2	××海关	
3		

4. 其他方式

序号	内容	附件号
1		
2		

调查报告目录：

第一部分　受信人的基本情况

受信人法律地位

受信人资本状况

受信人资本市场表现

受信人组织结构

受信人与银行关系

第二部分　受信人经营活动分析

总体状况

销售情况（制造业务、贸易业务适用）

供应商（制造业务、贸易业务、房地产开发业务适用）

生产活动（制造业务适用）

重要贸易权利（贸易业务适用）

重要房地产开发项目（房地产开发业务适用）

重要投资企业（投资类型业务适用）

研究开发能力（适用各类业务，重点为制造业务）

管理水平及激励机制（适用各类业务）

重要事件提示（适用各类业务）

第三部分　授信用途分析

资金周转用途（单一制造业务或贸易业务）

资金周转用途（集团性质受信人）

交易用途

房地产开发

项目建设及固定资产购置（表格见附件）

第四部分　受信人财务分析

财务报表的选择

重要优惠政策

重要会计科目说明

1. 货币资金（总额：18,665 万元）

2. 应收账款（总额：8,575 万元）

3. 其他应收账款（总额：5,347 万元）

4. 存货(总额:27,770 万元)

5. 长期投资(总额:3,104 万元)

6. 固定资产(总额:83,717 万元)

7. 其他资产科目

8. 应付票据(总额:22,650 万元)

9. 应收账款(总额:9,940 万元)

10. 其他应付账款(总额:21,346 万元)

11. 其他重要负债科目

12. 银行短期借款(总额:39,753 万元)

13. 银行长期借款(总额:8,000 万元)

14. 对外担保(总额:16,890 万元)

15. 银行信贷登记系统查询结果

盈利能力分析

偿债能力分析

营运能力分析

现金流量分析

未来现金流量预测

第五部分 受信人竞争能力分析

行业现状及发展趋势分析

受信人经营战略分析

受信人核心竞争能力分析

第六部分 担保措施分析

保证方式

抵(质)押方式

第七部分 授信收益分析

第八部分 风险分析及风险防范措施

授信风险分析

拟采取的风险防范措施

第九部分 基本分析结论

同意(或不同意)的主要依据

授信内容

第一部分　受信人的基本情况

受信人法律地位

受信人全称	××针织有限公司			隶属部门		
受信人地址	××经济技术开发区大港工业城					
执照注册号	企独浙×总字第×××号	执照有效期限	2002-5-21至2014-5-20	最后一次年检时间		2003-9

法人简历:1948年3月—1977年7月,在××针织十厂工作;
　　　　1977年8月—1984年5月,在××针织二十厂工作;
　　　　1984年6月—1989年6月,在杭州××××针织厂工作;
　　　　1989年7月—现在,在××××织造集团有限公司工作。

财务负责人	×××	年龄	49	性别	女	学历	

　　财务负责人简历:1990—2005年,先后担任××××织造集团有限公司、××针织有限公司会计主管、财务负责人、财务总监等职务。

　　受信人经营范围:针织服装制造、加工(产品100%出口)

　　受信人主营业务:针织服装制造、加工(产品100%出口)

受信人资本状况

注册资本	3,000万美元	实收资本		3,000万美元	所有者权益		57,418万美元
股东名称	注册地	注册资金	总资产	承诺投资	股权比例	实际出资	出资形式
××(香港)有限公司	香港			3,000万美元	100%	3,000万美元	美元

　　重要股东介绍:××(香港)有限公司,法人代表:×××,主营业务:对外投资。控股或受其重大影响的子公司有18家,实力雄厚。

受信人资本市场表现

股票类型	股票代码	上市地点	流通规模	发行价	发行时间	最高价格	时间	最低价格	时间	现价	复权价

　　分析:

受信人组织结构

组织结构图：

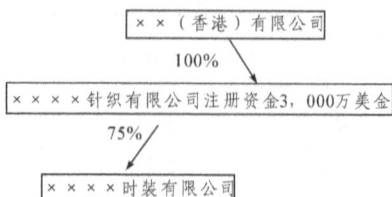

```
            ┌─────────────────────┐
            │ ××（香港）有限公司    │
            └─────────────────────┘
                    │ 100%
                    ▼
      ┌────────────────────────────────┐
      │ ×××针织有限公司注册资金3,000万美金 │
      └────────────────────────────────┘
                    │ 75%
                    ▼
        ┌─────────────────────┐
        │ ×××时装有限公司       │
        └─────────────────────┘
```

母公司对集团成员的控制分析：由母公司法人代表×××控制。

子公司受到母公司的控制分析：公司高级管理人员的任命和财务收支由该公司董事会决定，不受母公司控制。公司财务独立核算，资金自主调配。

主要股东背景介绍：主要股东××（香港）有限公司，法人代表：×××，主营业务：对外投资。控股或受其重大影响的子公司有18家，实力雄厚。无其他特殊说明。

受信人与银行关系

借款人与我行关系（截止日期：2005-02-28）					
存款户开户日期	2004年11月24日	账户性质	一般账户（出口退税专户）	自年初至上月在我行日均存款	600万元
上月末在我行贷款余额			上月末在我行存款余额		905万元
上月末在我行其他授信余额			其中保证金账户余额		
现有综合授信额度		额度用途			

历史授信情况	日期	金额	到期日	还款日期	付息情况	说明

分析：公司货币资金保持量充足，存款分配相对均匀。

借款人与他行关系（截止日期：2004-12-31）				
开户行	账户类型	存款余额（万元）	存款种类	授信额度（亿元）
浦发银行××支行	基本账户、外币经常项目户	4,800	活期、通知存款	1.5
中行××支行	一般账户、外币经常项目户	8,600	活期、通知存款	3
工行××支行	一般账户、外币经常项目户	2,500	活期	3
建行××支行	一般账户	1,700	活期	1

续　表

民生银行××支行	一般账户	1,065	活期	

　　公司银行借款 47,753 万元,占负债总额的 45.17%,其中向中行借款 11,414 万元(含固定资产 8,000 万元和外币贷款 50 万美元),向工行借款 20,515 万元(含外币贷款 380 万美元),向浦发银行借款 8,824 万元(含外币贷款 450 万美元),向建行借款 5,000 万元,向深圳发展银行借款 2,000 万元,都属于正常贷款,无逾期和欠息。购原材料向银行开具银行承兑汇票 22,650 万元,占负债总额的 21.43%,其中向中行开具银行承兑汇票 11,850 万元,向浦发银行开具银行承兑汇票 2,800 万元,向深圳发展银行开具银行承兑汇票 8,000 万元;信用证开证 500 万美元,其中中行 200 万美元,工行 300 万美元。

第二部分　受信人经营活动分析

总体状况

业务种类　（万元）								
制造业务		贸易业务		房地产开发		投资业务		其他业务
销售收入	营业利润	销售收入	营业利润	销售收入	营业利润	投资总额	投资收益	
201,154	32,673					3,104		

　　分析：1. 主要销售、利润情况：

年度 项目	2002 年	2003 年	2004 年
销售收入(万元)	筹建期	15,215	201,154
销售利润(万元)	筹建期	3,109	45,990
利润总额(万元)	筹建期	2,404	32,332

　　2. 销售收入增长原因：××集团企业 2004 年全部销售收入为 23 亿人民币左右,目前主要的关联生产型公司有四家:××××世通针织公司、××××大港有限公司、××××时装有限公司、××××针织公司。××集团已经确立××××针织公司的核心地位,并将其作为上市的主体,因此在集团内部将各种资源逐步整合到该公司。

　　3. 借款人发展前景：××××针织公司虽然才成立两年多,凭借其与××集团公司的特殊关系,业务及销售网络稳定,经营业绩逐年增长。产品销售收入得到迅猛的发展,公司产品绝大部分出口,日本是其第一出口国。特别是我国已加入 WTO,客观上讲各国将逐步放宽对我国纺织品出口配额限制,这对该公司来说将是长期利好,有利于该公司业务发展,同时该公司拟准备在香港上市,企业发展前景较好。

　　4. 主要产品和服务的特点：××××针织公司主要产品是高档针织产品,力争以高附加值产品抢占市场制高点。作为一家出口依存度高的企业,自营出口权在国际市场竞争中发挥了重要作用,企业无需依赖于外贸公司的代理出口,一方面节省了大笔代理费开支,另一方面产品生产者直接与消费者见面,能正确及时地了解客户需求,得到市场反馈信息,以便制定相应的经营策略。

销售情况（制造业务、贸易业务适用）

产品	目标市场	生产期限	销售额（万元）	比例（%）
高档针织服装	日本		181,038	90
高档针织服装	欧美		20,115	10

主要客户	地点	关系期限	销售额（万元）	比例（%）
日绵株式会社	日本	两年	130,750	65
谍连株式会社	日本	两年	14,081	7
日本 ITOLTTU	日本	两年	20,115	10
日本辰元公司	日本	两年	16,093	8
其他零星	欧美	两年	20,115	10

分析：该公司主要生产的是中高档针织服装，绝大部分销售的对象是日绵株式会社。该株式会社为日本最大的服装经营商，实力雄厚，它与本笔授信业务的受信人"××××针织有限公司"的关联企业（同一法人代表）"××集团有限公司"有着长达10多年的良好合作关系。

供应商（制造业务、贸易业务、房地产开发业务适用）

供应商	关系年限	供应产品	供应额（万元）	比例（%）
宁波天山纺织公司	两年	棉纱	21,335	25
宁波百隆公司	两年	棉纱	17,068	20
安庆华茂纺织公司	两年	棉纱	20,482	24
安徽华茂集团公司	两年	棉纱	8,534	10
山东临清华润纺织	两年	棉纱	9,387	11

分析：前5位供应商占总采购额的90%，公司采购渠道稳定畅通，一般均为长期稳定的老客户，具有一定的生产实力和规模，供货质量好，付款条件优惠。

生产活动（制造业务适用）

主要设备（生产线）	购买（建设）日期	技术水平	生产能力	实际产量
织造部针织大圆机	2003 年	国际领先		
制衣部缝纫机	2003 年	国际领先		
染整部高温雾化染色机	2003 年	国际领先		
六色调线机	2003 年	国际领先		

续 表

主要设备(生产线)	购买(建设)日期	技术水平	生产能力	实际产量
双面机	2003 年	国际领先		
单面机	2003 年	国际领先		

分析:该公司关键设备从国外进口,技术具有国际先进水平,产品技术含量高。

重要贸易权利(贸易业务适用)

表格内容省略。

重要房地产开发项目(房地产开发业务适用)

表格内容省略。

重要投资企业(投资类型业务适用)

表格内容省略。

研究开发能力(适用各类业务,重点为制造业务)

主要专利(技术诀窍)	剩余受保护年限	专利水平	

分析:该公司投入大量资金从国外引进先进设备,有德国迈耶西双面机、日本福原六色调线机、日本福原单面机、英国肯伯单面机等,技术装备达到国内外先进水平,着力开发高档面料。共开发出新面料 720 余种,并缩短开发生产周期,不断提高产品档次,从而保证市场竞争能力,为争取客户、争取订单、增加出口销售增添了筹码。品质量不断提高,具有较强竞争优势。

管理水平及激励机制(适用各类业务)

管理团队:该公司法定代表人×××,××××织造集团有限公司董事长,原××国棉五厂厂长,自学徒开始从事该行业,对该行业的生产管理有较丰富的经验,1990 年 3 月,与其子××××来到××,共同筹建一家合资企业——××织造有限公司,具有较强的开拓意识和规避风险意识。在父子俩的领导下,由其创建××××织造集团有限公司,通过近 15 年的努力,××集团已发展成为目前占地 1,078 亩,建筑面积 45 万平方米,公司注册资本 3,000 万美元,总资产 16 亿元人民币,现有员工 1.7 万人,集织造、染整、印绣花、制衣于一体的大型全能针织服装企业。公司拥有国际一流的生产设备,产品全部出口日本、欧美等国家和地区,各项指标名列全国针织行业前茅。经中华全国工商业联合会及中华工商时报综合排序,位列 2000—2001 年全国民营企业 500 强中第 39 位,据中华人民共和国商务部发布的"2001 年中国出口额最大的 200 家企业"排行,××集团位列第 144 位。在中国针织工业协会开展的 2002 年针织行业经济效益排序活动中,集团公司下属的××××世通针织有限公司在销售收入、利税总额等方面均位居第一位。×××一直在××公司从事管理工作,行业年限 30 多年,具有较丰富的企业管理经验和领导能力,具有较好业务素质和开拓创新精神,熟悉国家关于本行业的各项方针政策。该公司同宁波××织造集团有限公司有着不存在控制关系的关联关系(主要管理者相同)。

激励机制:该公司采用的是现代化的企业管理模式,实行指标量化考核,收入分配与工作业绩挂钩。

续 表

分析:公司的管理水平较高,领导班子具有较强的开拓意识和规避风险意识。激励机制较为合理、完善。

重要事件提示(适用各类业务)

股权情况:××××针织有限公司是由××(香港)有限公司全额投资,前身为××××针织服装有限公司,成立于2002年5月21日,注册资本金1,500万美元,2003年5月23日新增资1,500万美元(根据宁科验(2003)074号验资报告),2003年5月底,实收资本为3,000万美元。

管理层:该公司虽然刚成立两年多,但它同2000—2001年全国民营企业500强中第39位、我国纺织行业大型企业和行业经济效益最好企业之一的××××织造集团有限公司的主要管理者相同,存在资源共享的有利优势。

法律诉讼:无。

经营业务:无变化。

第三部分 授信用途分析

资金周转用途(单一制造业务或贸易业务)

授信品种、数量和期限:综合授信10,000万元,具体品种为短期贷款、银行承兑汇票、贴现、贸易融资等;期限一年;贷款利率为同期贷款基准利率;贴现利率按我行规定;各种费率按我行标准执行。

业务流程描述:发放流动资金贷款或开立银票—购买原材料—生产—销售—销售款回笼—归还贷款或支付票款。

资金转换周期:约6个月。

贷款相关环节:略。

还款可靠性分析:

1. 公司2004年实现销售201,154万元,利润总额32,332万元,经营性现金净流量15,327万元。预计2005年可实现销售收入220,000万元,折旧11,400万元,利润35,354万元,经营性现金净流量简单测算为46,754万元。因此盈利能力较强,未来现金流量充沛,第一还款来源有保障。

2. 公司于2004年11月24日在我行开立一般存款户,并已将该账户确定为公司出口退税唯一专户。公司2004年实现销售20.12亿元,出口退税1.5亿元,预计2005年退税1.7亿元。由于××集团企业在××经济技术开发区的出口全部由申请人完成,因此其出口退税账户具有唯一性和有效性(国税和申请人已经书面确认账户的唯一性)。

资金周转用途(集团性质受信人)

内容略。

交易用途

内容略。

房地产开发

内容略。

项目建设及固定资产购置(表格见附件)

第四部分　受信人财务分析

财务报表的选择

财务报表期限	2003 年 12 月至 2004 年 12 月
财务报表审计	已审计
财务报表合并范围	单一报表

重要优惠政策

税收优惠	公司属外商投资企业,享受"二免三减半"的所得税优惠政策。公司 2004 年出口退税 1.5 亿元。
财政补贴	

重要会计科目说明

1. 货币资金(总额:18,665 万元)

分析:受信人货币资金账实相符,存款品种:活期。

2. 应收账款(总额:8,575 万元)

账龄	1 年以内	1～2 年	2～3 年	3 年以上
金额(万元)	8,575			
比例(%)	100			
主要欠款人	金额(万元)	比例(%)	欠款时间	欠款原因
××××进出口有限公司	1,403	16.37	1 年以内	正常交易
日绵株式会社	4,820	56.20	1 年以内	正常交易
谍连株式会社	108	1.25	1 年以内	正常交易
日本 ITOLTTU	1,742	20.31	1 年以内	正常交易
日本辰元公司	421	4.90	1 年以内	正常交易

续　表

| | 81 | 0.94 | 1年以内 | 正常交易 |
| 其他零星 | | | | |

分析:账龄在一年以内,基本能收回。该公司销售结算大部分通过信用证结算,并且客户稳定,形成坏账的可能性较小。

3. 其他应收账款(总额:5,347万元)

主要欠款人	金额(万元)	比例(%)	欠款时间	用途
××申洲置业有限公司	1,705	31.88	1年以内	关联企业往来
××申洲大港有限公司	903	16.89	1年以内	关联企业往来
××(香港)有限公司	170	3.18	1年以内	关联企业往来
××天山世通纺织品有限公司	117	2.19	1年以内	关联企业往来

分析:其他应收款绝大部分是不存在控制关系的关联方(主要管理者相同)之间往来欠款,造成坏账可能性相对较小。

4. 存货(总额:27,770万元)

类别	主要内容	购进时间	账面价值	市场估价
原材料	棉纱		9,528	9,528
委托加工材料	半成衣		942	942
包装物			37	37
自制半成品	半成衣		6,528	6,528
低值易耗品	工具等		8	8
在产品	半成衣		9,276	9,276
产成品	成衣		1,450	1,450

分析:公司整体存货结构较为合理,由于该公司是以销定产,不存在原料、产成品积压情况,原材料均为近期购入,市场估价与账面价值无大的变化。

5. 长期投资(总额:3,104万元)

股权投资

被投资企业名称	地址	经营范围	股权比例(%)	投资额(万元)	年收益率(%)	是否抵押
××××时装有限公司	××××	服装生产加工	75	3,104	33.82	否

债权投资

债券发行企业名称	地址	经营范围	到期时间	投资额	债券级别	是否抵押

分析：被投资企业于 2004 年注册，预计 2005 年 5 月正式投入生产，年生产能力 100 万件成衣，预计销售 1 亿元，净利润 1,400 万元，投资年收益率 33.82％。

6. 固定资产（总额：83,717 万元）

机器设备名称	原值（万元）	折旧方法	净值（万元）	市场估价（万元）	权属状况	是否抵押
生产设备	77,745	平均年限法	56,974	56,974	属该公司	否
电子设备	523	平均年限法	363	363	属该公司	否
房屋及建筑物	4,756	平均年限法	4,552	4,552	属该公司	否
运输设备	693	平均年限法	628	628	属该公司	否

分析：企业主要生产设备从国外引进，有德国迈耶西双面机、日本福原六色调线机、日本福原单面机、英国肯伯单面机等，技术装备达到国内外先进水平。企业在建工程报表反映为 28,308 万元，主要为：染整部生产车间，占 3/4，新增生产能力 18,000 吨布匹/年；公司行政大楼，占 1/4，其资金来源：××中行固定资产借款 8,000 万元，其余企业自筹解决。

7. 其他资产科目

内容略。

8. 应付票据（总额：22,650 万元）

银行承兑汇票（万元）	16,650
银行承兑汇票贴现余额（万元）	
商业承兑汇票（万元）	6,000
商业承兑汇票贴现余额（万元）	

分析：应付票据主要为××中行 11,850 万元、××浦发行 2,800 万元、××深发银行 8,000 万元，均为购买生产用原材料，具备真实贸易背景。

9. 应付账款（总额：9,940万元）

账龄	1年以内	1～2年	2～3年	3年以上
金额（万元）	9,940			
比例（%）	100			
主要欠款人	金额（万元）	比例（%）	欠款时间	欠款原因
××世兴针织印花公司	1,035	10.42	1年以内	正常交易
××天山纺织公司	2,485	25.00	1年以内	正常交易
××百隆公司	1,980	19.90	1年以内	正常交易
××华茂纺织公司	2,390	24.00	1年以内	正常交易
××华茂集团公司	890	8.90	1年以内	正常交易
××临清华润纺织	1,160	11.67	1年以内	正常交易
其他				

分析：采购环节正常欠款。

10. 其他应付账款（总额：21,346万元）

主要欠款人	金额（万元）	比例（%）	欠款时间	用途
××开发区申洲针织服装有限公司	5,252	24.61	1年以内	正常交易
××荣荣针织有限公司	4,313	20.21	1年以内	正常交易
××××织造集团有限公司	3,109	14.57	1年以内	正常交易
××××服装有限公司	2,669	12.5	1年以内	正常交易
××甬绵时装有限公司	2,488	11.65	1年以内	正常交易
××××进出口公司	1,368	6.41	1年以内	正常交易

分析：公司其他应付款主要是应付关联方款项。

11. 其他重要负债科目

内容略。

12. 银行短期借款(总额:39,753 万元)

银行	借款数量(万元)	期限	保证措施
中行××支行	3,414	1 年以内	关联方保证
建行××支行	5,000	1 年以内	关联方保证
浦发××支行	8,824	1 年以内	关联方保证
深发××支行	2,000	1 年以内	关联方保证
工行××支行	20,515	1 年以内	关联方保证

分析:为该企业正常的流动资金贷款。其中:美元 880 万。

13. 银行长期借款(总额:8,000 万元)

银行	借款数量(万元)	期限	是否分期还款	保证措施
中行××支行	8,000	2006 年 6 月到期	否	关联方担保

分析:用于染整部生产车间建设,新增生产能力 18,000 吨/年。

14. 对外担保(总额:16,890 万元)

被担保单位	借款数量(万元)	期限	反担保措施	是否面临诉讼
××明耀环保热电有限公司	11,040	2004.12—2011.12	无	否
××××大港针织有限公司	3,000	2004.12—2005.6	无	否
××甬绵时装有限公司	50	2004.12—2005.12	无	否
××××世通针织有限公司	2,800	2005.3—2006.3	无	否

分析:被担保单位经营状况良好。(以上按贷款卡信息填列,贷款卡截止日:2005 年 3 月 25 日)

15. 银行信贷登记系统查询结果(截止日:2005 年 3 月 25 日)

借　款	银行:中行、工行、浦发、建行、深发展	数量:人民币 67,505 万元、美元 1,256 元
银行承兑汇票	银行:中行、浦发、深发展	数量:人民币 10,550 万元

续 表

信用证	银行:中行、工行	数量:瑞士法郎 35 万、日元 118 万、欧元 91 万、美元 438 万
保函	浦发银行	数量:人民币 2,109 万元
对外担保	被担保人:××明耀环保热电有限公司、××××大港针织有限公司、××甬绵时装有限公司、××世通针织有限公司	数量:人民币 14,040 万、美元 50 万、港币 2,800 万元

分析:银行信贷登记系统查询结果表明,公司无不良信贷记录;相关数据已与公司明细账逐笔勾对,未发现错误记录;被担保单位经营状况良好。

盈利能力分析

	销售收入(万元)			销售毛利率(%)		
日期	2004.12	2003.12	2002.12	2004.12	2003.12	2002.12
合计	201,154	15,215	筹建期	22.86	20.35	筹建期

分析:产品销售大幅度增长,销售毛利率保持较高水平,还款来源有保证。

	2004.12	2003.12	2002.12
销售利润(万元)	45,990	3,096	筹建期
营业利润(万元)	32,673	3,096	筹建期
投资收益(万元)	0	0	筹建期
净利润(万元)	32,332	1,974	筹建期
净利润增长率(%)	1,537.89		筹建期
总资产利润率(%)	27.86	5.39	筹建期
净资产收益率(%)	56.31	7.36	筹建期

分析:企业利润较高,利润率和收益率已远远超过国内同类产品的利润率和收益率,一方面是因为企业产品已具备优势,附加值较高,另一方面企业是港商独资企业,享受两免三减半的减免税政策,而今年企业正是免税第一年。该企业和其关联公司控制了从棉纱采购到产品出口的每一个环节(流通、加工、生产和销售)。

偿债能力分析

年份	2004	2003	2002
流动比率(%)	70.82	37.78	筹建期
速动比率(%)	42.39	32.34	筹建期
资产负债率(%)	64.90	64.86	筹建期
利息保障倍数	33	25	筹建期
负债/有形资产	64.80	64.86	筹建期

分析:去年公司流动比率较低,因为该公司固定资产投入大,2003年比2002年增加固定资产投资5.8亿元多,使部分短期流动资金作为长期使用,从而影响了其资产的流动性。同时由于公司销售收入增长快,盈利能力较强,利润总额较高,经营现金流入量较大,相对有较足够能力支付日常生产经营需要的资金及到期债务。

营运能力分析

年份	2004	2003	2002
应收账款周转天数	9	19	筹建期
存货周转天数	35	40	筹建期
总资产周转率	1.68	0.33	筹建期
固定资产周转率(%)	322	26	筹建期

分析:公司流动资金使用效率较高,应收账款管理科学,周转天数较短,存货管理较好,周转速度较快。公司以销定产,原材料保持三个月左右的数额。

现金流量分析

年份	期初现金(万元)	经营现金流量(万元)	投资现金流量(万元)	融资现金流量(万元)	期末现金(万元)
2004	1,558	15,327	−37,492	39,272	18,665
2003	862	41,030	−54,492	14,158	1,558
2002			−15,693	16,555	862

分析:公司2002年筹建,2003年投入生产,当年就取得较好的经营成果。由于前两年积极向外融资,提前准备,增加流动资金,2004年公司产出率极好,经营现金流保持在合理水平。现金流已非常充足,已渡过投入风险期,还款来源充足。

未来现金流量预测

项目	数量	估算依据
净利润(万元)	35,354	预计2005年可实现销售收入220,000万元,按2004年销售净利率16.07%计算
经营现金流量(万元)	46,750	预计2005年折旧11,400万元,简单测算经营现金流量
主要资本支出(万元)	6,000	2005年公司计划对部分生产设备更新,需投资6,000万元
到期长期贷款(万元)	无	
现金股利分红(万元)	无	
资本市场融资(万元)		公司申请今年年底在香港上市
银行融资需求(万元)	10,000	解决上市前流动资金不足

分析:未来现金流量充足,短期偿债能力强。

第五部分　受信人竞争能力分析

行业现状及发展趋势分析

　　行业的供求现状:高档针织服装行业在国内和国际市场竞争都比较激烈;企业原材料棉纱在市场上也呈现出供不应求的状况,尤其去年国内最主要的产棉区新疆的部分地区遭受自然灾害,使棉纱价格与往年相比明显偏高。

　　行业内的主要竞争者:该公司在国内的主要竞争对手是××茉织华股份有限公司,1999年在上海证券交易所挂牌上市,境外战略投资者是日本的TERUCOM公司,占公司股本总额25%,所以,茉织华是国内企业在日本市场的主要竞争对手。

　　行业的发展趋势:向高新技术产品发展,向技术领先企业集中。

　　分析结论:市场竞争激烈。

受信人经营战略分析

　　业务发展策略:××××针织公司主要产品是高档针织产品,力争以高附加值产品抢占市场制高点。产品注重个性化、流行性及高档化,加强产品开发设计能力,加强市场需求快速反应,销售以日本市场为主体,并大力拓展欧美市场,同时发展国内市场的三轮驱动方式。

　　重要投资计划:公司2003年、2004年分别投资5.8亿元、5.4亿元,从国外引进达到国内外先进水平的生产设备,有德国迈耶西双面机、日本福原六色调线机、日本福原单面机、英国肯伯单面机等,新建厂房290,000多平方米,防尘能力达到国际先进水平。近期无重大投资计划。

　　资金保证分析:企业目前资产负债率适中,加之企业盈利能力较强,通过资本积累等手段增强了企业的实力,为扩大再生产创造了条件。

　　企业领导能力:领导人管理理念先进,具有丰富的管理经验和控管企业的能力,并不断学习和吸纳先进企业的管理经验来提升企业的素质。

续表

分析结论：公司经营战略明确、可行，公司发展潜力大。

受信人核心竞争能力分析

所处行业的竞争特点：行业竞争以产品质量档次的竞争为主要方式，实质是设备先进性与技术含量及开发能力的竞争。

借款人现有的竞争优势：

1. 公司同××××织造集团有限公司有着不存在控制关系的关联方关系，实际申洲公司通过近15年的经营，已成为一家集织布、染整、印花、绣花、制衣于一体的大型全能针织企业。专业生产各种针织服装，有比较完善的营销网络，客户较为稳定，在国际市场上占有一定份额。

2. 公司从棉纱采购、织布、染整、印花、绣花、制衣一条龙生产，因此外购原料（棉纱）成本只占其总成本的50%～60%，大部分是自己加工生产，相对外购半成品或委托加工大大节约了成本，从而使得该公司产品成本相对较低，同时从国内外购进先进生产技术设备，不断提高该公司产品质量，在市场上有较大的竞争优势。

3. 公司最大的几个客户是日本的日绵株式会社等，业务关系良好稳定，并为耐克、阿迪达斯等世界八大名牌企业生产服装。公司注重产品质量的提高，产品已向集约型转化，新面料档次不断提高，在款式方面及时掌握国际流动信息，质量属国内外先进水平。

4. 该企业地处××经济技术开发区，在许多投资政策、税收政策上享受了国家级开发区优惠政策待遇，极大鼓励了公司方的投资热情，通过分红、扩股、增加资金投入等方式，扩大企业规模，并取得了很好收益。区域内供热、供电、污水处理等公用设施完善，作为一个以产品出口为主的工贸企业，良好的地理位置为其带来极大便利。××是沿海经济发达城市，地区经济法律秩序较好，公司投入上千万元进行污水处理改造，已达到国家环保标准，同时公司地处深水良港××××港腹地，距××机场约30多千米，水陆交通方便。

5. 该公司投入大量资金从国外引进先进设备，有德国迈耶西双面机、日本福原六色调线机、日本福原单面机、英国肯伯单面机等，技术装备达到国内外先进水平，着力开发高档面料。共开发出新面料720余种，并缩短开发生产周期，不断提高产品档次，从而保证市场竞争能力，为争取客户、争取订单、增加出口销售增添了筹码。品质量不断提高，具有较强竞争优势。

6. 市场竞争就是产品质量的竞争，该公司特别重视产品质量，各道工序层层把关，每一道工序实行零次品进入下一道工序，严格以国家标准、欧美标准及JIS标准为基准，并配置有纱线强力试验机、纱线捻度试验机、缕纱测长机、摇黑板机等。该公司已通过ISO 9002质量体系及ISO 14001环境体系认证，并成为杜邦莱卡推荐认证工厂，获ITS资格认证及海关信誉优良企业称号。

借款人未来计划建立的竞争优势：强化市场拓展能力，努力保持目前日本市场，大力拓展欧美及东南亚市场，进一步完善国内国际市场的销售网络，注重产品质量的提高，在款式方面及时掌握国际流动信息，力争创出自己的品牌，取得更大的经济效益。

第六部分　担保措施分析

保证方式

保证人全称			隶属部门		
保证人地址					
执照注册号		执照有限期		最后一次年检时间	
法人代表		年龄			学历
注册资本		实收资本		所有者权益	
重要财务比率			重要财务数据		
资产负债率			总资产		
流动比率			主营业务收入		
速动比率			净利润		
总资产利润率			经营现金流量		
应收账款周转天数			短期借款余额		
存货周转天数			长期借款余额		
			应付银行承兑汇票余额		
银行信贷登记系统查询结果			查询日期		
银行借款余额			对外担保余额		
银行承兑汇票及信用证余额			其中为我行贷款担保余额		

保证人经营业绩：

保证人资产负债情况：

保证人现金流量情况：

保证合法性分析：

风险相关性分析：

保证可执行性分析：

保证能力评价：

　　借款人 2004 年实现销售 201,154 万元,利润总额 32,332 万元,经营性现金净流量 15,327万元。预计 2005 年可实现销售收入 220,000 万元,折旧 11,400 万元,利润 35,354 万元,经营性现金净流量简单测算为 46,754 万元。因此盈利能力较强,未来现金流量充沛,第一还款来源有保障。建议信用贷款。

抵(质)押方式

内容略。

第七部分 授信收益分析

利息收入:500万元
相关存款:日均2,000万~3,000万元
手续费收入:5万元(按一年计)
其他收益:

第八部分 风险分析及风险防范措施

授信风险分析

借款人内部风险因素:随着公司规模扩大,业务发展,对公司的管理提出了更高的要求。目前管理层已认识到此点,正大力招揽职业经理人,从事高层管理工作。

借款人外部风险因素:

1. 行业进入相对容易,传统成熟行业竞争较激烈。

2. 该公司主要客户是日本及欧美市场,我国如与日本、欧美国家发生贸易摩擦或贸易壁垒,将可能会对该公司业务产生不利影响。

3. 去年企业原材料棉纱的采购价格与往年相比明显偏高,有可能影响企业的利润率和收益率。

抵(质)押风险因素:

拟采取的风险防范措施

	责任人
放款环节的措施:保证有真实、合法的交易背景。	
贷后检查的措施:定期检查公司资产变动情况,了解生产经营情况、财务状况;监督企业用款及现金流量变化,检查是否专款专用;密切关注我国对外贸易政策变化情况。	
预警指标及报告措施:定期将公司经营情况、财务状况向分行管理部门做书面报告。	

第九部分 基本分析结论

同意(或不同意)的主要依据

同意授信 10,000 万元,理由如下:

1. ××××针织有限公司,2003 年在全国工业重点行业纺织业效益十佳排名第三,历年××市纳税重点企业,2004 年全市工业企业中出口创汇排名第一。

2. 公司近两年投入大量技改资金,引进国外先进的技术装备,产品质量不断提高,客户群不断壮大,市场竞争能力不断增强。

3. 从财务状况看,资产负债率适中,盈利能力较强,流动性较好,现金流量较大,2003 年、2004 年经营净现金流量分别达 4.1 亿、1.5 亿多元,偿债能力较强。

4. 该公司领导班子力量强,都具有多年的行业经验及专业技术水平,内部激励约束机制健全,已形成稳定的市场营销网络和客户群,同时,该公司拟于年底在香港上市,发展前景较好。

5. 由于前两年积极向外融资,提前准备,增加流动资金,2004 年公司产出率极好,经营现金流保持在合理水平,现金流已非常充足,已渡过投入风险期,第一还款来源充足。借款人在我行开立的一般存款户已确定为公司出口退税唯一专户。

6. 目前该公司在我行的资金沉淀和结算比例都不高,无授信品种,而且是我行 2004 年公司业务规划中重点开发客户,是区域内各家银行激烈竞争的重点优质客户之一。

7. 我行本次申报流动资金综合授信 10,000 万元(流动资金贷款、银行承兑汇票、贴现等),目的就是为了进一步拓展我行在该公司的所占份额,实现我行同该公司的强强合作,争取更多申洲系列企业在我行的本外币资金业务量,提高我行的经济效益。

授信内容

授信品种:综合授信(短期流动资金贷款、开票立银行承兑汇、商业承兑汇票贴现等)

授信数量:10,000 万元
抵押、担保措施:信用贷款

▶▶▶ 第七章
授信业务

银行授信业务固然以贷款为主,但也包括一些非贷款类业务。贷款业务中,因为贷款对象、性质、期限等不同,也区分不同的类别。下面介绍目前国内主要的授信业务,以使大家有一个基本的了解。

第一节　流动资金贷款

流动资金是指贷款人向企(事)业法人或国家规定可以作为借款人的其他组织发放的用于借款人日常生产经营周转的本外币贷款。流动资金贷款是授信业务最基本、最普遍、最频繁的业务。它是了解其他授信业务的基础,也可以说其他授信是从中衍生出来的。

企业生产经营离不开银行,其生产经营资金不足的部分需要向银行借贷,当一个生产周期结束后,资金回收,用于归还银行借款。下一个生产周期开始,再向银行借贷,形成循环。所以,流动资金借款又可以分为经常性流动资金贷款与临时性流动资金贷款。

经常性流动资金借款是指企业要维持日常生产周转必须要向银行借款的部分。企业经常性流动资金,由两部分构成:自有资金与银行借贷。换句话说,银行不能满足企业的基本需求,就无法实现经常性周转。这一合理资金需求也是银企合作的基础。临时性流动资金需求是指经常性流动资金以外的用于流动资金的资金需求,如因为原材料价格可能上涨,增加库存所需要的借款;订单临时性增加所需要的新投入等。两者的区别是,经常性流动资金是企业必须保持的借贷水平,需不断循环下去,借还—还借,不能中断或减少。而临时性流动资金贷款基本上是一次性的,季节性的临时需求,到期后收回,不必再行发放。当然因为企业因产能扩大而增加对流动资金的需求,开始时属于临时性流动资金借款,以后在维持新生产规模的条件下变成经常性流动资金。目前流动资金贷款的相关规范性法规是银监会 2010 年颁布的《流动资金贷款管理暂行办法》。

对于流动资金贷款,要做到以下几点。

第一,要确定它的合理性。审慎确定借款人的流动资金授信总额及具体贷款的额度,不得超过借款人的实际需求。发放流动资金贷款,贷款人应合理测算借款人营运资金需求。借款人首先需要有一定比例的自由流动资金,不能把全部流动资金的压力放在银行身上。一般银行对于企业的自由流动资金比例要求为 30%,银行提供 70%,既避免固定资产挤占流动资金现象发生,同时也保证将来贷款的周转能经常合理进行。贷款到期是要归还的,先还后贷是一个常识也是原则。若没有自由流动资金,到期后,就没有资金来源用于归还贷款,总不可以用新贷款还旧贷款。因此,我们对客户的流动资金贷款的数量要进行核定,基本满足生产经营的合理需求,过高的需求部分予以拒绝。

第二,要把握用途。不仅看企业申请用途是否符合流动资金贷款的规定要求,还要审查真实用途,检查实际用途。对银行来讲最忌讳的就是挪用贷款,因为它不但违背银行的信用基础,更会导致银行对借款人的监控失效,因而增加风险。如果发现与贷款申请不实的情况,银行应该立即收回贷款。

流动资金用途,主要用于购买原辅材料及与生产有关的支出,不能用于长期资产支出,也不能用于对外投资,更不能用于职工工资、福利支出及税金支出。设想一个企业连工资都要依靠银行贷款,根本就没有存在价值。更不得从事国家禁止从事的领域与用途。不得从事股票、期货、变相房地产等。

第三,要根据借款人生产经营的规模和周期特点,合理设定流动资金贷款的业务品种和期限,以满足借款人生产经营的资金需求,实现对贷款资金回笼的有效控制。流动资金贷款的授信种类很多,不同的需求设计不同的授信品种,但是不能突破流动资金授信额度。比如,有些企业的供货商愿意接受银行承兑汇票方式结算,就应努力提供银行承兑汇票来满足需求,节省企业成本。外贸进出口业务中,多使用信用证方式结算,减少实际资金占用。进口到岸通关后,使用信托提单方式融资,方便进口商尽快销售货物等。在不增加授信风险情况下,选择最有利的品种。比如季节性很强的生产企业,尤其是农产品加工企业,在原材料收购季节,对流动资金需求特别大,以后逐步加工、销售、回笼,收回贷款。

注意:流动资金的需求与企业的销售方式有很大关系。应收账款数量、放账期限长短,需要客户经理特别关注。尤其是应收国外账款数量一直保持较高水平的,有截留资金在外的可能。

授信期限也是必须考虑的一个问题。不同的产业有不同的生产周期。如造船业,生产周期可能 3～4 年,流动资金的发放不能像一般加工业那样短。明知道期间企业没有足够的销售收入,而设定企业归还,是银行的授信管理有缺陷。应该根据不同产品特点与生产周期及经营的历史状况,合理推算和设定归还期限与方式。对定额流动资金期限可以很长,一般性流动资金需求,可以较短。对农产品加工企业,不可采用一次性收回方式,而是分次方式逐步收回,以与其现金流相匹配。

第四,贷款条件必须符合相关规定条件。不仅包括借款人的主体资格,也包括生产经营条件。首先必须是经过有关部门注册登记的具有完全民事行为能力的独立法人组织或符合规定要求的其他经济组织,其内部组织结构合理,产权关系与资本结构明晰;其次是财务制度健全,财务报表与记账规则符合财政部门的规定,无虚假记载或较大的财务漏洞;再次,生产经营正常,产品有市场,货款回笼有保障且正常,无积压或质量问题,应收账款在合理水平,新投产的企业,在科学评估基础上监督使用;最后,预测现金流。企业在贷款期间能否产生足够的现金流是确定贷款发放的关键。能否归还贷款不是取决于企业的利润。在现行财务制度下,利润很高也可能现金流很少。现金流是经营性现金流而非融资性现金流。

第五,要严格监控流动资金贷款的使用,确保贷款用于真正的需求。防止出现移用、挪用现象。当然因市场发生变化,中途改变资金用途是经常发生的,但必须告知银行并经银行同意。在一定条件下,资金的使用采用受托人支付方式,即在贷款时约定贷款资金的支付委托银行直接划拨到收款人账户。虽然增加了银行的麻烦,但对于风险监控却是必要的。根据规定具有以下情形之一的流动资金贷款,原则上应采用贷款人受托支付方式:

(1)与借款人新建立信贷业务关系且借款人信用状况一般;

(2)支付对象明确且单笔支付金额较大;

（3）贷款人认定的其他情形。

采用贷款人受托支付的,贷款人应根据约定的贷款用途,审核借款人提供的支付申请所列支付对象、支付金额等信息是否与相应的商务合同等证明材料相符。审核同意后,贷款人应将贷款资金通过借款人账户支付给借款人的交易对象。

采用借款人自主支付的,贷款人应按借款合同约定要求借款人定期汇总报告贷款资金支付情况,并通过账户分析、凭证查验或现场调查等方式核查贷款支付是否符合约定用途。

受托人支付的好处是显而易见的。银行可以预先控制企业的资金流向,掌握企业的主要客户关系。尤其是在供应链金融中,受托支付是其得以存在的基本保证。

第六,在流动资金贷款中,要赋予银行一个可以随时临时性收回部分贷款的权利,并要选择合适时间加以运用,目的在于检查企业除本行以外的临时性融资能力与水平。我们知道,银行与客户建立流动资金借贷关系,是期望建立长期的稳定关系。在此过程中,企业情况会发生变化。随时收回贷款,相当于临时检查,从企业的应变能力判断其是否正常。好的企业,可以通过内部融资解决,有的通过其他银行贷款解决。如果其他银行愿意借贷,说明彼此判断相同。

第七,理论上流动资金贷款能够基本满足周转要求,而实际上资金缺口很大的企业,应该重点关注。是否有财务漏洞或者把一部分流动资金用于规定之外经营活动,如金融投机、房地产或转借牟利。

第二节 固定资产贷款与项目融资

一、固定资产贷款

固定资产贷款是指贷款人向企（事）业法人或国家规定可以作为借款人的其他组织发放的,用于借款人以建设一定项目为依托的固定资产投资的本外币贷款。

固定资产贷款与流动资金贷款相比,有期限长、金额大、用途专一、风险大的特点。按用途,固定资产贷款用于与项目有关的建筑安装、设备购置、引进、自制等,可分为基本建设贷款、技术改造贷款、科技开发贷款、其他固定资产贷款。股本贷款,一般也列入固定资产贷款范畴。股本贷款指在符合规定的情况下,贷款给股东用于项目资本金的贷款。

对于固定资产贷款的规范性法规是2009年银监会的《固定资产贷款管理暂行办法》。根据该办法及授信实践,叙做固定资产贷款时,应该注意下列几个问题。

(1)项目的合法性。固定资产投资项目须经过有权审批机关审批。没有经过批准的项目,不能贷款。

(2)须经过项目评估。

(3)银行对流动资金贷款的审批权限与固定资产贷款的审批权限不同。一般来讲,流动资金贷款的权限要大于固定资产。而且固定资产贷款,需要经过授信委员会的讨论。

(4)贷款的期限设置要科学合理。根据项目的现金流进行分期还款安排。一般金额小的固定资产贷款可以做一次性还款的安排,金额大的则必须做分期还款的安排。理由在于,随着项目效益,逐步收回贷款,相应减少风险。同时能增加贷款的流动性,满足流动性管理要求。采用期末一次性还贷(Balloon Maturity),因为一次性还贷金额大,既增加还贷压力,更有可能为了减轻利息压力用于其他获利活动,到期不能收回。

(5)监控贷款资金使用,确保全部用于工程项目,使之顺利投产。要采用委托支付与自主支付相结合,委托支付为主的方式。比如项目投资方临时性资金需要,短暂借用资金,都是银行要控制的。万一资金不能安全归还,就存在缺口,项目风险增加。

(6)认真检查、审核项目总预算估算是否合理,不能留有缺口。有些项目故意留有投资缺口,边干边筹资,向银行贷款后,银行知道需要追加总投资,为了以前贷款安全,不得不被动追加贷款,这种情况经常发生。如果是因为物价等原因,属于不可预见。如果故意漏列、少列或者低报项目,等于银行一开始就与无信用基础的客户交往,未来的风险可想而知,甚至可能发生倒逼、要挟情形。

(7)贷款所形成的固定资产应该成为本行的抵押品,增加贷款的保障,相应减少风险。我们在固定资产贷款合同中需要订立该内容的条款。贷款期间要随时检查,加以落实。如果发生本行贷款所形成的固定资产成为第三方的抵押品,无论如何属于工作失职。

(8)注意与项目投产后的流动资金贷款衔接。项目建成后,达到预期生产能力,也需要大量流动资金,大部分得依靠银行贷款解决。需要认真测算项目总的贷款水平,与本行的资金供应能力是否适应,做到心中有数,不能被动应付。在流动资金贷款增加的同时,固定资产贷款逐步减少。虽然授信总额没有减少,但是我们知道,长期贷款与短期贷款的风险成数不同,风险资产就相应减少了。

(9)如果是在多行贷款的情况下,应该注意本行的贷款条件至少不能低于他行,主要是在担保人担保能力与抵押品方面。

(10)注意利率敞口风险,最好采用利率浮动,特别是期限过长的贷款。银行依靠存贷利差作为收益来源,若未来存款利息上升,则利差收窄,收益下降。

(11)争取成为客户的财经顾问。财经顾问业务属于投资银行业务,也即真正意义上的中间业务,是银行要大力培育的业务。主要是指利用金融专业知识与同业脉络,为客户的融资做顾问。好处在于既能获得一定费用收益,又能及时、深入掌握客户的财务动态及发展战略,有利于贷后风险监控与进一步的银企合作。

(12)贷后检查。固定资产贷款的贷后检查重点在于检查项目是否按原先设想进行,按时投产,发挥经济效益。检查内容包括工程施工进度、设备订货、到货情况、资金的使用、预算超支、试产情况等。

二、项目融资

(一)项目融资概述

项目融资是指符合以下特征的贷款:

(1)贷款用途通常是用于建造一个或一组大型生产装置、基础设施、房地产项目或其他项目,包括对在建或已建项目的再融资。

(2)借款人通常是为建设、经营该项目或为该项目融资而专门组建的企事业法人,包括主要从事该项目建设、经营或融资的既有企事业法人。

(3)还款资金来源主要依赖该项目产生的销售收入、补贴收入或其他收入,一般不具备其他还款来源。

项目融资又分两种,一是有追诉权融资,即在项目以外对借款人的资产有追索权;二是在项目以外没有追索权,也就是说贷款的风险完全取决于项目本身的成功,即项目融资(Project Finance),对风险控制与制度安排要求更高。国际上大型项目融资大部分采用后者。我国从 1997 年建设唐山电厂开始，陆续引进国际项目融资业务。

项目融资是长期贷款的一种，既有与固定资产贷款相通之处，又包含项目投产后的流动资金贷款，同时又可能是没有另外担保的，也无追索权，故完全依托于项目的成功，对它的管理要求更高。

(二)项目融资的注意事项

项目融资应注意以下几方面：

(1)项目立项。项目立项是项目合法性的基础。与固定资产贷款一样，国内融资项目也必须有有权审批部门的立项审批文件和经过批准的可行性研究报告。采用项目融资的项目一般是基础设施项目，或者是投入产出周期长，但现金流稳定的项目，有时候，该等项目还可能包含有政府的一定范围的补贴或特许权利或存在隐性担保。如果有政府依托内容的项目融资，其合法性是非常重要的。

(2)评估。因为项目融资风险依赖于项目的成功，项目评估的科学、可靠、合理是至关重要的。有时可以依托有专业资格与经验的第三方进行咨询与评估，然后与自己的评估结论进行对比分析，确认项目的可行性。

(3)合约中应规定，项目将来可能形成的全部固定资产，以及可以用于质押的无形资产，和相应的流动资产当然的成为贷款抵押品的一部分。同时要求项目投资人将在该项目的股份进行质押，构筑一道防火墙，防止任何第三方对项目的资产与权益提出主张而影响贷款的安全。

(4)要求项目的相关方签订总承包合同、投保商业保险、建立完工保证金、提供完工担保和履约保函等方式，最大限度降低建设期风险。签订长期供销合同、使用金融衍生工具或者发起人提供资金缺口担保等方式，能有效分散经营期风险。

(5)财经顾问服务。贷款人可以通过为项目提供财务顾问服务，为项目设计综合金融服务方案，组合运用各种融资工具，拓宽项目资金来源渠道，有效分散风险。

(6)资金支付。对于资金的支付，应与固定资产贷款一样严格监督，实行委托支付为主的支付方式，确保资金完全用于该项目。

(7)持续监测项目的建设和经营情况，根据贷款担保、市场环境、宏观经济变动等因素，定期对项目风险进行评价，并建立贷款质量监控制度和风险预警体系。出现可能影响贷款安全情形的，应当及时采取相应措施。

(8)鉴于项目融资期限长、资金量大、无追索权等特点,尽量采用多家银行参与的银团方式,降低风险。

(9)有权控制项目的财务部门,委派有经验的专业人士进入财务部门,掌控项目的财务活动,确保银行的利益。当项目出现意外风险或经营不善时,果断介入,进行企业重组,实施合约规定的权利,债权转股权。必要时可以实行全面接管,保障资产安全。

(10)对高科技的风险投资项目,如果采用项目融资模式的,则要利用旗下的投资银行,采取风险投资的办法来进行。因为风险投资项目的风险不确定性更大,银行只有获得贷款利息以外的更大收益才能弥补可能的风险损失。银行如果只有利息收入,断不肯叙做。只有在能够获得项目成功后的股权转让收入的前提下,银行才会冒此巨大风险。

一般来讲,项目融资局限于特许权的项目、基础设施项目,及有政府隐性担保内容的项目,一般工业项目很少叙做。

第三节　银团贷款

银团贷款(Syndicated Loan),有国际银团贷款与国内银团贷款之分。国内银团贷款按照银监会的《银团贷款管理办法》,国际银团贷款是按照国际惯例实施的。两者基本精神与原则一致,但在程序上,业务重点稍有差别。作者从事过国际银团贷款,这里介绍以国际银团业务为主。

银团贷款历史悠久,针对某一大型项目,参加贷款的银行组成一个银行团,以统一的标准对借款人提供贷款。它不一定局限于固定资产项目,流动资金项目也有。作者曾从事过中国镇江 APP 两年期流动资金 USD 1.3亿美元国际银团项目与山东电信 4 亿美元设备引进国际银团项目。

一、银团项目的特点

银团项目具有以下特点:

(1)贷款金额巨大。国际银团贷款,大的高达 USD 100 亿美元,小的也在上亿美元左右,过于小金额,组织银团没有优势。根据银行风险管理要求,单一项目的贷款不能超过资本金的一定比例,否则风险过于集中。对大型贷款项目,有多家银行共同提供贷款,可以避开这个问题。像南水北调工程,由工商银行牵头,授信额度达人民币 300 亿元。

（2）贷款期限长。大多数是固定资产投资项目,流动资金项目较少,因为时间短,组织银团成本过大,而且立即到期,紧接着又要安排银团,也不符合固定资产项目贷款的一般规律。有些银团项目,期限在几十年。

（3）参加银行众多,可以达到几十家。起主要作用的银行称牵头行（Lead Bank）,其他参与的银行称经理行（Manager Bank）。副牵头行,属于一种荣誉性的安排,因为提供的贷款资金比较大,需要与一般经理行体现出差别。最新的银团出现统筹安排行（Co-Ordinating Bank）的角色,其在银团中的地位高于牵头行。统筹行可以由不止一家来担任。在有统筹安排行的银团结构中,实际上统筹行相当于其他银团贷款中的牵头行。代理行,主要从事账户监控,贷款资金的划拨,本息支付通知与划收、划转等。复杂的项目还有海外代理行、本地代理行等角色。

（4）贷款金额的分配,不是平均,而是由各个银行根据自身的条件、意愿,自主决定。一般有一个最低金额规定,如最低不能低于 USD 200 万,可以多认购,但应该是它的倍数。从风险角度来讲,贷款金额越分散越好,但是银团对牵头行有特别的约定,其必须认购一定金额。因为牵头行在其中除了利息外,比经理行还多了其他利益。同时,对项目的评估、谈判、考察、合同文本缮制等基本上由牵头行进行。牵头行有一定比例以上的贷款在内,若项目失败它也有很大的损失,因此很大程度上保证了它认真地从事风险评估与利益保障谈判。担任副牵头行的只是辅助性工作,主要是它认购的份额比较大。一般在邀请书中会规定,牵头行与副牵头行的最低认购金额。同时,银团参加的银行有大有小,分别来自不同的国家,不同的注册地。

（5）贷款条件和贷款文本是统一的,即不是各个银行分别与借款人签署授信协议,而是以银团的名义作为单一贷款人,集体与借款人签署协议。所有银团参加行的贷款条件是一致的。当然在合同文件中的贷款人项下会有各银行的位置,由各行授权人员分别签章。因为银团不是一个常设机构,而是一个临时性组合,没有办法代替各银行履行签约的权利。下一个银团贷款项目,构成的银行又不同。提供贷款时,各银行按约定将款项划入代理行指定账户,由该账户转入借款人的贷款账户,完成提款任务。本息收取也是一样,代理行从借款人处收取当期应收本息,然后,按份额分配给各自银行。代理行一般是牵头行或由其关联银行担任。

(6)与一般贷款不同,除收取利息外,还收取各种费用。中国法律规定银行贷款除收取利息以外,不得向借款人收取任何其他费用。但是在《银团贷款管理办法》中是允许收取利息以外的费用的。银团贷款的费用,主要有管理费、承担费、杂费等。管理费,是按授信总额一次性收取的,一般为1%,也有更高的。有时候,借款人是公众公司,借款利息属于必须披露的资料,为了不让公众产生信用下降的印象,愿意多支付管理费,使合同利率降下来。但是管理费在银团内部的分配不是统一的,它按提供贷款的金额设置收取费用等级,比如 USD 200 万为 0.8%,USD 200 万～500 万为0.85%,USD 500 万～800 万为 0.9%,USD 800 万～1,000 万为 0.95%,USD 1,000 万元以上为 1%,多余的部分管理费由牵头行、副牵头行分享,所以牵头行有较大的利益。承担费,是指银团向借款人收取的,按合同约定应该使用而没有或者迟延使用金额部分的费用,一般是未使用金额部分按年率 1%计算,相当于利息损失补偿。杂费,也是按一定比例收取,一般为1%～3%,金额越大费率越低,主要用于律师费、考察调研费、评估费、银团会议费、车马费等支出。

(7)涉及机构众多。涉及除银行外的许多其他机构,如律师事务所、审计事务所、资产评估事务所、物流管理公司、资产管理公司等。有时候,因法律关系复杂,还需聘请本地律师顾问、海外律师顾问。杂费就是用于该项支出。银行本身有常年法律顾问,一般牵头行会比较倾向于聘请熟悉的律师事务所担任银团法律顾问。

(8)银团贷款合同所使用的法律不一样。国际银团的合同与国内银团合同主要有两点不同:一是使用法律不同;二是合同文字规定不同。参加银团的银行来自很多不同国家,彼此法律体系、法律关系、法律规定不同,存在一个法律适用性问题。一般以英美法系国家和地区法律作为合同的管辖法律。所以,银团里律师的作用很大——既要满足银团中各银行的法律咨询,还要从事合同文本的起草,要保证合同中不出现法律漏洞。文字规定,是为了避免不同语言的不同理解而产生的歧义,以免引起不必要的争议。合同里规定有多种文字的,规定以某一种语言如英文作为主要语言,以英文解释为主,防止将来的争议。

(9)利率。银团贷款的利率,一般采用浮动利率,使用固定利率的很少。因为期限长,实行固定利率就会存在利率风险。大多数以六个月LIBOR+1%～1.5%为主,少部分有+2%,甚至+3%的,依借款人的风险程度而定。

(10)税费。银团贷款涉及不同国家与地区,存在利息的跨国支付问题。大多数国家制定有汇出利息所得税,税率各不相同。那些离岸金融中心,如巴哈马、维尔京群岛等,之所以吸引众多银行,是因为它们没有汇出利息所得税。银团项目中一般规定,贷款利息是银行的净收益,诸如汇出利息所得税等应缴税费均由借款人承担。

(11)告慰信(Comfort Letter)。在银团贷款中,还有一种称为告慰信的书面文件。告慰信一般是指政府或某个国际著名的大跨国公司因其子公司向银行借款,而向借款方出具的对其下属机构或子公司借款表示支持并愿意为还款提供适当帮助的意愿的信函。告慰信一般不涉及财务上的责任,纯粹是一种对借款人的宽慰。例如,告慰信中有这样的内容:"本公司在借款人借款期间并不会减少在借款人处的股份,并善尽督促借款人的义务。"

(12)票据。有时候,借款人在签署贷款合同的同时,向银团出具一份到期日与贷款合同到期日一致的票据予银团。我国的《票据法》规定企业不得出具融资性票据,英美法系是允许的。出具票据的好处在于一旦借款人逾期,银团可以立即提示票据,要求对方赎回票据。票据受《票据法》管辖,贷款受《合同法》管辖。在《票据法》中,出票人承担无条件支付的责任,失去抗辩权,而贷款则可以抗辩,相比之下对银团的保障更好。

二、银团贷款的程序

因为银团贷款金额大、期限长、银行多,其经历的程序也更复杂。一般银团贷款要经历以下几个步骤:

(1)项目承办人提出项目及项目条件。

(2)寻找一家有影响的投资银行作为自己的融资顾问,提出融资条件。

(3)由融资顾问帮助向几家银行提出融资要求,初步接触,同时进行融资条件比较。

(4)有兴趣的银行提出组建银团可能性。

(5)谈判,达成初步意向,提出一般条件,但银行对银团组成失败不承担责任。

(6)主办行进行项目评估,向各银行广发邀请函。同时,附有一个简单的项目及银团情况的介绍。

（7）有意向的银行向主办行索取有关项目的更详细资料，不过此时需签署一份保密协议，不能将项目资料向社会公开或扩散。

（8）回复主办行，提出初步意向，及愿意承担的额度。但是此时不需要承担贷款的义务。

（9）与借款人商谈具体条件，签署银团组建协议。

（10）主办行出具认真的项目评估报告，同时组织项目答疑，回答各意向银行的各种问题。

（11）确定银团的法律顾问，满足各银行的法律咨询。

（12）各银行确认贷款份额。

（13）起草银团贷款合同、抵押或保证合同。

（14）签约，同时借款人出具到期票据。

（15）贷款。各银行按合同规定将自己应该提供的贷款金额划入指定的银行账户。

（16）提款。借款人按合同规定将本期贷款划入借款人的账户，开始收息。

（17）收取管理费。各银行按约定收取银团贷款管理费。

（18）还本收息。还本收息由代理行负责。

银团失败，指银团贷款达不到原先的计划，只有很少银行有兴趣参与该项目，而使贷款金额远远少于预计水平。银团组织失败也是经常的事。一般主办行在与借款人签订银团贷款组建意向时，对银团失败责任会做明确的划分与约定。

第四节　外汇贷款

对于外汇的相关知识，国际金融、国际结算课程里有部分介绍，但是对于外汇贷款业务方面知识就显得不够了。随着银行的国际化，外汇许可银行制度逐渐放宽，基本上所有中等以上银行都开展了本币外币业务，外汇贷款必然也是普遍性的业务。外汇贷款因为涉及不同的货币体系，与本币贷款相比也体现出不同的特点，尤其在中国，外汇业务必须在《外汇管理条例》框架下进行。根据有关规定，外汇贷款属于资本项目，而国际结算项目下的贸易融资属于经常项目。

一、外汇的特点

外汇,指具有对外清偿能力的能够自由兑换的外国货币,一般我们认定的是美元、欧元、日元、英镑、加元、瑞士法郎等有影响的、在国际上普遍接受的货币。有些外国货币也能自由兑换,也可以视为外汇,但使用不多。

外汇涉及两种或以上不同的货币,就有汇率的概念。汇率是整个外汇知识的基础,也是外汇业务把握的重点之一。许多外汇衍生品交易工具,就是以汇率为交易标的的。

汇率的标示方法有两种,一是直接标价法,一是间接标价法,两者互为倒数,不能混淆概念。大多数国家使用直接标价法,但英美等国使用间接标价法。直接标价法就是以单位外币等值若干本币标示法,如 USD 1＝CNY 6.3;间接标价法相反,就是一单位本币等值若干外币的标示方法,如 CNY 1＝USD 1.5873。我国财务核算基准货币是人民币,发生外汇业务,其成本、利润核算均要使用汇率进行计算。

外汇必须借助于银行进行兑换,又有银行的因素加入进去,因此不同的内容,使用不同的汇率。我们平时所用于经济研究、统计、宏观经济评估的汇率,一般使用官方汇率。官方汇率是那些对汇率进行控制的国家才有的。我国实行的是以市场为基础的有管理的浮动汇率,汇率的决定权属于国家有权部门,即中央银行,实际从事外汇管理的是央行直属的国家外汇管理局。在西方国家,实行完全的市场汇率,没有所谓的官方汇率要求银行一体执行。在实际的银行外汇交易中,官方汇率只是一个基准汇率,银行以此为基础,根据自己的情况可以确定自己的汇率标准。外汇交易无非是买入卖出两种情形,银行需要规定买入价与卖出价,其中的差价就是银行的业务收入。买入价,客户将外汇卖给银行,一定低于卖出价。我国规定商业银行可以在官方汇率基础上浮动 2.5‰,卖出价加 2.5‰,买入价减2.5‰。另一种现钞价,是现钞交易的汇率,银行成本更高,汇率也更低。企业从银行得到的外汇是以买入汇率计算,而企业还贷或者购买外汇要以卖出价计算。

由于固定汇率不利于及时反映经济结构变化和资源的有效配置,大多数国家实行浮动汇率。我国实行有管理的浮动汇率,其汇率确定的基础仍是市场交易价格,而市场交易价格每天不同,甚至一日之内的不同时段的交易价格也不同。汇率是浮动的,就存在一个不确定性,即将来某时期的汇率可能大于或小于即期汇率。如果汇率下降,拥有外汇资产的,就能够得到更多的本币,而负有外汇债务的客户,就要多支出本币,发生损失,专业上称汇兑损益。因此,对于汇率的预测是客户经理必须掌握和了解的基本知识与技能。

远期汇率指将来某一天的汇率,对应即期汇率。它只能是一种预测。所以市场上存在一个对未来汇率预测为基础的交易工具,即外汇远期。外汇远期,并不代表该日的真实汇率,该日的即期汇率与一定时期前的一定期限外汇远期汇率绝大多数时候是不一致的。外汇远期的主要功能是套期保值与投机交易。我们知道,在浮动汇率下,客户的外汇资产与外汇负债之间的差额称之为敞口头寸,或风险暴露,通过外汇远期交易,建立一个资产或负债的反方向头寸来避免风险。而投机交易,就是期望通过远期汇率的上升或下降来获取利益,属于完全的暴露风险。外汇期货、期权,及其他外汇衍生品交易皆类此。人民币远期、期权,国内已经有交易平台。香港、新加坡也有不交割人民币远期业务(FIN)。

影响汇率变动的因素很多,一般的教材里都会谈到,如国际收支、通货膨胀、财政赤字等。我们当然不能准确预测汇率的变动,但是汇率变动的趋势也是有一定规律的。作为优秀的客户经理,应该具备这方面的知识,对有外汇业务的客户提供咨询,提出建议,避免风险。现实中,国际关系对汇率的影响更大。其实国际关系也是与国际贸易、国际收支有关,如近年的中美关系与人民币汇率。人民币一直处于升值阶段,估计未来一定阶段也是升值势头。汇率是不同货币的价格,本来是属于贸易、经济问题,但货币有关主权,于是上升到国际政治高度。在人民币升值的情况下,就应该给客户一个更好的建议,所有的外汇收入,应立即兑换为人民币,所有的对外支付,使用银行的外汇贷款,甚至将银行已有的人民币贷款置换为外汇贷款,这样负债到期时就能支付更少的本币。而出口则要尽快收汇,卖给银行,进口付汇尽量拖延,最好使用远期付汇方式。

二、我国的外汇管理

我国实行经常项目自由兑换、资本项目严格控制的外汇管理制度。由国家外汇管理局(以下简称"外管局")及其分支机构从事外汇管理。

经常项目自由兑换,指正常的外贸进出口业务的外汇买卖不必经过外汇管理局核批,直接在银行柜台上进行交易。客户只要能够证明该交易是合法、真实的,银行就可以直接买卖外汇给客户。当然,客户去银行需要提交一些单证资料,如进出口核销单等,只是用于证明该业务的真实合法性,不影响人民币自由兑换的性质。同时不再实行强制结汇,客户出口收汇可以保留在自己的外汇账户上,不必强行卖给银行。

资本项目的外汇管理,不同于经常项目,主要是因为资本项目有它的特殊性。根据《外汇管理条例》,我国资本项目外汇管理的主要内容有以下几方面:

(1)境外(实际指关税区外)机构和个人在国内从事直接投资(Foreign Direct Investment,FDI),投资项目需经过主管部门,一般是商务部及地方商务局主管审批,批准后,向外汇管理局进行登记。投资企业成立后,开设外汇账户须经外管局批准,一般允许开设一个美元账户、一个其他货币的账户。如果从事的是有价证券、衍生品等金融投资,需要经过准入审批,并进行登记、备案。最新的规定是允许外商直接以人民币进行投资。

(2)境内机构、个人向境外从事直接投资或金融投资、交易,需要向外管局进行登记。国家规定须事先进行审批的对外投资事项,应当在登记前先行申报审批。事实上,我国的对外投资大部分均需要事先审批,目的在于控制资本流出,尤其是热钱。具体的对外投资的审查审批核准过程与手续是相当复杂的,涉及国内很多经济管理部门。

(3)对于外债管理,国家实行规模管理。所谓规模管理,就是设定每年每地区的借用外债的指标。外债有不同口径,原则上贸易信贷,即对进口品的远期付汇,属于外债,一般不再登记备案。这里外债主要是金融借贷。一个地区,在国家核定的指标内举借外债,由地方批准,超过金额的报国家外管局、发改委、证监委、商务部等相关部门批准。经过批准以后,进行外债登记。全国的外债情况,由外管局统计并定期向社会公布。

(4)对外担保,也是一种或有负债,如果不加以控制,就会给资本外逃提供通道。比如向海外银行借入一笔钱,由国内公司担保,到期后故意违约,承担担保责任,向外付款,外汇就流出境外了。对外担保也需要经过外管局审批。而且根据资产负债情况,如果申请人所从事的行业需要有关部门审批的,申请前应该向批准机关办理审批后再报外管局审批。签订担保合同后,应当到外管局办理对外担保登记。

(5)国内注册银行从事国内外汇贷款不再视作外债,但从境外银行,包括在境内的分支行的外汇借款,仍作为外债管理。

（6）国内银行在经过批准的范围内，可以直接向境外的公司或个人提供贷款，就是通常所说的离岸业务。我国的离岸业务大多集中于总行一级，分支行只是起联络作用。其他非银行金融机构或公司从事境外贷款业务，需要向外管局提出申请，根据资产负债情况作出审批。同时，提供境外贷款的，也需要向外管局进行对外债权登记。

（7）资本项目下的外汇收入，保留外汇，或者卖给银行，应经过外管局批准。

（8）资本项目下的外汇支出，应当按照外汇管理局规定，凭有效单证以自有外汇，或向银行买汇支付。国家规定应该经外管局批准买汇的，对外支付前须经外管局批准。

（9）资本项目的外汇及结汇人民币资金，须按照原来批准用途使用，外管局有权对此进行检查监督，并对违反规定使用外汇或人民币资金的情况作出处罚决定。

（10）对于从事外汇业务的银行，国家实行综合头寸管理。所谓综合头寸管理，就是不再对某笔具体的业务所需要的外汇进行批准或登记，而是核定一个外汇头寸，允许该银行保留核定头寸内的外汇，超过部分，须卖出或卖给央行。

（11）我国实行国际收支申报制度，就是企业或个人将收入的外汇向外管局申报外汇收支情况，便于进行国际收支统计。具体是在业务发生一个月内，将外汇收支申报单填具后报外管局，个人的外汇收支一般由银行帮助填报。

三、外汇贷款的特点

外汇贷款也分流动资金贷款与固定资产贷款，由于货币不同，体现了一定程度上与人民币贷款不同的特点。

（一）利率

人民币贷款利率由人民银行决定。人行公布一个基准贷款利率，由各行根据本行的特点，及贷款人信用度，确定浮动范围。基本上以固定利率为主。外汇贷款则不同，短期贷款比较多使用固定利率，中长期贷款均使用浮动利率，目的在于避免利率风险。如果对一笔长期贷款设定固定利率，将来市场利率上升了，也就是它的筹资成本或者机会成本增加了，相对利润就下降。在国内授信实践里，长期外汇贷款使用固定利率的比较多，但是国际上外汇贷款使用固定利率的少之又少。因为利率的变动是一个不确定因素,如果预测判断与市场结果相反,就要承担损失。当然也有些银行为了竞争需要,采用固定利率,不过银行一定会利用市场交易工具在利率市场上同时进行套期保值,来封闭风险。

一般国际性银行在国内市场上使用的贷款利率报价是 P＋。P 是 Prime Rate,即最优惠贷款利率,尤其在美国银行中使用普遍。它是给予信用最优良的企业的贷款利率标准。对于信用相对较差的企业,贷款利率就要在此基础上加成。P 是美国利率结构中的关键利率之一,一般是由银行筹资成本加一定的利差确定。如花旗银行,采用银行持股公司商业本票利率加 1.25％ 确定最优惠贷款利率。但是在国际信贷中,普遍使用 LIBOR＋,LIBOR 含义指伦敦银行间同业拆借利率,是国际信贷的普遍认可的利率标准。我国的外汇贷款利率,有的银行开始直接采用 LIBOR＋模式,有些银行如中国银行,采用直接标注利率水平的方法,但其所标识的利率水准也是以 LIBOR＋成为基础的。

从贷款行角度来看,它的真实外汇筹资成本可能很低,但 LIBOR 是它的机会成本,贷款利率当然要高于 LIBOR。它若有多余资金,根本不必放贷,只需拆放给其他银行就有 LIBOR 的收益。企业的信用一般不会高于银行。反过来讲,银行贷款的外汇资金假定全部来自同业拆借,它也需要支付给借出方 LIBOR,那么只有贷款利率在 LIBOR＋水平上才有利可图。加成幅度看借款人信用度,或 0.5 或 1.0 或 1.5 或 2.0,信用越差加成越大。

LIBOR 是浮动利率。LIBOR 以前由在伦敦市场有报价权的任何三家及以上银行的报价的平均值确定,现在基本上习惯采用路透社公布的 LI-BOR 利率(Screen Rate)。LIBOR 有一天、七天、十五天、一个月、三个月、六个月、一年等不同标准。外汇贷款中比较多使用三个月 LIBOR 标准,因为国际惯例是一致的,三个月结算一次利息。三个月 LIBOR,便于计算利息。三个月 LIBOR 的含义是,使用贷款前一天的市场上的三个月 LIBOR 为贷款的基准利率,在此三个月内,利率均是统一标准,但从第四个月的第一天起,要使用前一天的三个月 LIBOR 市场利率标准,以此类推。这样做的好处在于能够回避利率风险,即使市场利率下降,也有一定的利差保证,若市场利率上升,也不会发生利率损失。

（二）转账

外汇是他国的货币，也就不存在中央银行清算体系。我国的人民银行是从事人民币管理的中央银行，对于外汇资金的转账汇划，是无能为力的。若是人民币资金，银行没有放贷出去，可以把资金存放在人民银行账户中，或者拆放给其他银行来取利，但是商业银行的外汇资金你没有办法存放到人民银行账户中，除非你卖给央行。鉴于此，国内目前基本上因为历史原因及业务能力，把中国银行作为国内外汇中心结算行，就是用各银行在中国银行开设外汇结算账户的办法，将自己的外汇资金存放在中行，若要使用外汇，向中国银行提取或转账支付。当然它在国外银行（如花旗银行、美国银行等）也同时开具有外汇账户，国外的支付就从在国外银行的账户中转账或支取。如果银行账上的外汇头寸不足，它有两种方法，向国外银行借款或国内银行拆借，或者用人民币在国家外汇交易中心购买外汇。需要明白的是，一家银行账面吸收的外汇存款与它实际拥有的外汇头寸不一定吻合，那是银行资金流动性管理问题。

（三）外汇贷款的使用

对外汇贷款的借款人是有一定选择的。原则上是有外汇使用的需要的客户才能借用外汇贷款，但是实际上可以放宽到有外汇收入的客户也可。比如，某客户有三个月远期出口信用证，需要国内收购资金，那么借用外汇贷款是有充足理由的，因为它可以使用三个月后的外汇收入还贷，相当于提前将外汇收入结汇，这对目前本币升值情况下的外贸企业非常重要。如果在本币贬值趋势下，客户有未来的外汇资产，就要尽可能减少外汇债务，增加人民币债务。

（四）汇率风险

国内外汇贷款没有承担费，但在借贷合同签订到实际归还外汇贷款时，汇率会发生变化，这时候，客户经理作为专业人士所提供的专业咨询很重要，要运用专业知识，分析汇率变动情况，通过各种避险工具，尽可能减少汇率风险。反过来一样，客户减少风险等于保持了还贷能力。相对于银行，客户在外汇方面的专业知识不足，资讯不够，判断力不强，时节点把握性差。

（五）外汇贷款用于进口成套设备的，银行应该参与设备谈判与考察

好处是对设备引进情况有所了解，不致对项目浑然不觉，通过考察对

产品生产过程、品质保证等有了解。同时,银行参与谈判,一般能够增加出口商的信心,因为支付能力上有银行做后盾,价格上会有一定优惠。

第五节　贸易融资

在国际结算等相关课程里,对贸易融资等内容应该已经有所介绍,这里主要讨论业务过程中要注意的问题。

一、信用证

信用证业务在国际贸易中广泛使用。有授信开证额度的,在额度内申请对外开证;没有授信额度的,一般需要提供一定比例的保证金(如20%或30%),视情况与企业谈妥条件再开证;另外存在风险缺口的部分,也需要提供银行认可的担保。小额的即期信用证,企业愿意提供较高比例保证金,至少能够做到赎单,风险比较好控制。远期信用证业务,通过单到承兑方式交客户提货,客户销售后,对外支付货款。但可能发生交易亏损,或者货物没有及时卖出,甚至货款已被客户移作他用,一时无款支付,而致银行垫付的情形。

叙做信用证业务时要注意:

(1)客户是否做过该商品进口业务。以前没有做过,进口金额又大的,必须小心,因为它的渠道不是很畅通,行情的了解和信息掌握可能不完整,进口价格可能比较高,质量保证程度也不高。到港后,要花费时间、精力销售货物,业务利润不大,或者商品滞销,会影响及时对外付款。

(2)大宗商品进口的对方客户资信了解也很重要。对方资信不清楚,很有可能利用信用证诈骗。或者对方根本无履约能力,只是第三、第四手,利用开立信用证才向下家订货,很有可能最后无法履约,白白损失银行费用和商业季节。倘有不熟悉客户,提醒客户可以利用邓白氏(Dun & Bradstreet)等征信公司了解对方信用与能力。

(3)识别融资信用证。新《刑法》规定,融资信用证属于金融诈骗罪。因为信用证有延迟付款的功能,就使得一些有不良企图的客户,利用信用证的这一特点,以进口货物的名义,实际作为融资工具来使用,到期不能支付,造成银行损失。

（4）防止有些公司自己的开证授信额度让渡或承包给第三人使用。在外贸代理制下，有些人利用外贸公司开证额度，大量、连续、循环地开具进口信用证，一旦资金链衔接不上，就会影响外贸公司与银行。

（5）防止担保人是关联公司。关联公司互保是在实践中需要严加控制的现象。一家公司出现财务问题，往往关联公司也出现问题，关联公司之间互保，并不能减少风险。

（6）紧密跟踪货物销售情况，经常性检查进口货物的销售进度，货物发生销售，一定要求货款至少大部分归入银行，用于信用证备付。

（7）出现进口货物赊销、寄售情形的，一定要引起警觉，要考察对方的资信。对方若不把货款及时给进口商，银行就要发生对外垫款支付。

（8）若发生进口信用证垫款情形，没有信托提货或贷款额度，应该立即将之列入不良资产，加强催收管理。

（9）信用证承兑赎单时，应由进口商同时签署一份接受信托协议。意即该进口商品货权归属于银行，进口商只是受银行委托代为销售该进口商品，所得销售货款必须先行缴存银行，直到足够支付进口货款为止。目的在于防止资金被用于其他业务，一时又周转不灵，发生银行被动垫付。

二、信托提单

信托提单，国内又称进口押汇，与信用证业务有关联，属于信用证主动垫款。信用证开具后，因为生产或销售周期关系，银行在统一授信额度内予以垫款，进口商受银行委托销售进口商品，所得货款首先用于归还垫款。从法律上讲，信托提单业务中的进口商品所有权属于银行，进口商只是代理银行销售该进口商品，相当于财产信托关系。

在信托提单业务中应注意：

（1）货物到港提货时，进口商应该签妥信托文件，确认银行拥有该进口商品的货权，进口商只是作为一个信托人销售该商品。

（2）同意做信托提单的进口商品，应是生产所用的原材料，大宗商品，或者是经常销售的，有固定销售渠道、稳定客户，市场相对紧俏的商品，没有保质期要求、不易损坏。

（3）进口开证额度与信托提单额度相互转换。开证发生在前，信托提单发生在后，两者是相互循环的关系。开具信用证，占用信用证额度，对外支付信用证项下款项，使用信托提单的额度，信用证额度清空，信托提单的额度增加了。销售以后,资金回笼,继续开证。若信用证额度已经使用完毕,而信托提单额度尚有余,或者信用证额度尚有余而信托提单额度不足,两者额度不能互相交换使用。

(4)进口货物进仓,须以银行的名义,发生销售提货,由银行签署提货通知予以放行。原则上,收到货款才能放行。若未收款即放行,对方不能按期支付货款时,银行在失去对货权的控制情况下对外付款,风险增加。同时要办理货物的相关保险,保险费对方支付。

(5)销售货款必须进入银行指定的账户,虽然对外支付期未到,不经过银行允许也不能动用,专款专用。

(6)加强对仓储物的监管,时常检查有否变质、短少,核对储存数量,防止仓储业主与进口商串通,变卖货物。

三、出口押汇

出口押汇,在我国内地是指出口单据买卖的方式融资。在香港,其概念与内地不同。内地的出口押汇相当于香港的议付。

(1)注意有追索权与无追索权。一般国内使用有追索权方式叙做出口押汇。若无追索权,就存在信用证被拒付的风险,银行风险太大,收益太小,不如叙做保理业务更合适。

(2)注意信用证有没有单据瑕疵,有瑕疵的单据风险太大一般不能叙做,除非有足够的担保。对远期信用证,有明确承兑后方可叙做押汇。

(3)D/A、D/P押汇。D/A、D/P业务风险比信用证大,有时候因为业务竞争关系,也要求叙做出口押汇,一定要注意进口商是否为出口老客户,并考察以前的付款信用情况。同时出口商也须是本行老客户,或至少是对客户比较了解。D/P、D/A押汇业务,须是有追索权的,并要求提供相应的担保。

(4)如果客户在本行有其他贷款,应要求押汇款项用于归还贷款。

(5)一家客户D/P、D/A的押汇余额不能太大。D/P、D/A押汇毕竟风险较大,难于控制,完全凭对方进口商的信用。即使有相应担保,出口商收不回货款,其整个生产经营必大受影响,押汇部分虽然最后收回了,但其他授信资产可能因此处于不安全状态。

(6)国家风险。国际贸易中,国家风险是一个客观存在的事物,既包括政治风险、战争风险,又包括政策风险、外汇风险等风险因素。对于政治不稳定、经济严重衰退的国家和地区，即使有银行信用，也要考虑可能的风险。

（7）退货风险。出口货物遭退回，是经常发生的。退回的货物，需要重新寻找客户，需要时间，而且一般对方会提出降价的要求。即使运回国内处理，已经发生了两笔运费，成本增加，处理也需要一定时间。作者曾遇见一家进出口公司，以香港南洋商业银行开具的出口信用证为基础，出口USD 14万货物运至汉堡，在银行叙做了出口押汇后，遭开证行以微小单证瑕疵为理由拒付。无奈出口商将开证行诉至国内法院。最后双方以货物降价达成和解，期间拖延时间达一年之久，牵扯了银行与出口商大量精力。

四、打包贷款

打包是一个沿用的名词，指出口商收到出口信用证后，为准备出口商品的生产、采购、及时发运需要相应的资金，而以该信用证权利为质押物，向银行申请贷款，以完成出口业务，因其业务以最后打包发运，获得运输提单为止，故名打包。信用证是一个有条件的支付命令，它的权利是不确定的，所以存在被拒付的风险，银行需要有一定的程序与办法进行管理。

（1）担保人。叙做打包贷款，不能仅凭信用证本身质押，也是需要提供第三方担保的。若没有提供第三方相应担保，某种情况下，如被拒付、失效等，等于是信用放款了。不过从授信实践来讲，打包贷款风险远远小于信用放款，银行也乐于叙做，因为信用证出现问题总是个案。实行担保也正是为了防范这些个案发生的情形。

（2）信用证质量，包括开证行与信用证条款。信用证中千万不能有软条款，可能是陷阱；也不能存在瑕疵，有瑕疵的信用证，可能成为对方拒付的理由。软条款的存在使信用证的质量受到极大影响，或者对方利用软条款实行欺诈，如新昌案例，也可能在出现不利于进口商时被用来拒付或减价，总之都对银行不利。叙做时，要征询国际结算部门的专业意见，是否符合要求。

（3）缮制单据一定小心无差错，银行要进行仔细的专业审核。单据合格是信用证有效的基础，不合格单据，哪怕有细微瑕疵的单据，也可能影响到货款回收。一般外贸结算单据由外贸公司自己专业人员缮制，毕竟在专业上银行的国际结算人员比之更专业、更精深，也更全面了解。虽然外贸公司的单据最后要经过银行的审核，但是银行审单也有仔细与谁人审单的问题,经验不太丰富的员工,审单质量可能要差一些,一些细微的瑕疵可能看不出来,或者疏忽了。如曾有某公司收到香港一家有实力的银行开具的USD 14 万即期出口信用证,即在国内银行做了打包贷款,香港银行尚是国内银行的全资银行,货物发运汉堡港后,公司缮制了单据向开证行收款,遭对方以单证不符为由拒付,多次交涉无果。最后,公司向国内法院提起诉讼。历时一年,最后降价和解。牵扯了银行、公司大量的精力。其实只是单据的细微瑕疵,银行审单时疏忽了。货运提单上的抬头(预印)列有三家公司名称,而签字落款处只有实际承运人一家。对方的理由是,三家承运人,只有一家签字,所以单证不符。若审单仔细且有经验,本可避免。

(4)国内信用证。现在,国内信用证作为融资工具开始流行。国内信用证与国际贸易信用证一样用于贸易结算,也可以叙做押汇或打包。

(5)对于出口生产性企业,利用出口信用证叙做打包贷款,同时应该扣减其他贷款额度,使总授信额度不致突破。若是因订单增加而需要新增加的流动资金贷款,则银行应重新考虑给予新的授信额度。

(6)打包贷款对银行的吸引力在于,出口结算业务也因此可以扩大,一般要求与出口押汇业务一起做,押汇所得用于归还打包贷款,两者相当于前后顺序,银行总体风险没有增加。

(7)对于叙做打包贷款的,一般是比较熟悉的老客户,新客户很少叙做。原因在于对新客户的出口情况、国际结算及进口商信用等不太了解,需要进过一定时间的熟悉和了解,防止其打包贷款后,不能正常履约出口合同或者对方有意设局欺诈。

(8)叙做打包贷款,以信用证金额的 70% 为宜,贷款期限为信用证到期日。因为贷款资金只是用于满足国内采购与生产所需。

(9)打包贷款合同条款中必须增设信用证失效,或者因各种原因导致信用证权益无法实现的情形,银行可以采取相应措施的内容。

五、买方信贷与卖方信贷

买方信贷与卖方信贷业务,一般是资本货品所买卖使用的一种融资方式。买方信贷,指借款人是进口买方的信贷形式,一般用于进口资本品,以前它与政府信贷、混合信贷一起称为"三贷"。因为有优惠在内,包括援助成分赠予成分。现在我国经济发展,国力增长,政府信贷部分基本没有新办的,买方信贷还有存在,主要用于机器设备等大金额的进口项目,属于国际信贷。

卖方信贷也是用于资本品进出口贸易融资,但借款人是外国进口商。一般用于本国资本品出口,在国内,进出口银行该项业务比较多,商业银行较少,除非有政府补贴。卖方信贷也属于国际贷款。

(1)用于成套设备商品等资本品出口,以此鼓励本国资本品输出。无论买方卖方都得到融资。买方信贷中买方作为借款人,获得外国银行的贷款,贷款用于支付进口设备或劳务的货款,卖方得到货款,完成交易。一般期限比较长,利率相对商业贷款低。卖方信贷正好相反,贷款人是国外进口商,国外进口商通过向国内银行的卖方信贷融资,获得贷款用于支付国内出口商的货款,有利于国内出口商实行正常的资金周转。一般情况下,国内出口商的生产流动资金可以申请机电产品出口中长期贷款,卖方信贷后,所得款项即可用于归还该贷款。

(2)在买方信贷里,国内银行属于转贷行。即贷款银行的对象虽然是国内进口商,因为风险考量,不直接贷款给它,而是先贷款给国内某一银行,由国内银行以相同条件再转贷给进口商。卖方信贷也是一样,通过进口商当地的协议银行转贷给进口商。一般由政策性银行或指定银行叙做。这需要两国银行之间签署合作协议,同时确定贷款额度。一般它与外交上的国际合作与国际援助结合在一起,是在政府外交协议的框架下进行的。像美国也有进出口银行,专门从事卖方信贷业务。

(3)作为转贷行,在买方信贷里,银行承担了直接对外付款的责任,再向借款人索取。若借款人不能按时还贷,就转成本银行的贷款。所以在叙做买方信贷时,要求像对项目贷款一样的程序与规定进行管理。而卖方信贷,因为贷款人是对方的协议银行,情况就相比之下要简单得多。

(4)保险。贷款同时,需要进行出口保险,一般保险费为贷款金额的1%。出口信贷保险公司也是一种政策性金融机构,它不是对买卖交易进行保险,而是对贷款风险进行保险。我国的出口信用保险公司类似承担出口卖方信贷保险。

(5)因为买方信贷、卖方信贷,是与机器设备进出口合同结合在一起的,银行需要一开始就参与设备进口的谈判,既能提供金融咨询,又可以了解项目的进行过程。一般来讲,在买方信贷中,开始谈判时是不应该透露可能采取买方信贷融资模式的,否则会增加谈判难度。待基本确定机器设备价格,签署备忘录或意向书后,再提出采用卖方信贷,同时要求出口商向对方国家银行申请买方信贷。

（6）买方信贷不是随时申请、随时批准的，而是在向国内银行了解是否有额度的基础上，先向国内银行提出申请，国内银行将项目汇总后，定期将一批项目交对方银行审核。因为事先国外出口商已经与银行做了沟通，就比较容易获得通过。

（7）买方信贷贷款是直接作为货款由贷款银行交付给出口商的。一般贷款期限比较长，对进口商相当于实现了分期付款，以后每期（一般六个月）归还贷款。

（8）买方信贷的贷款额度以设备合同为限，一般不提供现金贷款，主要用于鼓励本国产品的出口。因为跨国公司国际化因素，也有第三国采购的可能。对第三国成分，最多不超过合同总价的15%。

六、保函

担保保函银行应客户要求出具的担保文件，属于或有债务。有履约保函、投标保函、融资保函等形式，可以是单独的担保书，也可能是担保合同，还有备用信用证形式的保函，形式上采用信用证，实质上是一份借款担保书。

在国际贸易中，跟单信用证为买方向卖方提供了银行信用作为付款保证，但不适用于需要为卖方向买方作担保的场合，也不适用于国际经济合作中货物买卖以外的其他各种交易方式。然而在国际经济交易中，合同当事人为了维护自己的经济利益，往往需要对可能发生的风险采取相应的保障措施，银行保函和备用信用证，就是以银行信用的形式所提供的保障措施。

（一）银行保函

银行保函（Banker's Letter of Guarantee, L/G）是指银行应委托人的申请而开立的有担保性质的书面承诺文件，一旦委托人未按其与受益人签订的合同的约定偿还债务或履行约定义务时，由银行履行担保责任。它有以下两个特点：

（1）保函依据商务合同开出，但又不依附于商务合同，具有独立法律效力。当受益人在保函项下合理索赔时，担保行就必须承担付款责任，而不论委托人是否同意付款，也不管合同履行的实际情况，即保函是独立的承诺并且基本上是单证化的交易业务。

（2）银行信用作为保证，易于为合同双方接受。

国际担保业务中银行使用的绝大多数为见索即付保函，见索即付保函一经开立，银行将成为第一付款人，承担很大的风险。因此，为降低风险，银行在开立见索即付保函时应注意以下问题：

保函应将赔付条件具体化，应有具体担保金额、受益人、委托人、保函有效期限等；

银行应要求委托人提供相应的反担保或提供一定数量的保证金，银行在保证金的额度内出具保函；

银行向境外受益人出具保函，属对外担保，还必须注意诸如报经外汇管理局批准等对外担保的法律规定；

银行开立保函，还应该对基础合同的真实性进行认真审核，以防诈骗。

国内的银行做国内业务时大多采用的是从属性保函。从属性保函是担保人在保函中对受益人的索赔及对该索赔的受理设置了若干条件的限制，保留有一定的抗辩权利，只有在一定的条件得到满足之后，担保银行才予以受理、付款。因此，在从属性保函中，除需要注意以上四点外，怎样在索赔条款中设立条件更成为保函内容的重点。

（二）备用信用证

备用信用证（Standby Letters of Credit）又称担保信用证，是指不以清偿商品交易的价款为目的，而以贷款融资，或担保债务偿还为目的所开立的信用证。它是集担保、融资、支付及相关服务为一体的多功能金融产品，因其用途广泛及运作灵活，在国际商务中得以普遍应用。但在我国，备用信用证的认知度仍远不及银行保函、商业信用证等传统金融工具。鉴此，认识备用信用证的法律性质及功能所在，并予以合理应用，无疑有助于企业更有效率地参与国际竞争。

1. 备用信用证的适用条款

1995 年 12 月，联合国大会通过了由联合国国际贸易法委员会起草的《独立担保和备用信用证公约》；1999 年 1 月 1 日，国际商会的第 590 号出版物《国际备用信用证惯例》（简称"ISP 98"）作为专门适用于备用信用证的权威国际惯例，正式生效实施。

ISP 98 规定："备用信用证在开立后即是一项不可撤销的、独立的、要求单据的、具有约束力的承诺。"作为专门规范备用信用证的 ISP 98，除了让其独立存在之外，修订时要考虑的反而是 UCP 600 是否仍有必要涉及备用信用证。最终多数意见是备用信用证仍然可依继续适用 UCP 600。

2. 备用信用证的性质

(1)不可撤销性。除非在备用信用证中另有规定,或经对方当事人同意,开证人不得修改或撤销其在该备用信用证下之义务。

(2)独立性。备用信用证下开证人义务的履行并不取决于:①开证人从申请人那里获得偿付的权利和能力。②受益人从申请人那里获得付款的权利。③备用信用证中对任何偿付协议或基础交易的援引。④开证人对任何偿付协议或基础交易的履约或违约了解与否。

(3)跟单性。开证人的义务要取决于单据的提示,以及对所要求单据的表面审查。

(4)强制性。备用信用证在开立后即具有约束力,无论申请人是否授权开立,开证人是否收取了费用,或受益人是否收到或因信赖备用信用证或修改而采取了行动,它对开证行都是有强制性的。

七、应收账款融资

应收账款融资是国内最近流行起来的融资形式,属于供应链金融模式,就是在客户没有足够抵押品的情况下,使用它的日常应收账款权益质押进行融资。应收账款是一种债权,有时候,一定条件下是优良资产,在于银行对此的评估与管理。比如说,客户向一家信用度很高的企业提供原料,条件是有一定赊账期,供货以后,彼此之间形成债权债务关系,对客户来讲属于应收款项,到期付款,不断形成循环。买家信用好,应收账款能按时收回,那么这个债权是有一定保障的。将之用于质押物向银行贷款用于流动资金,对银企三方都有利。为了因应应收账款融资的需要,《物权法》特意将应收账款作为质押物列入。

应收账款质押融资应注意以下方面:

(1)应收账款融资,是以客户未来收益权为质押的融资模式,那么贷款就涉及借款人与应付款方,而应付款方的信用是前提,若应付款方不能按时支付款项给借款人,借款人也就无法按时还贷。因此,银行在叙做应收账款质押贷款时,除对借款人进行严格的授信调查与评估外,对应付款人也要进行调查与评估,评估他的履约能力。买家的履约能力是借款人还贷能力的基础,必须考察买家历史上应付账款的支付情况,分析未来货款支付的可能性。

（2）一如对借款人的了解，也应该全面了解应付款人的生产经营情况、财务情况、企业发展前景等。正常的企业，资金周转正常，货款支付也正常。若买家将来出现财务困难，则其应付账款的支付能力必不能保障。

（3）一定要注意，买卖双方必须是有较长时间往来，买方信用良好，历史上货款支付及时，违约情况较少。对新发展的客户的应收账款进行质押，要慎重，要点在于防止卖家通过赊欠手段骗行的可能性。

（4）是否是关联企业。关联企业的应收账款质押并不是不能叙做，关键是由于关联企业的特殊性，财务上受实际控制人的影响，很大程度上资产一体化，等于无担保授信。需要从集团授信角度进行考量，授信总量是不是突破。如果没有突破，企业生产经营也很正常，而且主体必须是生产企业。如果主体是贸易企业，则应慎之又慎。因为资产隐蔽性很大，转移也很快，银行授信监控能力可能跟不上。比如，某公司将生产的产品卖给自己控制的销售公司，形成应收账款，销售公司以此为质押借款，比产成品抵押效果还要差。如果是原料公司，购买原料提供自己的生产厂家生产形成应收账款，因销售形势看好，为了产能扩张，对原材料的需求增加，我们在一定程度上也可以考虑。关键是银行应该有自己的独立判断，不能被客户牵着鼻子走。

（5）应该将供销合同副本作为附件，合同中明确质押形式，银行在必要时可以行使代位求偿权，保护自己的债权。以后的发货、付款情况逐笔应告诉银行，做记录。从合同中的付款方式、时间，银行可以据此观察对方的履约情况。

（6）银行设立专门的账户，指定付款人质押项下的应付款的支付只能通过这一账户进行，一方面便于计算、监督、复核应收账款的回收情况；另一方面在于防止客户将资金移用于不当支付。虽然贷款没有到期，理论上，该账户的货款收入是还贷的保证金，不经过银行同意，客户不能使用项下的资金。而且从法律上讲，这样可以做到享有优先受偿权，能对抗善意第三人的权利主张。

（7）了解对方开户银行。如果是本银行当地分支行的客户，叙做起来更加方便，也便于管理，一定要相互沟通，定时了解情况。若不是本行客户，也有必要透过当地分支机构了解，委托及时通报相关信息。

（8）根据《物权法》，应收账款质押的登记部门是当地的信贷征信机构。若没有进行质押登记，优先受偿权很难保证。信贷征信机构指以当地央行为主建立的同城信贷登记咨询系统。

（9）应收账款成数质押不要太高。应收账款属于一种权利,风险本身就较高,不能像抵押资产那样有确定的对应物质,最后收回成数也存在较大不确定性。同时,企业虽然本身具备一定的流动资金,但是形成该应收账款的流动资金很可能有部分是银行已经提供的流动资金贷款,这样就有可能发生重复贷款。这样必然会影响原有流动资金贷款。

（10）贷款用途控制。贷款只能用于购买生产提供给对方产品的原材料,或者直接提供对方生产所需原材料,不能移作他用。

（11）应收账款质押属于浮动抵押的一种,应该将全部形成的应收账款进行质押,不能实行部分质押,否则可能引起歧义。

第六节　房地产业贷款与按揭

经过近二十年的发展,房地产业已经成为国民经济的重要产业,同时也是银行信贷的主要投向,地方政府的土地储备贷款、房地产企业贷款与按揭三者占贷款余额的比例非常高。由于房地产业介于虚拟经济与实体经济之间,市场风险比一般产业大,因此房地产业贷款也形成了它自身的特点。

一、土地储备贷款

土地储备贷款有两种形式,一是对政府的土地储备贷款;一是对房地产开发企业的土地开发储备贷款。

根据现行法律,我国土地交易市场由政府垄断,不能自由交易,房地产企业或工商各业投资人所需要的土地均由地方政府提供。地方政府为了满足社会对土地的供应,需要储备一定数量的土地。但是,在大多数情况下,政府的土地来源于农村的集体土地,需要支付一定的征地费用给农民;同时所征用的土地上也要投入一定的资金进行基本的基础设施建设。即使是国有土地,也存在着拆迁、补偿等资金需要。在此情况下,各地方政府成立土地储备中心。由于土地储备中心的政府背景,土地资源的垄断性质,以及土地交易的暴利特征,银行往往比较倾向贷款发放。

从表面上看,土地储备贷款是比较安全可靠的,但是由于政府背景的介入,很多时候成为政府规避法律获得银行贷款的平台与通道,存在着过度举债的支付风险,将来可能会引起一定的系统性风险。叙做土地储备贷款时,应该具备风险意识,不能过度依赖政府的协调能力。有时候政府的信用反而不如企业,因为政府决策人实行流官制,客观上存在人亡政息,新官不理旧账的现象,出现问题只有推诿。因此,我们要注意以下几点:

(1)审查、监控真实用途。有时候以已经征用的土地项目为理由提出借款要求,其实际用途很少甚至根本没有使用在与该土地有关的项目上,而是用于下一个土地项目的征用,或者挪作他用,甚至被政府用于支付其他的债务。如果出现这种情况,说明该政府的财经上出现问题,或者项目开工过多,或者本身负债巨大,运转不良,需要其他资金来源维持它的流动性。土地储备贷款成为了政府借贷的一个平台和借口。

(2)正因为土地储备贷款的政府背景,分析还贷能力应该以本地的财政收入与支出作为基础,而不能单纯地以土地储备中心来分析。从财务上看,资产与负债是对应的,经营的对象也很简单,效益明显,各项财务指标一定完全符合银行标准。问题在于大量的资金由政府借用或控制,它的还贷能力取决于政府借用的款项能否及时安排归还。有时候政府同时有几个平台在运作,暂时缓解资金流动性。就土地储备贷款本身来说,以目前土地制度,偿还能力较强的,问题在于它超越了土地储备本身,与政府债务相联系。

(3)土地抵押。现有法律规定,土地所有权不得抵押。土地储备中心由政府授权代理行使土地所有权。注意,土地储备中心所征用的土地,是拥有所有权的土地,它以后的转让,只是将土地使用权转让出去,土地所有权仍然由其所有。土地使用权可以抵押,受让方可以将受让的土地使用权作为抵押品,但土地储备中心没有使用权,也就不存在抵押问题。

(4)房地产开发土地储备贷款是房地产企业为以后项目的开发而购买土地所发放的贷款。房地产企业开发房地产不可能一个项目开发结束后再购买土地进行开发,而是在上一个项目开发过程中即着手规划未来的开发项目,进行土地储备。从土地购买到开发完成有一个很长的时间段,这一时间段需要不断投入资金,没有资金来源用于归还贷款。既属于流动资金贷款,又有中期贷款特点,须对项目的开发能力与开发前景进行评估,防止土地囤积过多超过开发能力,或项目开发失误。

二、房地产开发贷款

房地产开发企业与一般工商企业不同,流程简单,受让土地,营建房产,销售房产,回笼资金,完成周转。但是对于房地产开发企业,不是单一项目完成就告结束,需要不断循环,不断有新项目开工,已开工项目结案,也就是说始终有处于不同阶段的项目在进行着。另外,房地产企业的特点是资金需求量大,从土地购入开始投入,一直到销售许可后才有资金流入,期间少则一两年,多则三五年,如果市场发生变化,房价下跌,贷款风险就增加。以目前房地产业发展情况,房地产开发贷款应该注意要点有以下几方面。

(一)注重宏观形势分析

房地产业存在着政策性风险。当房地产泡沫较大时,政府有可能采取干预政策。如 2010 年以来银监会对房地产贷款的检查、限制,政府的限购等在很大程度上影响房地产市场。当政府的行政干预对市场发生效力后,房地产价格可能大幅度下降,影响正常周转,经济效益和还贷能力也会有所影响。

(二)进行市场分析

房地产也存在明显的周期性特点。繁荣时期,房价上升,需求旺盛,规模扩张,泡沫积聚,达到一定的顶峰,泡沫开始破裂,房价下跌,市场萧条,再经过一定时期,市场慢慢吸收消化原有泡沫后,完成调整,又开始发力,进入下一个周期。这就要求我们加强对市场的分析,研判目前所处的阶段,估测泡沫程度,提出决策建议,是大规模介入,还是一般性介入,又或是选择性介入。古人云:"水则资车,旱则资舟。"没有永远高涨的神话,未雨绸缪,先于市场做出调整。

(三)封闭贷款

一家房地产开发企业同时有可能与很多家银行往来,各有贷款,各自的资金混合在一起,不利于授信监控,因此,封闭贷款是一个较好的办法。所谓封闭贷款,就是针对房地产企业的某一个特定项目,其所有的开发资金由一家银行提供,贷款资金只能用于与该项目有关的支出,而且资金支出须受到银行的监督,其资金收入,也进入专门的账户,不能另行存放,购房者所叙做的按揭,也只能通过本行叙做,贷款资金用于归还开发贷款,形成内部循环。银行叙做封闭贷款，应该从土地拍卖开始介入，所拍卖的土地抵押给银行，贷款资金从事项目工程等开支，建设过程中所形成的在建工程银行有优先抵押权。同时便于资金监控，银行可以要求营造商在本行开立存款账户，使得资金转移在本行内部实现。买房者叙做按揭，其从本行所取得的贷款资金也进入在本行的账户，只能用于还贷，不能他用，等于将房产开发贷款转换为个人贷款，实际风险下降了。好处在于，房地产开发公司出现财务问题时，对本项目的影响减少到最低程度。封闭贷款只是针对单一开发项目，而不是公司，如果此项目出现问题，银行仍可以对公司提出还贷要求。银行可能对同一开发公司有两个或以上的封闭贷款，但是彼此保持独立，分别管理。注意，叙做封闭贷款时，要采取完善周到的措施，确保该项目项下的全部权益银行享有优先权，否则效果就会受到影响。

(四)注意房地产企业是否有套取银行贷款的企图

套取银行贷款主要是通过虚增抵押物价值来实现。比如土地，拍卖时可能比较便宜，抵押时评估价会参考最新土地拍卖价，土地评估价增加，意味着抵押值也相应增加，可贷额也增加。银行应该注意，以原始拍卖价为基础，适当加成确定抵押值，不能单方面相信评估价值。另外是抬高销售价格，通过内部关系人头叙做按揭，表面上似乎已经完成销售，实际房产仍然在公司手上，这种情况大多在房产市场低迷时发生。如广州天河小区案子，房产公司在加价 30% 以后，编造按揭名单，套取某银行贷款，最后开发商逃离，等于把房子卖给银行。

(五)银行应该注意营造商的资质与信誉

承建人不能按期完成工期，就会影响项目的效益与资金安排。更主要的是，承建商对工人工资的支付是否合乎国家规定，因为支付个人工资具有绝对的优先权，即使在建工程的抵押程序在法律上已经完成。要求承建商开立账户，管理与监督工人工资的支付，防止出现开发商工程款已经支付，而工人工资尚有较大欠额情况发生，影响到银行权益。

三、按揭

按揭有广义狭义之分。广义的按揭指所有的不动产抵押贷款；狭义的按揭专指为购房(房产大修)用途的分期还款的房产抵押贷款。国内最早开展按揭业务的是1991年中国银行宁波分行，目前按揭业务已经发展成我国个人信贷业务的主体业务。

按揭有楼花按揭与现楼按揭之分。楼花是指未开发的存在于图纸上的楼盘。在国内因为有房地产销售许可制度，只有基本结顶的房产才允许销售，因此楼花按揭不存在。

叙做按揭业务，需要注意以下问题：

(1)贷款主体。必须是年满18周岁的，有完全行为能力的中华人民共和国居民，及港澳台居民和拥有外国国籍的中国居民。借款人身体健康，且有稳定的职业和相当的收入。无收入来源的可以被定义为是投机购买者，而不予贷款。

(2)用途。该贷款只能用于所选定购买的抵押房产价款的支付或抵押房产大修所需的费用支出。

(3)成数。一般不能超过所购买房产价值的70％。抵押人必须准备30％以上的资金用于首付资金，不足部分向银行借贷。在海外有做到九成的，这取决于房地产市场的行情。七成是基于一般经验的考量。因为在房产市场大跌的情况下，可能出现抵押品的市场价值低于所负债务的情况，如1997年的香港金融危机时，房价大跌一半，很多人拥有的是负资产。银行必须考虑到各种极端情形。

(4)年期。贷款最长不能超过30年，同时借款人的生理年龄与贷款到期日之和不能超过65岁。借款人退休以后，一般他的收入来源比较固定，可能出现在生活与还贷之间的选择。

(5)婚姻。婚姻状况是一个必须考虑的因素，因为《婚姻法》中有关于共同财产的规定。最新的司法解释对于以个人名义所叙做的按揭财产的处分规定比较有利于借款人个人，但是，现实是复杂的，为避免将来可能的纠葛，银行宁可抱保守的态度。对于已婚人士的按揭，除需要足够的法律文件证明以外，还应该有配偶一方当面签署有关知晓、同意并接受该按揭的文件。

(6)支付。为了保证贷款用于房款支付，银行采用委托付款的方式，直接将贷款款项支付给房产出售人，以免被移用。需要借款人预先出具一份委托付款书，证明银行的行为是合法的。同时为了还贷的便利，借款人应开立一个银行账户，授权银行到期时从中扣收本息。

(7)对借款人收入的审查。贷款的归还是基于借款人的正常收入。所以，一方面要确认借款人的收入水平，可以查验税务部门的纳税凭证(须查验原件)，另一方面分析借款人的现有收入水平与每期供楼款项相匹配。

就是说,一个人的收入必须除了基本生活费用以外才能用于还贷。

(8)房产用途。购房不外自主或用来投资(出租),两者对银行的风险管理有重大的差别。根据《巴塞尔协议》关于银行资产风险的规定,自住用的房产按揭的风险权数为50%,而投资用房产贷款的风险权数为100%。也就是说,对投资目的的按揭需要更加谨慎。

(9)从按揭的程序来看,可能是没有形成完整产权之前就叙做了按揭,因此对抵押权益的保护与把握是至关重要的。首先,房产开发公司在其中扮演了重要的角色,它应该承诺贷款所购买的房产能按期、保质交付使用,同时应该承诺协助银行在借款人取得房产业权文件时予以扣留,保护银行利益;其次,借款人应该签署文件允许房产公司接受银行委托的行为;最后,业权文件正本直接交银行保管。银行与借款人一起向有关部门办理抵押登记手续,确保抵押效力。

美国之所以产生次贷危机,是因为其抵押法律制度有异于我国。在美国,按揭房产的业权文件所有人是银行,但赋予借款人到期赎回的权力。合同中一般规定若有三期不能支付,银行有权对房产采取措施,进行拍卖。如果违约的按揭较多,拍卖价格大跌(银行只要能够收回自己的贷款即可),影响整个房地产市场,导致全面性危机。我国法律不允许转换业权所有人,只是把文件交付即可,但也存在有人以故意挂失、拷贝等手段重新获取业权文件,重新抵押,骗取贷款。最严重的案例是由于银行疏忽,有人用同一本房产证向七家不同银行骗取贷款。

(10)还贷。按揭的还贷方式主要有两种,凭借款人选择有利的方法。一是等额还贷法,即每期的归还金额相等,开始时,还款额里大部分是应付利息,后来逐步利息减少本金增加;二是等额本金法,每一期的本金归还是一致的,但利息不同,最后一期归还的金额要远远少于第一期。

(11)中介。鉴于现实,银行与房产中介公司有一定的合作方式。务必注意,有关实质性审查的部分不能采取外包的方式,而是要亲自审查。因为中介公司收入来源在于业务的成交,总是希望能够成交,在某种倾向下,会帮助借款人掩饰部分信息,而这些信息可能对风险审查是至关重要的。

(12)保险。原则上按揭资产需要保险,但是现有法规允许借款人自主选择投保与否,银行只是被动应付。若是有保险行为,保险单中应该列明银行为此保险项下排他性的优先受偿权人。

第七节　票据融资

票据融资是一个传统业务,已经有很长历史,在西方银行没有进入中国前,传统的钱庄金融模式里已经存在票据融资。票据融资,就是通过开发未来一定时期支付款项的票据,来完成即时的交易行为。根据我国《票据法》规定,票据是指支票、汇票、本票三者,而本票仅指银行本票,没有商业本票。银行本票也受央行严格限制,不能随意开发。因为从货币理论上,银行本票属于基础货币;在香港,银行本票视同钞票(Banknote)。支票,银行只是作为代理支付人,不承担付款责任。汇票,有商业承兑汇票与银行承兑汇票之分。商业承兑汇票,签发人是一家公司,承兑人是另一家公司,签发、支付与银行关联不大;银行承兑汇票,指公司签发,经过银行承兑的到期无条件支付的命令。签发人虽然是公司,但银行作为承兑人承担了第一性的付款责任。注意承兑与担保的区别,担保是第二性付款责任。贴现是购买未到期贷款票据的一种交易方式,有人把贴现视作贷款的一种(《贷款通则》),似乎不太贴切。因为票据贴现受《票据法》管辖,票据只以形式合格为支付条件,贷款受《合同法》等其他法律管辖,两者业务特点不同。

票据业务应该注意的要点如下:

(1)在我国,票据属于支付工具,而不是融资工具,不过票据有延迟支付的功能,客观上具有融资性质。同样需要开具销售发票,但与应收账款不同,应收账款是一种赊账,支付是有条件的,票据虽也是赊账,支付却是无条件的。前者到期时无款支付只能拖欠,若进入司法程序,可以有抗辩权。后者到期出票人必须付款,若不能支付,则出票人、承兑人基本上失去抗辩权。所以票据对债权的保障性相对较好。在国外可以开发没有商品交易基础的融资性票据,我国目前不允许开发此类融资性票据。票据的开发一定要以相应的买卖合同、销售发票为基础。没有销售发票而开发的票据是不合法的。

(2)票据经银行承兑以后,银行承担了第一性支付责任,对银行来讲其所承担的风险与贷款同等。所以叙做银行承兑汇票业务时,必须按与贷款一样的标准、程序处理。传统教材将票据承兑业务作为中间业务来处理是值得商榷的。因为票据业务对银行来讲，与贷款承担的风险没有差别。当然，在叙做票据承兑业务时，银行会要求签票人存放一定比例的保证金，而保证金以外部分的授信风险仍然存在。因此，银行也必须对客户进行认真严格的授信调查。切不可以说它是中间业务之故，可以简省。

（3）银行承兑汇票是有专门格式的银行票据，而非企业的商业票据。企业只是在签发人一栏里签章，表示此汇票由其签发，其他部分都由银行按规定缮制，包括密押。合格的汇票，票面记载内容必须包括汇票字样、无条件支付委托、出票人、出票日期、金额、收款人、出票人签章七个要素，缺一要素则汇票无效。也可以在汇票上附加付款日期、付款地、出票地等情况。未记载付款日期的就是即期汇票，见票即付。

（4）背书、转让。背书指票据持有人在票据背面或者粘单（票据背面空白部分不足记载而粘附上去的同质附单）记载有关事项，并签章证明属实的行为。汇票是一种权利，背书是汇票权利转让的正常方式。持票人可以将合法票据对价转让给他人，就是在背书上写下受让人（被背书人）的名字，签上自己的名字即可。受让人成为持票人，在他认为有需要时可以再转让给他人，转让次数不受限制，但背书应该是连续的，不能空格，否则将不能保证票据权利。不过票据转让有个规定，就是后手需要对其直接前手承担票据真实性责任。也就是说，背书人必须承担他所得到的票据是真实的（指票据真实）。票据背书若附有条件的，所附条件不具有票据上的效力。背书人也可以背书记载"不得转让"字样，后手可以转让，但是背书人对后手的被背书人不承担保证责任。汇票在被拒绝承兑、拒绝付款或超过提示期限的，不得背书转让。

（5）承兑。承兑就是汇票付款人承诺到期时支付金额的票据行为。付款人承兑汇票或承担了到期付款的责任。承兑时，付款人不得附加条件，若有附加条件，被视为拒绝承兑。付款人承兑时，应当在汇票上记载承兑字样并签章。见票后定期付款的（远期汇票），应在承兑时面积在付款日期。

提示承兑，远期汇票的持有人，在到期日前出示汇票，要求付款人承诺付款。见票后定期付款必须自出票日起一个月内向付款人提示承兑，未按规定提示承兑的，将持票人执行对签收的追索权。

（6）追索权。汇票到期被拒绝付款，或者未到期被拒绝承兑，承兑人死亡逃匿的，以及承兑人被宣告破产或责令停业的，持票人可以向其背书人前手，出票人、其他汇票债务人行使追索权。持票人行使追索权时，应当提供被拒绝承兑或拒绝付款的证明，包括拒绝证明与退票理由书。承兑人、付款人死亡逃匿而不能取得拒绝证明的，可以取得其他有关证明。承兑人、付款人被人民法院宣告破产的，法院司法文书可以作为证明。若持票人不能出具拒绝证明、退票理由书及其他合法证明的，就会丧失对前手的追索权，但承兑人、付款人仍须承担责任。

（7）贴现和再贴现。贴现就是将未到期的有效票据买入。一般由营业部门直接办理，若是银行承兑汇票只要检查票据形式合格，付款人具备相应票面金额的支付能力就可以了。再贴现，是将已买入的合格票据再卖给人民银行，取得资金。

鉴于企业融资实践，商业承兑汇票贴现业务在有些银行越来越多开展。商业承兑汇票属于商业信用，总体上低于银行信用。但也有些大公司的商业信用非常优良，商业承兑汇票也有一定市场。银行愿意接受该等承兑汇票贴现。对承兑人、付款人必须做相应的授信调查，确认该贴现业务的风险情况。

（8）票据期限。规定票据期限不能超过六个月，所以属于一种短期融资。另有一种人民银行批准的在银行间资本市场发行的企业短期融资券，其性质难以区分，属于票据或者债券。这种短期融资券的发行是经过人民银行批准的，并进行信用评级，相对信用度高一些。

（9）叙做票据业务时，应考虑本银行的资金情况，若资金比较富裕，尽可能发放贷款方式，若资金不足，通过票据承兑业务，再向他行贴现解决资金，不失一个好的方法。贷款与票据承兑对银行的风险是一样的，贷款还能有利息收入，承兑费用相对收入少一些。

（10）相比之下，我国票据业务比较落后。一是票据范围受到极大限制，不能开发融资性票据，只能是有实体交易基础的支付；二是没有专业票据承兑商，局限于银行的一个窗口；三是没有发达的票据市场，银行是唯一的业务机构，没有吸收社会投资；四是全社会信用体系薄弱，投资人无法分辨付款人、承兑人的信用，承担风险太大；五是与票据有关的金融工具很少。

（11）鉴于法律规定不能开发融资性票据的限制，实践中，有些客户纯粹为了融资目的，通过与对方虚构销售合同方式，来满足形式上的合格要求。而开发银行承兑汇票，必须注意未来可能会承担法律上的风险，对相关文件应认真核实。

第八节　其他融资

一、透支

谈到透支,很多人自然想起信用卡。其实透支是很传统的金融业务。在钱庄业务里,透支是一个与银行竞争的手段,大约出现于19世纪前期的宁波钱庄中。钱庄经过调查后,给予客户一个授信额度,这个授信额度就是透支额度。在某一额度内,客户可以随时支用贷款。客户通过钱庄设立两个账户,一个是活期结算账户,一个是透支账户,透支就是将透支的金额转入结算账户中。与现代银行透支业务有所不同,现代银行透支资金的支付直接从透支账户支付,不必转入结算账户再行付款。

透支业务,国内目前主要在信用卡业务中存在,除此之外比较少有开展。在海外银行里,透支是很正常性的授信业务,它与普通的贷款差别不大,都是由银行提供资金,所承担的风险完全一样。将来随着银行业务的发展,也一定会越来越多地被运用。

透支与贷款相比,对银行的压力增加,尤其增加流动性管理的难度。因为贷款是银行提供资金给客户使用,银行是主动一方,若资金紧张的情况下,银行可以暂缓提供贷款,待资金缓解再发放贷款,在日常的头寸管理中可以做到基本估计。透支则不同,银行反而处于被动状态,客户随时可以使用透支额度,事先不必通知银行,可能发生在资金紧张情况下,客户出现大额透支,使头寸管理更复杂。

其实,透支是最优良的贷款。银行只给那些资信等级最高、信用度好的客户一定限额的透支,而不可能予其全部授信额度列入透支项下。比如某客户资信良好,授信额度 CNY 10,000 万,透支额度可能额只有 500 万。企业愿意接受透支,是因为它可以给自己的经营带来相当的便利。首先,在紧急情况下,相当于客户存在一个资金储备,可用于不时之需。若约定的款项支付到期日前出现账户资金不足情况,就可以动用透支额度来解决,如汇票到期。其次,因为有透支额度存在,在经营中便于客户灵活决策,如原材料紧张,可能涨价,有透支额度在,就可以囤积部分原材料,甚至可以使用预付款、现金交易等方式,取得较好的价格条件。再次,在资金使用上灵活主动,贷款要视银行资金安排,透支可以直接从账户中支用,不必经银行同意。最后,虽然要支付比贷款高很多的利息及费用,但是因为可以随时归还,实际利息成本反而少。

有一种传统上称为押透业务的,就是在抵押项下设定透支额度,这在香港等地非常流行。

透支业务,相当于一种活期贷款,一般客户对透支必须在一个月或半个月内归还,因为它本身就是应急为主,不是长期资金。若透支后长期不还,一直占用,银行肯定是不会容忍的。同时也赋予银行一种可以随时收回透支款项的权利,因应银行头寸管理需要或者考验客户的资金周转能力。注意,透支应该使用正常资金归还,而不能用未透支额度的来归还。若这样就会产生管理上的漏洞,被长期占用。

二、备用信贷

备用信贷顾名思义就是为有备而用的授信业务。国内银行也较少有此业务。备用贷款有两个意思,一是指国际金融中,由国际货币基金组织对成员国提供的用于其出现国际收支困难时使用的贷款,期限一般为1~2年。二是商业银行的贷款业务,主要是为了满足客户未来一定时期内可能的资金需求而提供的一种贷款。两者本质特征一致。

(一)备用信贷的用途

备用信贷主要有四个方面的用途:

(1)为借款人发行债券、商业票据提供信用支持。

(2)为借款人向第三方融资提供信用支持。

(3)为借款人收购资产提供信用支持。

(4)满足借款人日常经营中或有资金需求。

(二)备用信贷的特点

备用信贷的特点是:

(1)它是一个或有贷款,属于贷款承诺。客户与银行签订借贷合同,银行承诺在一定时期当客户需要使用资金时可以使用贷款。当客户认为没必要使用贷款时,贷款就不发生。

(2)因为它的或有性,增加了银行的管理成本,银行需额外增加头寸储备,以满足客户的贷款需要,银行需要收取一定的承担费,来弥补银行的成本。一般按合同金额的一定百分比按年率收取,若贷款发生,则另外收取贷款利息。

(3)备用贷款与透支比较。透支也有备用的功能,但一般透支的额度比较小,备用信贷的额度较大,像并购业务、债券发行、票据发行,都是很大金额的融资,备用贷款在于能够增加交易双方的信心,促成业务顺利完成。如从事并购业务,在商谈时,被并购人一定会首先考虑并购方的支付能力,并购人需要证明自己具备支付能力。此时若使用现金,提取贷款,就发生利率成本较高。同时,也有可能并购失败,白白损失利率支出。备用贷款就是一个相对较优的选择。

三、循环贷款

循环贷款也是国际银行业另一种贷款业务。基本含义是在一份借款合同中约定,一定时期内,贷款可以不断归还、不断借用,形成循环。通常循环贷款又称周转信贷、周转信贷协议(Revolving Credit Agreement)。

循环贷款协定是银行具有法律义务地承诺提供不超过某一最高限额的贷款协定。在协定的有效期内,只要企业的借款总额未超过最高限额,银行必须满足企业任何时候提出的借款要求。限额的未使用部分须支付给银行一笔承诺费。

贷款要件:

(1)协议期限。此循环货款必须有一定的期限,一般为一年。

(2)贷款限额。即在此期限内,企业可贷款的最高额度。在此额度内,可像存款一样支取。此额度在协议签署时已经确定。

(3)贷款归还。贷款必须在一定时期内归还,完成周转,比如三个月。一般将贷款余额全部归还后,再支取新的贷款,银行不会允许一部分一部分地归还,再重新支用已归还的额度,如此则相当于银行发放了一笔长期贷款。

(4)贷款用途。一般只能用于经常生产周转,不能用于长期项目支出。

此贷款与其他贷款不同之处在于,贷款银行有义务及时足额保证企业限额内的贷款供应,否则应承担规定的法律责任。

四、票据发行便利

票据发行便利(Note Issuance Facilities,NIFs),又称票据发行融资安排,是指银行同客户签订一项具有法律约束力的承诺,期限一般为5～7年,银行保证客户以自己的名义发行短期票据,银行则负责包销或提供没有销售出部分的等额贷款。

票据发行便利业务主要与融资性票据有关,在国际上是一个普遍性的业务。我国因为法律规定不允许企业发行融资性票据,目前尚无该业务发生,未来随着金融改革深化,票据内涵延伸,该业务在很大程度上将会引进。

(一)票据发行便利的特点

票据发行便利的特点是:

(1)企业可以获得较低成本资金,提高使用资金的灵活性。

(2)企业通过发行短期票据获得中长期资金,具有创造信用功能,并使风险进一步分散,表内业务表外化。

(3)银行可以向借款人收取协助筹资报酬,一般占发行总额5~10个基本点;承诺费,为发行额度的5~10个基本点;包销费,即承购包销票据的费用,一般占包销额5~15个基本点。

票据发行便利是1981年在欧洲货币市场上基于传统的欧洲银行信贷风险分散的要求而产生的一种金融创新工具。它是指有关银行与借款人签订协议,约定在未来的一段时间内,借款人根据具有法律约束力的融资承诺,由银行购买其连续发行的一系列短期票据并以最高利率成本在二级市场上全部出售,否则由包销银行提供等额贷款以满足借款人筹措中期资金的一种融资创新活动。

对比其他融资创新而言,由于其所发行的是短期票据,比直接的中期信贷筹资成本要低;借款人可以较自由地选择提款方式、取用时间、期限和额度等,比中期信贷具有更大的灵活性;短期票据都有发达的二级市场,变现能力强;由于安排票据发行便利的机构或承包银行在正常情况下并不贷出足额货币,只是在借款人需要资金时提供机制把借款人发行的短期票据转售给其他投资者,保证借款人在约定时期内连续获得短期循环资金,这样就分散了风险,投资人或票据持有人只承担短期风险,而承购银行则承担中长期风险,这样就把原由一家机构承担的风险转变为多家机构共同分担,对借款人、承包银行、票据持有人都有好处。票据发行便利约定期限一般为3~7年,短期票据循环发行,期限从7天至1年不等,大部分为3个月或6个月。

(二)票据发行便利的种类

票据发行便利的种类主要有:

(1)循环包销的便利(Revolving Underwriting Facility,RUF),是最早

形式的票据发行便利。在这种形式下,包销的商业银行有责任承包摊销当期发行的短期票据。如果借款人的某期短期票据推销不出去,承包银行就有责任自行提供给借款人所需资金(其金额等于未如期售出部分的金额)。

(2)可转让的循环包销便利(Transferable Revolving Underwriting Facility),是指包销人在协议有效期内,随时可以将其包销承诺的所有权利和义务转让给另一家机构。这种转让,有的需要经借款人同意,有的则无需经借款人同意,完全是根据所签的协议而定。可转让的循环包销便利的出现增加了商业银行在经营上的灵活性和流动性,便于随机抉择,更加符合商业银行的经营原则。

(3)多元票据发行便利(Multiple Component Facility),这种票据发行便利方式允许借款人以更多的更灵活的方式提取资金,它集中了短期预支条款、摆动信贷(Swing Line)、银行承兑票据等提款方式于一身,使借款人无论在选择提取资金的期限上,还是在选择提取何种货币方面都获得了更大的灵活性。

(4)无包销的票据发行便利,是于1984年下半年开始出现的一种NIFs形式。1985年由于一些监督官员在测定银行资本适宜度时采取了把包销承诺也包括进去(即包销承诺也转为表内业务的一都分)的做法,有力地刺激了无包销的票据发行便利的发展。近年来所安排的票据发行便利中,更多的是部分或全部没有包销承诺的。顾名思义,无包销的票据发行便利就是没有"包销不能售出的票据"承诺的NIFs。无包销的NIFs一般采用总承诺的形式,通常安排银行为借款人出售票据。

(三)票据发行便利的基本内容

1. 发行条件

(1)面额。以美元计值,一般在50万美元,或是50万美元以上。短期的,完全可以转让的不记名本票票据。

(2)期限。3个月或6个月,有的长达1年,但承诺期限可达5~7年。

(3)形式。对银行借款者,票据通常是短期存款凭证。对于非银行借款者,票据通常采取本票形式。

(4)计算方式。以贴现方式发行,收益率相当于LIBOR+0.25%。

2. 发行程序

(1)发行人首先委任承销人和投票小组成员。

(2)发行人与承销人和投票小组之间签订文件。

(3)发行时间表。

3. 发行费用

(1)参与费或前端管理费。该费用通常高达 15 个基本点。

(2)承销费。通常为 5～15 个基本点。

(3)承诺费或便利费。通常为 5～10 个基本点。

(4)使用费。最高 20 个基本点。

4. 市场结构

(1)承销银行。承销银行是有名的大银行,全部承销所发行的票据。

(2)票据发行者(借款者)。信誉好的借款人可以按近乎于 LIBOR 的利率发行票据。

(3)真正购买者。购买者主要是货币市场的资金管理人、公司、保险公司、央行其他富有者。对于这些投资者来说,票据发行便利地提供了一种银行存款或大额可转让存单(CD)的替代品。

五、总收益互换

总收益互换(Total Return Swap)是指信用保障的买方在协议期间将参照资产的总收益转移给信用保障的卖方,总收益可以包括本金、利息、预付费用以及因资产价格的有利变化带来的资本利得;作为交换,保障卖方则承诺向对方交付协议资产增值的特定比例,通常是 LIBOR 加一个差额,以及因资产价格不利变化带来的资本亏损。

信用风险始终是困扰世界各国金融机构的主要问题,近些年来一系列以转移信用风险为核心的信用衍生产品已经成为国际金融市场上金融创新的一大热点。根据国际互换和衍生品协会(ISDA)统计,2005 年上半年信用衍生产品的交易量已经达到 12.43 万亿美元,与年初相比半年的增幅达到了 48%,与 2004 年相比增幅更是达到了 124%,信用衍生产品的交易量的急剧增加使我们将目光投向 1992 年诞生的新型信用风险管理和投资工具上来。

总收益互换产品是通过分散银行贷款组合的方式来管理信用风险。随着银行专业化进程的加快、银行合并浪潮的兴起和银行经营的地域限制,导致现代银行必然会面临信用集中风险,信贷集中的直接后果就是少数企业的兴衰将影响整个银行业的健康。例如,一个公园里有两个商贩,一个卖冰激凌,另一个卖雨伞。在好天气里卖冰激凌的生意就会比卖雨伞的好,相反,如果赶上下雨的天气无疑是卖雨伞的商贩生意要好于卖冰激凌的商贩。这样,一个商贩收入增加的同时另外一个的收入就会减少,因此两个商贩的收入是负相关的。同样对银行来讲,影响不同行业或者企业经营的因素是不同的,因此建立一个由不同种类贷款构成的资产组合,就可以使不同贷款之间的收益和损失相互抵消从而减少银行的信用风险。

在信用衍生产品产生前,银行采取出售贷款和资产证券化的方法来做到分散贷款资产组合、化解信用集中风险,但是这两种方法都存在着一定的局限性。首先银行出售贷款的行为会损害与贷款人长期的合作关系,其次资产证券化的方式仅仅适用于还款时间标准化和信用风险特征相同的贷款,如住房抵押贷款和汽车贷款,但对还款期限不同、信用风险不同的商业贷款是不适用的,因而银行很难将这些贷款通过资产证券化的方式转让给机构投资者。总收益互换的交易则可以使银行将自身任何的贷款收益与投资机构的债券溢价相交换。假设美国堪萨斯农业银行其贷款对象主要是农场主,如果经济周期和行业周期的影响对农业的影响不利,则堪萨斯农业银行贷款资产信用风险就会加大。若堪萨斯农业银行决定采用总收益互换工具来化解信用风险,于是银行将自己5亿美元的农业贷款收益转给投资公司,同时从投资公司收到高于3个月期的国债,利率2个基点,本金同样为5亿美元的收益。这一互换的结果是无论农场主是否能够按时支付贷款利率,堪萨斯农业银行都能够稳定地收到比短期无风险利率高2个基点的贷款收益,因此堪萨斯农业银行已经通过总收益互换工具减少了其5亿美元贷款的信用风险。总收益互换的好处与出售贷款相比还体现在不需要保险公司担保、交易成本低廉、不会影响银行与客户关系等方面。

总收益互换属于信用衍生产品,我国金融市场上还没有产生。

六、贷款转让

所谓贷款转让,是根据银行间市场需求而开发的一项新的交易品种。银监会为控制信贷风险并出于经济宏观调控的需要,对每年的信贷规模有着严格的控制,而商业银行出于调整信贷结构、腾出信贷空间再放款等目的,则会进行贷款转让交易。在国外贷款转让市场是一个成熟的市场,我国近年来已经开始引进该业务,并于2010年开始建立了全国银行间市场贷款转让交易系统,将来该业务作为商业银行授信管理的一个手段必将越来越多的应用。

一般银行的借款合同中都赋予银行在必要时可以将贷款转让给第三方而不必取得借款人、担保人同意的条款,等于为贷款转让提供了合法性基础。不过银行在进行贷款转让时,仍有义务通知借款人、担保人。

贷款转让以后是无追索权的,因此对叙做的贷款转让业务,必须重新进行授信风险评估。因为每一个银行的风险偏好、评估重点、评估标准都是有差异的。

从事贷款转让的贷款一般以长期贷款项目为主。对于受让行来讲,收益比较高。比如5年期的贷款,利率LIBOR+1.5%,在第三年开始时进行转让,受让方的实际贷款时间只有3年,而同期3年期的贷款利率可能只有LIBOR+1%,相比之下多收益0.5%。这也是贷款转让市场繁荣的重要原因。

七、资产证券化

信贷资产证券化是指把欠流动性但有未来现金流的信贷资产(如银行的贷款、企业的应收账款等)经过重组形成资产池,并以此为基础发行证券。从广义上来讲,信贷资产证券化是指以信贷资产作为基础资产的证券化,包括住房抵押贷款、汽车贷款、消费信贷、信用卡账款、企业贷款等信贷资产的证券化。而国家开发银行所讲的信贷资产证券化,是一个狭义的概念,即针对企业贷款的证券化。

银行的信贷资产是具有一定数额的价值并具有生息特性的货币资产,因此也具备了转化为证券化金融工具的可能性。在银行的实际业务活动中,常常有存款期限短而贷款期限长或资产业务扩张需求快于负债业务提供的可能性等种种情况,这样就产生了银行的流动性安排和资产与负债管理等新业务需求。从20世纪70年代后期开始,发达国家市场特别是美国出现了一种信贷资产证券化趋势,其一般做法是:银行(亦称原始权益人)把一组欲转换成流动性的资产直接或间接地组成资产集合(亦称资产池),然后进行标准化(即拆细)、证券化向市场出售。

从全球情况看,目前信贷资产证券化有代表性的模式大致有三种:一是美国模式,也称表外业务模式;二是欧洲模式,也称表内业务模式;三是澳大利亚模式,也称准表外模式。这三种模式的主要区别是已证券化资产是否脱离原始权益人的资产负债表,资产证券化活动是直接操作还是通过一定的载体或中介进行。

传统的融资模式包括直接融资模式和间接融资模式两大类,而资产证券化是介于两者之间的一种创新的融资模式。

直接融资是借款人发行债券给投资者,从而直接获取资金的融资形式。该模式对借款人而言减少了交易环节,直接面向市场,能降低融资成本或在无法获得贷款的情况下获得融资,但是对投资者而言风险较大,对于风险的评审和管理主要依赖于借款人本身。间接融资是通过银行作为信用中介的一种融资方式,即投资人存款于银行,银行向借款人发放贷款,在此过程中,银行负责对贷款项目的评审和贷后管理,并承担贷款违约的信用风险。该模式的资金募集成本低,投资者面临的风险小,但银行集中了大量的风险。信贷资产证券化是银行向借款人发放贷款,再将这部分贷款转化为资产支持证券出售给投资者。在这种模式下,银行不承担贷款的信用风险,而是由投资者承担,银行负责贷款的评审和贷后管理,这样就能将银行的信贷管理能力和市场的风险承担能力充分结合起来,提高融资的效率。

八、并购贷款

所谓并购贷款,即商业银行向并购方企业或并购方控股子公司发放的,用于支付并购股权对价款项的本外币贷款;是针对境内优势客户在改制、改组过程中,有偿兼并、收购国内其他企事业法人、已建成项目及进行资产、债务重组中产生的融资需求而发放的贷款。并购贷款是一种特殊形式的项目贷款。普通贷款在债务还款顺序上是最优的,但如果贷款用于并购股权,则通常只能以股权分红来偿还债务。

我国的《商业银行法》原先规定,银行贷款不能用于股本权益性投资,后来为了适应经济环境的变化与市场的客观需求,对于并购贷款做了适当的放宽。

九、过桥贷款

过桥贷款(Bridge Loan),又称搭桥贷款,是指金融机构 A 拿到贷款项目之后,本身由于暂时缺乏资金没有能力运作,于是找金融机构 B 商量,让B 帮忙发放资金,等 A 金融机构资金到位后,B 则退出。这笔贷款对于 B 来说,就是所谓的过桥贷款。在我们国家,扮演金融机构 A 角色的主要是国家开发银行进出口行、农业发展银行等政策性银行,扮演金融机构 B 角色的主要是商业银行。

从一般意义上讲,过桥贷款是一种短期贷款,是一种过渡性的贷款。过桥贷款是使购买时机直接资本化的一种有效工具,回收速度快是过桥贷款的最大优点。过桥贷款的期限较短,最长不超过一年,利率相对较高,以一些抵押品诸如房地产或存货来做抵押。因此,过桥贷款也称为"过桥融资"(Bridge Financing)、"过渡期融资"(Interim Financing)、"缺口融资"(Gap Financing)或"回转贷款"(Swing Loan)。

过桥贷款在国外通常是指中介机构在安排较为复杂的中长期贷款前,为满足其服务公司正常运营的资金需要而提供的短期融资。对我国证券公司来说,过桥贷款是专指由承销商推荐并提供担保,由银行向预上市公司或上市公司提供的流动资金。也就是说,预上市公司发行新股或上市公司配股、增发的方案已得到国家有关证券监管部门批准,因募集资金尚不到位,为解决临时性的正常资金需要向银行申请并由具有法人资格的承销商提供担保的流动资金贷款。此外,过桥贷款还可以用于满足并购方实施并购前的短期融资需求。

在房地产金融领域,过桥贷款机制也被广泛运用于开发商融资。由于开发商在拍卖获取地块后,尚未完全付清土地出让金,就无法取得国有土地使用权证,进而无法通过抵押土地向商业银行融资。因此,利用金融领域过桥贷款机制,开发商通过向非银行的金融机构进行资金借贷,以此借款付清土地出让款,并利用随后将土地抵押给商业银行的贷款偿付这部分过桥贷款,形成"拆东墙补西墙"的格局,避免资金链的断裂。

十、信用联结票据

信用联结票据是普通的固定收益证券与信用违约期权相结合的信用衍生工具。正如普通票据一样,信用联结票据承诺定期支付利息,当票据到期时偿还本金。而加入到该债券中的信贷衍生成分,允许票据发行人在信贷违约事件发生后,减少对票据投资人的本金偿付额。这里所指的信贷违约事件指的是票据所依附资产的信用等级降低,或者发行者发行的票据市场价格大幅度降低,等等。

一个标准的信用联结票据就是一种证券,它通常是由具有投资等级的实体发行,其附息支付和固定到期日的结构类似于纯债券,不过,包含到期值的信用联结票据的业绩与特定目标资产或发行主体资产的业绩密切相关。信用联结票据可以按票面价值发行,也可以按照低于票面价值发行。它是借款人为了对冲信用风险所使用的一种融资工具,投资人购买信用联结票据则可以提高其持有资产的标准收益,因此,信用联结票据的发行人是信用保护的买方(受益方),通过发行信用联结票据分散信用风险,得到信用保护。票据购买人是信用保护的卖方(投资者),通过购买信用联结票据获得较高的利息同时承担了风险。如果在信用联结票据存续期间不曾发生信用事件,那么,在票据到期日票据的赎回价值将支付给投资人;如果发生信用事件,那么,在票据到期日支付给投资人的价值将会低于票面价值,投资人有可能损失本金。所以,信用联结票据适合能承担个别公司风险并了解标的公司财务信用状况的投资人。投资人在做出投资决策之前亦应了解信用联结票据是否适合个人的投资策略和财务状况。

具有投资等级的实体可以通过发行信用联结票据来防范其经营中的信用风险。例如,某个发行信用卡的银行为了减少信用卡贷款的信用风险,发行一个一年期的信用联结票据。该银行信用评级为 BB+级,票据的票面利息为 8%(通常这个息票率高于传统债券的息票率)。信用联结票据条款规定,如果信用卡贷款坏账的比例低于 5%时,则票据按 8%支付票据利息;若信用卡贷款坏账的比例超过 5%时,则按 4%支付票据利息。目标资产的价值由于信用卡贷款坏账产生的债务而有所下降,所以发行信用卡的银行按照面值减去目标债务值赎回该票据。从上例可以看出,银行发行信用联结票据实际上是购买了一种信用期权,信用期权的成本是高于一般债券利率的利息。在发生特定信用事件时,银行行使期权从而降低遭遇的风险;如果坏账损失较小时,银行不行使权力,仅损失掉期权的成本。

第九节　集团授信

集团授信是为了因应集团企业客户的风险管理而将整个企业集团视作一个单一授信对象的授信模式。

一、集团企业的特征

集团企业是现代企业发展的复杂形式,通常是指通过资本投入、管理控制或家族关联等多种关联方式形成的,由母公司、子公司、参股公司及其他成员企业或单位共同组成的具有一定规模和有机联系的企业法人群组。集团企业体现了以下特征：

（1）集团企业中的企业个体在法律上是独立核算的，一般是通过全资、控股和参股等资本投资链条形成集团关联关系，因而集团企业呈现多层次的特征。

（2）集团企业中管理控制和家族关联关系的存在，则使集团企业的关联关系进一步多元化。

（3）集团企业的财务管理模式多为集权型，为实现融资规模最大化和财务成本最小化的目标，财务管理集中于集团总部，融资和投资都由集团总部统筹，由于集团企业的兼并收购活动比较频繁，从而又形成了多行业、多地域的特点。

（4）集团企业可控制的企业数量与可获得的金融资源成正比，控制的企业数量越多，集团借款主体和担保主体就越多，筹资能力和还款能力就越强，从而形成以融资促投资，以投资带融资的集团企业发展模式。

商业银行将这种集团企业客户称为集团客户，根据 2010 年银监会在《商业银行集团客户授信业务风险管理指引》（2010 修订）中的界定，商业银行可以根据股权关系、控制程度、亲属关系和关联关系等四个方面，结合本行授信业务风险管理的需要确定集团客户的范围。

从商业银行的角度看集团客户，其规模较大、资本实力雄厚、市场竞争力较强、资信等级较高，无疑是有较大吸引力的。20 世纪 90 年代以来，信贷向集团客户集中已成为一种趋势。近年来，银行的中长期贷款增长较快，贷款不断向大客户和重点行业集中。授信亿元以上的大型企业集团贷款余额及新增贷款占全部贷款的比重持续上升。

集团客户所表现出来的多层次、多元化、多行业和多地域的特点也给商业银行集团客户授信管理带来了挑战，集中表现在：不同商业银行给予过度授信；同一个商业银行给予集团客户多头授信。

集团客户授信规模较大、集中度较高业已成为各地区银行业经营中面临的主要风险之一，近年来由于集团客户信贷风险导致的银行损失也屡见不鲜。如德隆集团案发前，曾控股参股企业多达 177 家，银行贷款超过 300 亿元；华源集团重组之前，曾控股 6 家上市公司，并有各种子公司 400 多家，公司层级超过 7 层；托普集团的神话破灭前，曾经在全国各地大肆圈地开设子公司，建设托普软件园，巅峰时期拥有 3 家上市公司和 140 多家控股子公司。这些集团客户的信贷风险一旦暴露,集团客户资金链断裂,整个集团便会很快倒闭,银行损失很难追回,而且往往牵连多家银行。由此可见,国内商业银行如何加强集团客户信贷风险管理已是亟待解决的问题。

二、集团客户定义

中国银行业监督管理委员会制定的《商业银行集团客户授信业务风险管理指引》第三条规定:

本指引所称集团客户是指具有以下特征的商业银行的企事业法人授信对象:

(一)在股权上或者经营决策上直接或间接控制其他企事业法人或被其他企事业法人控制的;

(二)共同被第三方企事业法人所控制的;

(三)主要投资者个人、关键管理人员或与其近亲属(包括三代以内直系亲属关系和二代以内旁系亲属关系)共同直接控制或间接控制的;

(四)存在其他关联关系,可能不按公允价格原则转移资产和利润,商业银行认为应当视同集团客户进行授信管理的。

前款所指企事业法人包括除商业银行外的其他金融机构。

商业银行应当根据上述四个特征结合本行授信业务风险管理的实际需要确定单一集团客户的范围。

三、集团客户授信定义

根据中国银行业监督管理委员会制定的《商业银行集团客户授信业务风险管理指引》第4条对商业银行集团客户授信定义:商业银行集团客户授信是指商业银行向客户直接提供资金支持,或者对客户在有关经济活动中可能产生的赔偿、支付责任做出保证。包括但不限于:贷款、贸易融资、票据承兑和贴现、透支、保理、担保、贷款承诺、开立信用证等表内外业务。商业银行持有的集团客户成员企业发行的公司债券、企业债券、短期融资券、中期票据等债券资产以及通过衍生产品等交易行为所产生的信用风险暴露应纳入集团客户授信业务进行风险管理。

注意:商业银行集团客户非以标有"集团"字样的客户作为集团客户判断标准,而是以上述定义和集团客户特征为依据。因此,上市公司的股份有限公司及其子公司、关联公司客户群均为集团客户群。

如果商业银行仅对集团客户总部（核心层企业）授信，而没有对其关联公司、子公司授信，则集团客户总部（核心层企业）授信仅为单一客户授信，而非集团客户授信。

四、集团客户授信模式

集团客户与单一客户在经营体制、经营方式以及经营区域等方面存在较大差别。单一客户一般都是独立的经营实体，在经济活动中与其他经营实体之间不存在以资产为纽带的关联关系，一般没有跨区域经营的分支机构或关联单位；而集团客户，一般都拥有众多的分（子）公司，而这些分（子）公司常常分布在不同的区域甚至不同的国度。再则，集团客户尤其是优秀的跨国公司，为了提高其自身的经济效益，喜欢选择两到三家伙伴性的商业银行，并由其母公司，或地区总部企业出面与商业银行洽谈一揽子合作事项。为此，商业银行就不能再沿用对单一客户实行的独立营销组织和单一授信方式，而应该实行更为合理的组织管理体制和机制。

（一）集团客户营销组织的构建和管理

商业银行传统的营销组织一般都是以分支机构为单位，由各分支机构独立地在其经营区域（省、市、区县）内展开营销活动。这种独立的营销组织，对商业银行满足经营范围只限于当地的单一客户的需求和防范营销风险几乎完全能够适应。这种独立的营销组织不仅在过去，而且在将来仍然具有强大的生命力。

整体营销是中资商业银行随着集团客户的日益增多，在近几年推出的一种新的营销组织模式，即将集团客户各分（子）公司所在地的商业银行分支机构组织起来，由总行的营销主管部门牵头，形成一个团队，由该团队制订集团客户整体营销方案，并予以实施。

整体营销的组织模式因各商业银行的风险偏好不同，有多种多样。目前，中资商业银行推行的模式主要有两大类：

（1）由商业银行总行营销部门直接营销和相关分行配合营销相结合的模式，即总行营销部门直接与集团客户的母公司或地区总部（以下简称"集团总部"）洽谈，制订营销方案，签订双方合作协议，并由总行营销部门直接经营主要的授信业务，由相关分行配合实施负债、结算等中间业务。

（2）指定"集团总部"所在地的分行为"主办行（牵头行）"，各子公司所在地的分行为"协办行(参与行)",并由"主办行(牵头行)"组织"协办行(参与行)"共同营销的模式,即"主办行(牵头行)"直接或组织"协办行(参与行)"(必要时总行专业人员也可参加)与该"集团总部"洽谈,草拟营销方案,组织全体"协办行(参与行)"共同认定和实施营销方案。

上述两类营销模式,应该说基本都上满足了集团客户的需求,并且在一定程度上统一了商业银行对集团客户的营销策略,加强了对集团客户营销风险的控制。但中资银行对集团客户整体营销的责任制尚有进一步改革的必要。

(二)集团客户的链式营销模式

集团客户的链式营销是指商业银行的营销团队或营销人员通过现已建立银企合作关系的企业客户,按企业的资本投资、控制的直线关系,开展企业客户营销。

五、集团客户统一授信管理

(一)对集团客户应实行统一授信

商业银行传统的授信方式是个别授信,即商业银行一个分支机构对当地的独立的借款人给予的授信。个别授信一般适合单一客户的授信风险管理,因为单一客户在经营中与其他经营者之间不存在以资产为纽带的关联关系。

统一授信是近几年一些中资商业银行推出的一种新的适合集团客户的授信方式。即商业银行按规定程序对集团客户(即在股权或经营决策上有直接或间接控制或被控制的关联企业,或可能不按公允原则转移成本和利润的关联企业)实行统一授信的审批。

(二)统一授信审批的意义

统一授信不仅为集团客户提供了一个统一的授信平台,使其可以大幅度地降低融资的谈判成本,而且也可以使商业银行在一定程度上控制集团授信业务的风险。

商业银行通过统一授信,使该集团客户的主要信息在商业银行内部得到高度的集中,这样可以揭示集团客户复杂的产权结构,可以分析集团内部各关联企业的关联交易的成本或利润转移的正常度、资产重组的资产或负债转移价格的公允性,可以判断其或有负债对银行授信保障的影响程度。

商业银行通过统一授信可以遏制因分支机构多头授信、过度授信和授信额度分配不当引起的授信过度集中的风险；商业银行通过统一授信可以及时掌握授信风险预警信号，对该集团客户实施进入、退出策略就有了可靠的保障。

(三)统一授信中几个值得关注的问题

(1)一般情况下，总行集中审批跨分行(指跨中心分行)合作的集团客户授信业务。对跨分行合作的集团客户的授信业务，不管其金额大小，一般由主办行的集团客户经理直接报送商业银行总行审批。

这种不同于单一客户或"非跨分行"合作的集团客户的授信程序，将有利于商业银行避免各中心分行授信风险偏好不同，而带来的授信条件差异的弊端；将有利于商业银行防止授信额度的不合理分配。同时，还可以减少商业银行授信审批环节，提高授信审查速度。

(2)各关联企业对统一授信额度的使用原则、统一授信是指商业银行对该集团客户各成员(独立的法人)，在一定时间内授予的授信总额。这意味着该集团客户成员(各独立法人)只能按照统一授信中规定的份额、条件使用，而不能在成员间自主交叉使用。这一使用原则是根据各法人的偿债责任和偿债能力确定的。

(3)对集团客户整体风险的审查和成员企业的单个风险审查相结合。

——通常情况下，集团客户的合并会计报表对分析集团整体财务状况和发展趋势较为有利，商业银行在做集团授信业务时，原则上依据该集团客户的合并会计报表开展分析；

——在判断借款人的借款用途是否正当、还款是否有能力等问题时，应该重点分析借款人的自身财务报表；

——在对集团客户母公司进行授信时，尤其要注意对其自身报表的分析，应该注意避免用其合并会计报表或其控股的上市公司报表来替代，因为投资收益的现金流量相对于经营性的现金流量要小得多，投资分配有时还会受制于一些其他条件，这些因素对于还款能力的判断都有较大的影响。

六、集团客户授信风险管理控制原则

商业银行对集团客户授信应当遵循以下原则：

(1)统一原则。商业银行对集团客户授信实行统一管理，集中对集团客户授信进行风险控制。

（2）适度原则。商业银行应当根据授信客体风险大小和自身风险承担能力,合理确定对集团客户的总体授信额度,防止过度集中风险。

（3）预警原则。商业银行应当建立风险预警机制,及时防范和化解集团客户授信风险。

七、商业银行对集团客户授信风险的量化控制

(一)商业银行对集团客户授信风险总量实行其资本金限额控制

一家商业银行对单一集团客户授信余额不得超过该商业银行资本净额的15%,否则将视为超过其风险承受能力。

当一个集团客户授信需求超过一家银行风险的承受能力时,商业银行应当采取组织银团贷款、联合贷款和贷款转让等措施分散风险。计算授信余额时,可扣除客户提供的保证金存款及质押的银行存单和国债金额。

根据审慎监管的要求,银行业监管机构可以调低单个商业银行单一集团客户授信余额与资本净额的比例。

(二)商业银行对集团客户授信的尽职要求

1. 商业银行调查集团客户的尽职规范

（1）商业银行在对集团客户授信时,应当要求集团客户提供真实、完整的信息资料,包括但不限于集团客户各成员的名称、相互之间的关联关系、组织机构代码、法定代表人及证件、实际控制人及证件、注册地、注册资本、主营业务、股权结构、高级管理人员情况、财务状况、重大资产项目、担保情况和重大诉讼情况以及在其他金融机构授信情况等。

必要时,商业银行可要求集团客户聘请独立的具有公证效力的第三方出具资料真实性证明。

（2）商业银行对跨国集团客户在境内机构授信时,除了要对其境内机构进行调查外,还要关注其境外公司的背景、信用评级、经营和财务、担保和重大诉讼等情况,并在调查报告中记录相关情况。

（3）商业银行在给集团客户授信前,应当通过查询贷款卡信息及其他合法途径,充分掌握集团客户的负债信息、关联方信息、对外对内担保信息和诉讼情况等重大事项,防止对集团客户过度授信。

2. 提出商业银行集团客户调查人员的尽职规范

商业银行在给集团客户授信时,应当进行充分的资信尽职调查,要对

照授信对象提供的资料,对重点内容或存在疑问的内容进行实地核查,并在授信调查报告中反映出来。调查人员应当对调查报告的真实性负责。

3. 防止集团客户套取商业银行信用

商业银行在给集团客户授信时,应当注意防范集团客户内部关联方之间互相担保的风险。对于集团客户内部直接控股或间接控股关联方之间互相担保,商业银行应当严格审核其资信情况,并严格控制。

4. 提出商业银行与集团客户授信协议的必要内容

(1)防止关联交易给商业银行带来损害。

商业银行在对集团客户授信时,应当在授信协议中约定,要求集团客户及时报告被授信人净资产10%以上关联交易的情况,包括但不限于:

①交易各方的关联关系;

②交易项目和交易性质;

③交易的金额或相应的比例;

④定价政策(包括没有金额或只有象征性金额的交易)。

(2)确立商业银行对集团客户授信行为可以享有的权利。

商业银行给集团客户贷款时,应当在贷款合同中约定,贷款对象有下列情形之一的,贷款人有权单方决定停止支付借款人尚未使用的贷款,并提前收回部分或全部贷款本息,并依法采取其他措施:

①提供虚假材料或隐瞒重要经营财务事实的;

②未经贷款人同意擅自改变贷款原定用途,挪用贷款或用银行贷款从事非法、违规交易的;

③利用与关联方之间的虚假合同,以无真实贸易背景的应收票据、应收账款等债权到银行贴现或质押,套取银行资金或授信的;

④拒绝接受贷款人对其信贷资金使用情况和有关经营财务活动进行监督和检查的;

⑤出现重大兼并、收购重组等情况,贷款人认为可能影响到贷款安全的;

⑥通过关联交易,有意逃废银行债权的;

⑦商业银行认定的其他重大违约行为。

5. 商业银行对集团客户授信的风险管理信息

(1)商业银行应当加强对集团客户授信后的风险管理,定期或不定期开展针对整个集团客户的联合调查,掌握其整体经营和财务变化情况,并把重大变化的情况登录到全行的信贷管理信息系统中。

（2）商业银行应当建立健全信贷管理信息系统，为对集团客户授信业务的管理提供有效的信息支持。商业银行通过信贷管理信息系统应当能够有效识别集团客户的各关联方，能够使商业银行各个机构共享集团客户的信息，能够支持商业银行全系统的集团客户贷款风险预警。

（3）商业银行给集团客户授信后，应当及时将授信总额、期限和被授信人的法定代表人、关联方等信息登录到银行业监督管理机构或其他相关部门的信贷登记系统。同时，应做好集团客户授信后信息收集与整理工作，集团客户贷款的变化、经营财务状况的异常变化、关键管理人员的变动以及集团客户的违规经营、被起诉、欠息、逃废债、提供虚假资料等重大事项必须及时登录到本行信贷信息管理系统。

（4）商业银行应当根据集团客户所处的行业和经营能力，对集团客户的授信总额、资产负债指标、盈利指标、流动性指标、贷款本息偿还情况和关键管理人员的信用状况等，设置授信风险预警线。

（5）银监会建立大额集团客户授信业务统计和风险分析制度，并视个别集团客户风险状况进行通报。各商业银行之间应当加强合作，相互征询集团客户的资信时，应当按商业原则依法提供必要的信息和查询协助。

6. 商业银行开展集团客户风险年度评估

（1）商业银行总行每年应对全行集团客户授信风险做一次综合评估，同时应当检查分支机构对相关制度的执行情况，对违反规定的行为应当严肃查处。商业银行每年应至少向银行业监督管理机构提交一次相关风险评估报告。

（2）商业银行应当与信誉好的会计师事务所、律师事务所等中介机构建立稳定的业务合作关系，必要时应当要求授信对象出具经商业银行认可的中介机构的相关意见。

▶▶▶ 第八章
授信监控

　　授信监控就是授信(贷)后管理。在授信存续期间对借款人进行全程监控,防止出现借款人出现故意损害银行利益的行为,以及市场出现意想不到情况使借款人(包括担保人)的财务能力下降影响到贷款的安全。贷款发放,只是授信风险的开始,等到贷款到期后安全收回,我们才可以说风险消除。虽然在贷款发放前,银行已经采取了相应措施来防范风险,但是这些措施是不足以全部确保贷款风险的,而只是用于确保自己所评估的贷款风险的。市场经常性会发生变化,变化的结果使授信的风险可能超过原来评估的风险程度。比如说,我们鉴于借款人经营正常,相信在正常情况下能够归还贷款,因而发放贷款给客户,并寻找到了合适的担保人,那么在贷款到期间有四种情况可能性出现:一是顺利还贷,风险消除;二是出现一定的经营困难,出现逾期拖欠,最终收回贷款,没有发生损失;三是收回了一部分,发生部分损失;四是绝对情况,借款人、担保人皆陷入重大财务问题,贷款全部损失。前一种状况,结果与风险评估预计相同,后三种情况,出现风险预估与结果相反。银行要防止出现后三种情形,就需要依靠授信监控来保证尽可能地沿着第一种情况方向发展。

第一节　授信后检查

　　贷款发放后,银行一直处于被动状态,若要等到贷款到期后才才知道结果是正常或者逾期,那么银行的风险就无从把握。因此要求贷款期内信贷人员不断地追踪借款人的经营状况,及时发现风险苗头,便于采取必要措施,减少和控制风险。

依照风险内部控制要求,银行都建立有自己的贷后检查办法、要求、程序和相关规定,规定虽然是完善和具体的,执行却需依靠客户经理自己的经验、专业、尽职、勤勉、严谨的工作态度。贷后管理实行经营主责任人与风险监控主责任人制度。根据这一制度设计,贷后的授信监控也不仅仅是客户经理的责任,同时配备风险经理从事风险监控,起监督制约作用。对客户的监控落实到人,责任到人。

贷后检查可以分为三种情况:贷后跟踪,即贷款发放后,立即进行的跟踪检查,重点在于监控贷款流向,是否出现移用、挪用情况;定期检查,每隔一定时期,去企业检查,目的是了解企业经营状况是否发生变化,及这种变化对贷款风险的影响;专项检查,为了特定目的,有针对性的检查,一般是发生了全局性的通共问题,开展全国或全行范围的专项检查,目的在于掌握了解本行系统存在的该方面问题,评估风险影响,便于决策,如地方政府融资平台检查。

贷后检查主要内容和重点大致有以下几方面:

(1)定期去贷款企业了解生产经营状况,了解企业的生产能力的发挥,资金的回笼,经营效益,销售水平,销售价格,竞争因素,出口情况等,及经营中新发生的问题,采取的措施是否恰当;并分析与贷款发放时相比,经营是否有比较明显的恶化,如果判断这种恶化趋势是不可逆的,就要采取断然的措施,以尽可能确保贷款的损失最小。

(2)及时收集每个月的财务报表,并对财务指标进行分析,看相关的财务指标是否发生较大的变化。财务分析同前。将实地调查的感观与从财务报表中所得的数据进行专业比较分析,看是否基本相符。同时,还要将连续几期的财务报表数据排列起来观测其动态变化。例如,应收账款余额增加是否与销售额增加幅度一致,最大应收账款客户排列及金额变化,库存增加有多少是属于产成品库存,是否有积压,对积压产品加强销售的措施,处理的前景,降价可能幅度,降价对利润的影响。分析原材料涨价、劳动工资提高等情况的影响,费用突然增加或利润大幅下降的原因。资产负债率是否发生明显的变化。是否低于或接近于贷款时确定的控制标准,若是,就必须提出警告,必须采取措施使之回到协议规定的控制指标中来,不能任由其发展下去。

(3)检查企业往来账户。企业账户代表企业的现金流。分析资金进出是否正常,销售收入是否发生明显的变化。将企业利润报表的销售收入与账户中的销售货款比较,分析企业的资金有否被拖欠,资金回流速度是否加快。同时,必要时可要求企业提供在他行的账户情况,一是进行总体分析,全面了解;二是看企业的结算状况,是否与本行的贷款比例相一致,结算是银行的派生利益;三是检查贷款资金的使用是否按合同中约定的用途使用。对银行来讲,违背约定,挪用信贷资金,是非常严重的背信行为。在贷款委托支付方式下,客户经理要对企业的每一笔较大的资金使用,认真审核,核对合同、发票、运输方式、保险等事宜,确保这个支付是真实的、安全的。在自主支付情况下,事后检查账户资金的使用,分析其使用方向是否大体符合企业生产经营的一般特点与要求。要重点关注较大金额资金被划转到与企业没有正常业务往来的公司,若是,则一定要企业做详细说明,分析判断其作为是否是合理的,比如企业之间临时性的头寸往来。如果发现企业有将贷款资金通过复杂渠道进入金融投资领域或者用于归还他行的贷款,那么无论如何要引起注意,列入重点监控名单中。

(4)实地核实企业的库存状况。贷后检查中很多时候我们会忽视对库存的检查,其实与贷前调查一样,库存一方面反映企业的经营管理水平,另一方面核对账实是否相符,提高财务数据的可信性。一家库存管理混乱的企业,绝对不会是好企业。领导人必须了解并且时常关注现有库存明细情况,防止监守自盗可能性。通过检查本期进出仓记录,与原有库存水平相比较,就清楚实际库存与财务数据是否一致。另外,可以从明细账目梳理出库存是否合理,是不是存在积压。

(5)担保人情况检查。看担保人担保能力是否恶化、下降,便于及时采取措施。担保人在贷款存续期间若发生问题,对授信资产风险影响很大,必须花工夫监控担保人的变化。若担保人同时是自己的客户,可以与贷后检查结合起来,若不是自己的客户,应该由借款人陪同进行检查,同时利用自身积累的金融人脉,通过有授信往来的银行同行进行了解。当然财务报表每期是必需的,也要通过财务报表分析、判断担保人的担保能力的变化。如果发现担保人出现明显的恶化,就要提出风险报告,向借款人提出,更换担保人,或增加担保人,或其他旨在稳定原有风险的措施。

(6)企业的贷款归还情况。虽然本次借款未到期,但是可以检查本行原有贷款到期,及他行贷款到期情况,有否拖欠,使用何种方式清偿。千万要注意,企业对到期贷款是经常性地通过其他银行贷款来归还的情形。若是,说明周转能力有极大问题。贷款的归还是基于企业在正常的生产经营过程里所产生的现金流,若要经常性地借助他行贷款周转,说明企业的财务运行一定存在问题,而且有可能存在财务漏洞。贷款是否经常逾期。一般授信实践里贷款逾期七天归还,仍然属于正常。

(7)抵押品。检查抵押品价值是否下降,有否损坏,若有破损则要求抵押人立即修理,恢复原有状态;保险到期需要续保;抵押品价值不足则要补足,或追加另外担保,务使贷款安全。同时要跟踪抵押品市场价值的变化,及时评估与担保债务的匹配性。

(8)固定资产贷款。检查资金使用、项目进度、预付工程款、设备订货、到货等情况,是否与原先计划一致;了解其资金来源是否正当,是否有以流动资金名义从事固定资产投资;贷款项目所形成的固定资产有否被别人抵押,若没有被抵押,需立即叙做抵押。

(9)房地产贷款。房地产项目贷款一般实行封闭贷款形式,检查的重点在资金的使用与收入是否按协议及约定进行,发现资金存在体外循环情况,应立即责令改正,并以违约相责。同时了解开发进度、施工质量、预售情况、房款回笼等。

(10)分次提款的贷款,若发现问题,立即停止其余贷款的放贷。

(11)对外担保情况。检查债务担保是否有较大的增加,原被担保人银行贷款的归还情况,有否被担保人出现债务危机的可能性,从而对借款人产生不利影响;了解与担保人之间担保行为发生的基础、约定或协议,以及反担保情况等。在授信实践中,借款人因被担保人出现问题而被追债导致坏账风险的事例经常发生。

(12)检查客户的对外投资情况,期间有没有银行没有掌握的对外股权投资行为的发生。对外投资虽然是客户的自主行为,但是其资金来源尽管来自自由资金,也与银行贷款有关。其必然减少客户的运营资金,必然要增加流动资金贷款补充。更要注意客户是否存在抽调资金涉及股市、期货、房地产等炒作,若发现,应即时责令收回。

(13)检查客户对授信额度的使用情况,包括其他银行的授信额度。授信的原则之一就是适量原则,就是银行提供的资金在于能够基本满足客户正常性周转所需,而不能更多。若客户能够获得额外的授信支持,就会产生利用银行授信从事套利的念头。通过对其平时授信额度的经常运用情况,分析现有额度是否过度,若有过度部分,则在下期到期前做授信时扣减额度。

（14）检查借款合同中特别约定的条款的落实情况。特别约定条款一般包括两个方面，一方面是与授信风险控制有关的要求，如资产负债率水平等，若这些方面改变了，等于授信基础发生了变化，风险增加了；另一方面是与银行收益有关的约定，如最低存款水平、结算业务量等，若没有达到要求，银行利益受损。

（15）随时检查与关注客户是否有涉及司法，被追讨债务事情发生，若有，要进行审慎的评估、研判、推演，估计败诉的可能性，后果和影响，及时采取有效措施。

（16）对于民营企业尤其是家族企业客户，个人因素对企业的影响至大至深，一旦出现不法的、司法的、道德的问题，随时有可能将企业搞垮，因此要求贷后检查的内容延伸到对企业领导人个人行为的监控上。有不利的传闻，要立即引起警觉，多方进行查证。

（17）关联交易。关联交易是企业之间，尤其集团企业普遍存在的现象，其对银行的影响在于因为交易双方实际是同一人，导致交易结果可能使资产进行非对价交换而转移，或者虚增销售、利润来粉饰财务报表，维持银行的好感。因此对借款人的资产交易项目，或者新的突然增加的大额销售，需要检查是否有关联交易行为。

（18）参加董事会议。贷款存续期间，客户若有董事会议等重要的与企业决策有关的会议，银行应该积极参加，及时了解客户的未来决策与目标计划。对于涉及公司利润分配的决议，银行应该且有权利以自身利益考量，提出不同意见。因为公司进行利润分配将导致现金净流出，可能影响资产负债率等财务指标、结构的不利变化。

（19）关注与分析财政、金融等宏观经济政策的变化对客户的影响。

贷后检查的实施，一般在贷款发放十五天内，就要求去企业进行检查。以后定期的至少一个月一次，及时了解、掌握、更新企业的动态信息。每两个月完成一份贷后调查报告，如实反映企业变化情况，如有较大变故，应该及时向主管提出，并进行风险预警，列入观察名单，重点关注。

贷后检查也需要将实地检查、财务分析、同业同行了解等各种手段相结合，使贷后检查与贷前调查的信息一样，尽可能细致、全面地了解和掌握客户的动态变化。

第二节　贷款分类与风险预警

一、贷款分类

贷款分类是授信监控的有效手段之一。通过贷后检查获得的客户动态变化信息，以一定程序、一定标准对存续贷款按明细客户，逐一进行连续信用评级，然后以评级结果为依据再行分类。

国际上通行的分类标准，也是我国银行业目前实行的标准是五级分类标准。贷款五级分类法是按照贷款的风险程度将授信资产划分为正常、关注、次级、疑问、损失五级不同的档次。其目的在于揭示贷款的实际价值和风险程度，真实、全面、动态地反映贷款的质量；同时有利于及时发现贷款发放、管理、监控、催收以及不良资产清收中存在的问题，完善管理措施；也是判断贷款损失准备金计提是否充足提供的依据。

(一)正常贷款

借款人能够履行合同，没有足够理由怀疑贷款本息不能按时足额。

(1)借款人生产经营正常，能够正常还本付息，银行对借款人最终还贷有充分的把握和信心。

(2)借款人即使存在一定的消极因素，这一消极因素不足以影响贷款的按期归还。

(二)关注贷款

尽管借款人目前具备偿还贷款的能力，但存在一些可能对贷款偿还产生不利影响的因素。通常出现以下方面情况时，需要列入关注贷款：

(1)贷款本息及各种垫款出现逾期90天内。

(2)借款人的偿付能力、盈利能力等关键性财务指标出现异常性不利变化，或低于同业水平。

(3)借款人的或有负债过大，或与上期相比有较大上升。

(4)借款人的固定资产贷款项目出现重大的不利于贷款偿还的因素，如项目工期较大延长、预算较大调整等。

(5)借款人未按约定用途使用贷款。

(6)借款人还款意愿较差。

（7）借款人或担保人改制，对银行债权可能产生不利影响。

（8）借款人的主要股东、关联企业或母公司发生了重大不利于贷款偿还的问题。

（9）借款人管理层出现对经营管理的重大意见分歧，或者法定代表人、主要经营者私德、品行出现问题，甚至涉及司法。

（10）抵质押物价值下降，或者银行对抵质押物失去控制。

（11）保证人的财务状况出现疑问。

（12）宏观外部经济环境出现不利于借款人的较大变化，可能影响到贷款的偿还。

（13）银行未能对贷款实施有效的监督或重要档案丢失。

（三）次级贷款

借款人的还款能力已经出现明显问题，完全依赖其正常营业收入已经无法足额偿还贷款本息，即使执行担保也可能造成一定损失。其主要特征是：

（1）贷款本息出现逾期180天以内。

（2）借款人的现金流量出现负值，支付出现困难。

（3）借款人经营出现亏损，且难以获得补充来源。

（4）借款人没能偿还其他银行的借款。

（5）借款人不得不通过变卖、出售经营性固定资产来维持生产经营，或者需要拍卖抵押品，或向担保人要求履行担保责任才能归还借款。

（6）借款人通过隐瞒事实等不当手段骗取贷款。

（7）借款人内部管理出现问题，对正常经营产生影响，妨碍贷款归还。

（8）银行信贷档案保管不善，其中重要文件遗失，这一文件对于还贷构成实质性影响。

（9）预计贷款损失在30％以内。

次级贷款就是在关注类贷款中发生的影响还贷能力的事件确实发生并且使还贷能力恶化成为事实。关注贷款与次级贷款的区别是：关注贷款发生了值得关注的影响事件，但是这些事件可能使企业还贷能力下降，也可能获得改善，回升正常状态，属于潜在风险；而次级贷款是那些影响借款人还贷的因素确实发生，并已经演变成实际的风险。

（四）疑问贷款

借款人无法足够偿还贷款本息，即使执行担保，也肯定要造成较大损

失。对疑问贷款来讲,贷款已经出现严重问题,发生风险,只是风险程度有多大,可能收回多大部分尚不清楚。其主要特征是:

(1)借款人贷款或各项垫款逾期180天以上。

(2)借款人处于停产、半停产状态。

(3)借款人的固定资产贷款项目处于停缓建状态。

(4)借款人已经资不抵债。

(5)借款人涉及重大诉讼事项。

(6)法定代表人失踪或触犯刑律,对经常经营活动造成巨大影响。

(7)贷款经过重组,仍然逾期,或仍然不能正常还本付息,还贷能力未得到明显改善。

(8)银行已经提起诉讼追讨欠款。

(9)借款人已经进入清算程序。

(10)预计损失在30%～90%之间。

(五)损失贷款

在采取一切可能的必要措施后,本息仍然无法收回,或者还只能收回极小部分,贷款确实已经发生损失。其主要特征是:

(1)借款人被依法撤销、关闭、解散、宣告破产,并终止法人资格,即使执行担保,仍然无法还清的贷款。

(2)借款人虽未依法终止法人资格,但实际停止经营,且借款人已名存实亡,即使执行担保,仍然无法还清的贷款。

(3)借款人的生产活动虽未停止,但产品无市场,企业资不抵债,亏损严重,濒临倒闭,即使执行担保,仍然无法还清的贷款。

(4)借款人依法宣告破产,对其资产进行清偿,并向担保人追讨,仍然无法还清的贷款。

(5)借款人死亡或宣告失踪,对其财产或遗产进行清偿,并向担保人追偿后仍不能清偿的贷款。

(6)借款人遭受巨大自然灾害,损失巨大且不能获得保险补偿或保险补偿后不足清偿部分的贷款,对其财产进行清偿,向担保人追讨后仍不能收回清偿的。

(7)借款人触犯刑律,被判处有期徒刑实刑以上,其财产不足清偿,又无其他债务承担者,确认无法收回的。

(8)在对借款人担保人采取法律手段,并经过强制执行,已无财产可供执行,法院裁定终止执行,没有收回的贷款。

(9)国务院专案核销的贷款。

(10)预计损失在90%以上。

上述对于贷款损失部分的估计是指现有贷款余额而言,而不是指最初发放的额度。

一般每个季度银行要将全部的贷款按五级进行重新分类,及时提供准确动态变化信息,便于行长作出决策。

切记,出现贷款风险苗头时不能因为影响到自己的利益而主观加以掩饰。因为提早预警风险,及时采取对策,能够尽可能减少不必要的风险损失。尤其是在有多行贷款的情况下,提早采取措施,更加主动。

(六)贷款分类依据

贷款分类的依据主要是以下几个方面:

(1)借款人本身的还贷能力正常与否的第一性原则。

(2)已有的本息归还情况。

(3)担保人及担保品情况。

(4)内部管理因素。

二、风险预警

贷后监控的一项工作就是建立风险预警。所谓风险预警就是当借款人的外部环境与内部条件出现不利变化时,对贷款风险及时预测和报警。任何一个企业,从正常经营到出现财务危机,总是有一个过程,在这个过程中,透过一些具体的事件,若进行仔细认真的分析,一定能够找到它们之间的关联性。建立风险预警的意义就在于,一旦发现客户情况发生变化的迹象,立即做出相应的反映,严密监控,评估可能的演变方向和程度,采取积极的措施来对冲可能的风险。

风险预警是透过一些事件所发出的信号来识别的。这些信号主要有以下四个方面。

(一)财务报表和资料反映的预警信号

(1)不能按时得到报表及文件,或财务报表不完整、不连续。

(2)应收账款突然之间大量增加或者期限延长。

(3)资金状况恶化。

(4)库存激增。

(5)存货周转速度减慢。

(6)流动资产比例下降。

(7)资产负债率连续几期出现明显上升。

(8)销售下滑,利润大幅下降。

(9)流动资金用于长期投资。

(10)应收账款中坏账增加。

(11)拖欠员工工资。

(12)财务报表审计不合格或有保留意见。

(13)交易账户混乱。

(14)经营费用相比销售大幅度增加。

(15)经营出现亏损。

(16)较大金额的关联交易。

(17)贷款增加而销售无明显增长。

(18)股东占用资金。

(19)国外应收款增加。

(20)在附属公司有应收款。

(二)企业经营管理方面出现的预警信号

(1)财务记录与管理混乱。

(2)机器设备陈旧老化而没有更新。

(3)主要客户流失。

(4)存货囤积过多,有投机嫌疑。

(5)设备维修不善,经常发生故障。

(6)经常性停工待料或停工待单。

(7)市场竞争激烈而处于不利状况。

(8)较大的对外投资失败。

(9)发生连续退货,产品质量下降。

(10)主要财产没有投保或者续保。

(三)人事管理方面及与银行关系的预警信号

(1)主要负责个人发生道德上、法律上的明显问题,尤其是有赌博行为。

(2)董事会、所有权或主要人事发生变动。

(3)主要部门、岗位员工流动频繁。

（4）员工待遇长期低于社会正常水平。

（5）主要负责人独断专行、刚愎自用，影响管理团队的团结。

（6）用人不当，部门之间工作不协调。

（7）无故替换财务管理人员。

（8）能力不逮，对市场及环境变化反应迟缓、应变能力差。

（9）对银行的态度发生变化。

（10）多家银行开户，且经常变换银行账户。

（11）隐瞒与某家银行的往来关系及负债情况。

（四）银行账户反映的预警信号

（1）经常被退票。

（2）应付票据展期过多。

（3）不能按期支付贷款利息，贷款要求展期。

（4）以银行贷款归还其他银行贷款。

（5）银行账户涉及司法被冻结。

（6）账户上的平均存款余额长期维持较低水平。

（7）货款流入的正常现金流大幅减少。

（8）正常有大额资金流入与产品销售关联不大的账户。

（9）突然性正常结算中断。

第三节　还本付息

财政与金融英文都是 Finance，但两者的区别点在于，财政是单向度的，而金融是双向度的。银行通过让渡资金的使用权给借款人，到期时向借款人除收取本金外，还要收取一定的利息。银行不仅仅要把本金回收，同时也要将相应的利息一并收取。所以收息还贷是授信业务最终结果的体现。

还本付息工作，看似简单，也有一定的程序与规定：

（1）贷款到期前提前 20 天通知企业准备还贷。

（2）应收利息须提前 7 天通知借款人。

（3）银行承兑汇票，须提前 10 天通知出票人准备支付。

（4）贷款展期，是指原来合同期限条款的修改。贷款到期，借款人出现临时性周转困难,需要展延贷款,应该提前 15 天提出申请,经过银行同意,补充签订贷款展期协议书。此展期协议书是原贷款合同不可分割的一部分。原贷款合同的主体没有变化,只是期限条款发生了更改。注意:①短期贷款展期期限不能超过原来合同期限,中期贷款展期不能超过原来合同期限的一半,长期贷款展期不能超过 3 年;②贷款的利息需要另行调整,应该按原合同期限加展期期限来确定新的利息率,并覆盖原来贷款期,进行利息补收;③企业经常性出现贷款展期,需要引起注意,说明其财务管理存在一些问题,至少财务预测不准,计划资金的调度发生脱节,或者企业资金运转一直存在困难,需要对企业提出财务改进建议。

(5)提前归还。合同里一般允许银行有权提前收回贷款,也允许企业提前归还贷款的条款,但是原则上企业应该支付银行一定的利息损失。一般来讲,企业能够提前归还贷款,一定是好企业,银行反而不愿意,因为收回的贷款总是要放出去,新的客户可能风险比它更大。流动资金贷款,一般收取提前还款额的 7 天利息。中长期贷款为一个月利息,相当于违约金。实际工作中应灵活处理。

对于分期还款的贷款的提前归还,采用倒序归还法。即首先归还最后一期到期的贷款,若仍有余,再归还倒数第二期到期的贷款,一直下去。并且,归还的金额必须是某个较大数额的倍数,比如最少 200 万元,那就不能还 300 万元,要么 200 万元,要么 400 万元。

(6)借新还旧。指从本行新借一笔贷款用于归还原有贷款,余额并没有变动。原先规定不允许贷款借新还旧,考虑到金融实践后来有条件放开。实行借新还旧的,必须是正常性的流动资金借款,企业生产经营正常,无不良贷款,所有应付利息已经付清,担保措施落实,企业的生产经营符合国家产业政策,产品有市场。借新还旧相当于给予企业定额周转资金,与对贷款展期的处理原则一样,不能任其提出借新还旧而予同意。一般允许一次借新还旧,下一个周期贷款到期必须归还后再办理新贷款。该等贷款本身说明企业的财务已经存在一定问题,按规定至少列入次级类贷款。

(7)逾期罚息与挂账停息。逾期罚息是指贷款到期后,借款人不能按时归还贷款,银行加收的利息,一般是原定利息的 20%;对于挪用贷款,银行按规定也可以加收 20% 罚息;挂账停息指贷款逾期 90 天以上,不再将应收利息计入银行当期损益中,也就是说,不进行表内核算。但这并不等于银行可以完全放弃对该贷款的利息追讨,银行仍然有权利,也有义务向借款人追讨应付利息,除非是实在无法追讨。要注意,银行不应该把贷款挂账停息的信息透露给借款人,否则借款人可能以此为理由拒绝支付可能支付的相关利息。

(8)本息归还顺序。在正常贷款项下,不存在本息归还的矛盾,但是在不良资产清收中,追讨所得金额不足归还本息全部时,就有先后顺序问题。按规定,利息优先,还本在后,但是借款人已经不可能全数还贷,若先收息,还贷部分就相应减少了。贷款的核销与利息减免权力是不一样的,后者可以由银行决定,因此需要变通处理,先还本后收息。另一种情况,是同时或前后有两笔贷款到期,但借款人的还贷金额有限,不足以将贷款全部还清,不能以贷款到期的先后做还贷的依据,而是要看贷款的担保、抵押情况来判定,原则是先归还风险大的贷款。

▶▶▶ **第九章**

授信催理

授信催理指对已经进入银行不良资产列表的贷款进行催收管理。基于银行的授信实践，因各种原因，或多或少总会出现风险，有些是因为客户出现临时性原因导致贷款不能按期归还，拖欠逾期，有些则已经酿成了真实性风险，严重的甚至发展到完全的损失程度。但是积极的态度、有效的方法、及时的反应，其结果会有很大差别。授信催收的目的就是在于对已经出现风险的贷款进行适当的处置，尽可能挽回损失。

第一节　授信催理的原则

贷款总是有风险的，关键是当出现风险后如何面对。催收是一种事后救济的手段，它不能够改变已经发生的风险事实，只是能够一定程度上减少风险损失。有些贷款发生风险，被及时发现并采取有效措施，最后盘活资产，风险消弭的情况也时有发生。有些贷款本来可以采取积极的措施及时处理的，却被拖延，失去有利时机，或措施方法有误，最后扩大了风险损失。所以对银行来讲，催收管理也属于授信日常工作不可或缺的一环。一家合格的银行，在一系列风险管理制度中，也必定有授信催收的管理制度，作为风险资产处置的指导原则和基本依据。

一、及时性原则

及时性原则就是不要拖沓、延宕。实践中有很多事例说明，一些风险贷款是因为拖延导致风险恶化。在现有银行考核机制下，不良资产出现将立即影响直接责任人的当期考核指标，而最早最应该及时发现和判断风险的也应该是客户经理。出于利益考量，一般性的，当刚出现风险因子，尤其是风险因子尚不是很明显的时候，客户经理抱着但愿不会发生风险的单方面的选择性想法，很有可能以各种借口隐瞒某些事实，使之不能及时判定为不良资产，而失去最初机会和最优方案，等到掩饰不住，风险大暴露了，为时晚矣。这是目前银行目标考核机制下的一个现实性困境，因而在实际考核指标时应顾及这一点。

刚开始出现风险的时候，此时信息不确定，表征不明显，存在着改善与恶化的两种可能走向。主观意图上，客户经理也不希望向恶化方向发展。他会重点关注客户的风险变化，同时也一定抱着侥幸心理，对银行也会故意掩饰一些事实。从客户来讲，经营出现风险，其最初也是千方百计应对的，会采取一些看似有效、正确的措施来挽回。如果在经过一定时期补救后，也找不到更好的手段，仍不见好转，必然会产生道德风险，利用自己的信息优势与财产处分权，直到转移财产，保证自己的利益，损害银行利益。一边又做出诚恳努力的样子与银行周旋，直到彻底瘫痪不能运转，木已成舟，银行也徒呼奈何。如果真有资产隐匿行为，因系民事行为，银行调查举证也有困难。而且大凡发生风险的企业，其内部财务管理必定混乱，账册不全，凭证缺失，资产、债务纵横交错，摸不到头绪。当你找到线索与证据，向债务人代位求偿的时候，债务人也颇不配合，花尽九牛二虎之力，效果不彰。曾有企业向某银行借贷后经营中出现一笔较大损失，使企业陷入困境，采取各种措施未见好转。期间银行虽然关注企业，但一直过于相信企业的片面之词，认为不久就会出现改善。此时，企业最清楚可能的结果，于是就私下开始转移财产，逃避债务，将所有应收款项转入一个新开设的自己掌控的公司账户里。银行发现为时已晚，资产转移差不多了。银行通过努力在掌握某公司有应收账款，要行使代位求偿权，与该公司进行面洽、交涉，该公司不肯配合，最后告诉银行应付款已经给付对方，不再欠账（事实根本没有），银行要求对方提供相应的付款凭证，无果而起诉至法院。然而对方在法庭上提供已经付款的证据进行抗辩，终至银行的努力失败。其实对方提供的汇款证据虽然有效，却是对前面账款的支付，而不是对存续应收款的支付，但是银行因为举证困难无法辩驳而败诉。

切记，面对可能出现的风险时，宁可从最坏处思考，断不可做君子，被动等待，单方面相信对方，而是要切实行动起来，向主管如实汇报，密商对策。当然，也要注意方式、方法和技巧，要维持表面关系，难免以后有一些事情上要求对方配合。

尤其在有多家银行贷款的情况下，及时性原则更显必要。此时各家银行的不同利益，先下手为强，也不存在损害其他银行利益的事情，只对自己的银行负责。多收进一分，则少损失一分。若他行行动早，难么损失就全部为我承担，最恶劣的事情是他行可能全数收回，而我行损失大半。那是无法交代的。

二、果断性原则

果断性原则就是不能犹豫不决，要当机立断，快速干预。当判断最终必然面临司法裁决时，迅速进入程序，才可能保全债权资产。

决策上的果断与否，对债务处理效果也能产生影响。实际上，列入催收管理的不良资产，其经营基本每况愈下，现金流涓细，勉强维持且不易，不能奢望能获得一笔额外的较大现金流来归还贷款，除非处理资产。即使经过资产处理，获得一笔较大的现金，该现金的处置权完全在他一方，有可能发生变故，或者改变支出方向，用于其他途径，或者只用一部分来还贷。此时企业基本无现金流，存在一天就有费用支出，其费用直接来自资产处理，而这些费用本来是可以用于还贷，减少损失的，哪怕数字菲薄。拖延越久，亏损越扩大，收回比例越低。在存在多行贷款情况下，果断性更显重要，早行动就有优势。

影响果断决策的因素主要有四个：一是平时相熟，采取保全措施怕伤了彼此面子，却没有想到其实是对方伤了自己的面子。二是过于相信对方还在采取的救济措施，能妙手回春，枯木逢春，可能得以全数收回，最终消除风险。这种想法对授信催收绝对有害。实践中能够如是的百不一二，即使有企业后来起死回生，其必要的前提亦非经过债务重整不可。三是顾及担保人的影响。有时候担保人为本行的重要客户，将因连带责任而面对司法，会影响它的市场信誉度。尤其是上市公司，涉及司法诉讼事项属于必须披露的信息，对他的利益影响至大，自然会劝阻、说服，或某种口头承诺来软化决策。四是主观认为对方已无资产，起诉未必有效，浪费时间和精力。

在社会上的普遍认知与信念是，银行债务应该放在最后清偿的，有钱先还个人债务、企业债务。不果断采取强悍性措施，依靠对方无实质内容的口头承诺，归还钱款的事例尚不多。当判断客户已经处于不可逆地步时，就应果断进入司法程序，越早越好，此时还有一些财产可以处理。尤其是担保人财务还没有一起恶化，作为可能的追讨对象。银行从担保人处得到代偿，担保人与借款人之间形成新的债权债务关系。这种关系要超越与银行的关系，因为直接涉及担保人的利益了。他们之所以形成担保关系，还有一种人情上的关系。保护心理更强、压力更大，会千方百计想办法，甚至动用个人资产。而这对银行绝对是不可能的。

曾经有某公司向银行贷款 CNY 1,000 万，因经营不善，周转不灵，出现困难，连续几次银行到期贷款逾期一个月以上未能归还，经调查并结合各种因素分析，该贷款已经属于风险资产，于是在还没有彻底恶化前采取相应法律行动，最后收回了 CNY 900 万，其中担保人处承担 CNY 300 万。利息当然没有了，损失 CNY 100 万。该公司自然难以为继倒闭转手了。后来经过了解，该公司用各种财产，包括部分股东的私人财产归还了担保人 250 万元。很明显的银行与担保人在它心目中的地位是有差别的。要知道动用私人财产还银行贷款，绝无可能。

三、针对性原则

针对性就是不千篇一律，而是要客观分析资产风险特征、形成原因、风险损失程度、企业目前状况、财务结构等因素，做出专业性诊断，采取针对性的措施，旨在通过这些措施的有效发挥，使贷款风险损失减少到最低水平。

有些企业已经长期没有正常的现金流了，采取法律手段清收，反而有助于减少现金流出，保全部分资产；有些企业销售发生困难，现金流突然大量下降，导致到期债务不能如期归还，产品积压越来越严重，引起连锁性反应，周转困难，此时采取法律手段介入，为时未晚，还能有一定收成，而等到原形毕露才介入，可能是颗粒无收；有些企业是出现了与正常生产经营无关的临时性财务损失，影响资金周转，贷款连续逾期，现金流减少但却仍是稳定的，给予一定宽限条件，有较大可能恢复，就要进行重新协商，在不增加风险的情况下，保持周转，另提条件，维护现有正常生产，一定时期后，消化原有损失，转入正常轨道；有些贷款已经是明显的风险损失，但其现有资产中的有效资产有盘活的可能性，且是有力人士参与，那么就要考虑进行资产重组可能性，来减少损失。

总之，正常企业都是一样的，而风险企业各有各的风险，就需要考验我们的经验和处置艺术。

四、现实性原则

现实性就是要现实的认识到既然已经进入催收程序的贷款,风险是已经必定发生了。只是实际执行的结果损失程度多大尚未可知而已。也就是说,催收努力的结果不可能改变风险资产的事实,而只是减少损失。

人都有不切实际的幻想,总是期望奇迹出现,逆转胜。实践告诉我们,此等想法是要不得的。要承认现实,确定损失的程度,以此为基础展开工作,采取相应措施。要有多收回一元,就是多一元利润的理念。这方面有很多教训。开始抱过大期望,以致错失有利时机,过了一段时期再采取措施,效果反而不好,甚至损失更大。

第二节 资产重组

资产重组是指银行和借款人之间经过协商,在保持原有贷款数量,并在不增加风险的基础上,对问题贷款提出新的解决方案。银行不是要求借款人立即归还借款(事实上也没有这种可能),而是寄希望于通过重组稳定或提高债务人的清偿能力,待借款人情况获得较大改善后,再要求履行债务。适合实施债务重组的借款人必须有一个前提条件,即通过重组至少能够部分改善经营状况,提高清偿能力。如果债务人不具备改善的可能性,无端的浪费时间,同时反而使财务更加恶化,损失更大。债务重组的方式主要有四种:①以低于债务账面价值的现金清偿债务;②以非现金资产清偿债务;③债务转为资本;④修改其他债务条件。其中前三种属于即期清偿债务,后一种属于延期清偿债务。

资产重组的债务也适合已经实行了资产保全的债务。资产保全只是手段,收回才是目的。重组能够比直接执行更好化解风险的,重组也是一个优先的选项。

一、资产重组的适用情况

适合采取资产重组的几种情况如下:

(1)企业出现严重困难,比如,突然性的财务损失,但这种困难的引起与正常经营关系不大,正常生产经营虽然受到较大影响,周转困难,现金流减少,但是产品仍然有一定市场,销售减少但没有中断。有形资产仍有一定比例,还可以发挥作用。没有发展到资不抵债地步。

(2)借款人经营出现严重问题,已经不可能凭自身能力依约归还借款,损失必然发生的,但是担保人或其他有力人士愿意利用其原有资产继续经营或改营的,或母公司参与重组的。

(3)政府因素。主要系国有或国有控股企业,在企业出现经营困难时,为优化资产结构,盘活存量资产,对企业进行合并、重组,随之银行的贷款也发生重新组合。

(4)债转股。债转股是比较深度的重组形式。它是债权人为了实行债权清偿率的最大化,而将原有债权转变为股权,以便最大程度介入和控制债务人的活动,通过各种有效手段使债务人恢复生机,具备足够的清偿能力。

二、资产重组的措施

资产重组的措施主要有以下几个:

(1)全面参与企业改制。这是针对国有及集体企业而言。由于各种历史原因,一些企业出现经营困难,需要进行改制,寄望通过改制搞活企业,提高清偿能力。一般而言,企业改制,资产与债务同时转移到新的企业中,此时银行处于被动状态,为了保护自己的债权,银行应该积极全程参与改制过程,从改制方案,到清产核资和资产评估,再到改制后的债务分担提出自己的意见,保障自己的债务不因改制而悬空。就是说,在企业的改制方案中必须发表自己的意见,必须坚持原有债务的转移和落实。关键要注意,在办理原有企业资产转移的过程中,确保银行债务同时随之转移。在此前提下,协助企业办理产权变更手续。

(2)适当增加贷款,盘活原有资产。这一手段必须谨慎,因为原有贷款已经成为不良资产,明知是不良资产而增加贷款,若不小心,反而增加不良资产。

采用这种措施,主要是针对一些企业,从总体上已经出现清偿能力不足问题,但就企业人员、设备、技术和市场来看,仍有一定利用价值。此时若可采取通过优势企业实施兼并,或者内部资源重组,实现资金、技术、劳动力等生产要素的重新组合,发挥一定的作用,使企业逐步恢复生机,提高清偿能力。采取这一措施的关键是,通过较少的贷款增加,能够产生大得多的收益,增加部分可以用于银行还贷。因此要注意:①参与兼并的企业本身经营正常,或者债务人的某个产品确有市场。②新增贷款的风险控制措施落实,且对其管理措施要不同于原有贷款。③实行新增贷款的封闭运行,即贷款使用、周转应该严格控制,在体内循环,不能流出。④承诺并实现贷款余额逐年减少,一定时期清偿,体现债务重组的实际效能。

(3)利息减免。作为交换条件,银行为使债务条件得到一定的改善,减免原有利息,也是经常采用的方法。贷款已经是不良资产,说明其清偿能力不足,若加罚息,加重债务负担,即使利息能够全数收回,相应的贷款收回就少了。有时候减免利息,放弃银行的一部分收益,换得贷款回收,银行的总回收金额不变,把应收利息部分,优先归还了本金。利息减免是有条件的,债务人尚能维持。

(4)债转股。一般而言,当出现以下两种情形时,可以考虑采取债转股方案。一是债务人自身以不能主动有效的重组,必须对债务人施加更大的压力,才能迫使其接受或推动重组。二是危机的严重程度已经到了必须使用外在压力才能是企业新生的地步。银行通过评估认为有重组的成功可能性,通过付出重组成本,达到预期收益。通常来讲,经营企业不是银行的强项,实现债转股需要付出极大的努力,是一种万不得已的被动选择。

三、债转股的类型

债转股的类型主要可以分为下面几种:

(1)直接型和间接型债转股。直接型债转股就是银行直接将自己的债权转变为股权,然后银行或者持有股权并承担重组的风险,或者转让股权引入新的投资者。间接型债转股就是银行将债权转移给新的投资者,然后由后者进行债权变换为股权,进行重组。常见的我国几大资产管理公司运用资产包形式标售债权,就是属于间接型债转股形式。

(2)政策型与市场型债转股。这是以政府是否参与债转股区分的。政府参与的债转股模式,一般债转股的对象、规模、转换方式、价格、重组条件等由政府决定,债权人与债务人只是按政府的要求进行操作和重组,且政府承担债权或承诺承担债权人的大部分损失。对银行来讲显然是一种较理想的重组模式。市场型债转股是银行自己主导决策的承担重组成本和重组风险的债转股模式。

(3)封闭型与开放型债转股。这是根据债权人在重组后的股权是否转移清偿来区别的。债转股重组后,如果债权人通过重组使债权清偿,就是封闭型债转股;如果债转股后债权人出售股权,由新的投资者接替,从而实行股权转让,而清偿债权的就是开放型债转股。

第三节　资产保全与清算

资产保全是银行最后的清收手段。就是通过法律手段对债务人、担保人的相应财产包括抵押品在债务范围内进行司法保全,便于在作出民事裁定、判决、调解或强制执行申请以后,对相关财产进行清偿,保护债权的实施。清算指债务人无力继续经营,进入破产程序后,各相关债权人主张债权,参与清算,以便在剩余资产中获得应得份额的,挽回一定损失。两者都是被动的非常措施。

一、资产保全

保全资产有两种:一是抵押资产,一是非抵押资产。两者法律关系虽然不同,但对财产的处置均需要经过司法程序。资产处分时,可以允许经双方当事人协商的方式抵偿。但是,此等协商过程如果没有司法协助,需要提防有第三方债权人在未达成协议或已经达成协议但未实际转移妥当时对该财产提出诉讼请求。因此最安全的办法就是在司法架构下进行协商,保全以后,银行也相对拥有主动权。

保全办法也有两种,一是诉讼保全。在提起诉讼同时,对相关财产包括已经抵押财产实施诉前保全,确认银行作为优先受偿的权利。待司法程序进行,或调解、或裁判,相机处理。二是经过公证的借款合同,可以不必经过诉讼阶段,直接提请进入司法执行阶段。

采用司法保全,既要符合《民事诉讼法》相关程序要求,也要运用银行清收的经验与原则,否则事与愿违,不达目的,赢了官司,输了债权,效果不彰。

第一,掌握、摸清债务人、担保人的实物财产。实物财产是相对较好的财产,保全也容易,包括固定资产、土地、银行存款、库存商品、对外投资股权、股票、债券等。这些财产要奉行先下手为强原则。如果保全的财产足够抵偿债务,等于风险消弭了。各项应收款项,价值相对低些,清理也麻烦。再次是无形资产,了胜于无。对这些资产的信息,得以借助于平时工作的认真细致和扎实严谨。在授信调查时,就应了解并记录这些财产的分布、状态、价值、是否抵押,应收款的主要对象、销售方式、放账金额,不过,L/C及项下进口商品、承兑汇票等的保证金,不能是保全财产。授信监控过程中亦须时时注意其变化,并做记录,便于需要时有线索可循。

第二,可以一定手续从相关管理机关查询相关信息。房地产可以向房地局查询,土地向土管部门查证,汽车等交通工具向交通管理部门查询,对外股权投资可以向工商管理部门查询。上市公司股票向证券交易所所在地的证券登记结算中心(即托管机构)查询。通过查询获知借款人、担保人的财产情况。不过要注意,查询过程一定要低调、秘密,不能让对方感知到。而且查证与保全时间间隔越短越好。

第三,准备起诉书。银行借款合同均为连带责任担保,起诉对象为债务人、担保人或其他相关责任人。准确叙述债权形成过程,对方违约事实、金额、利息、费用,列明诉讼标的,引用适用的相关法律,并附送证明法律事实的相关附件。诉讼可以在被告所在地法院,也可以在银行所在地法院。鉴于我国目前的司法环境,对银行来讲,一般选择自身所在地法院为好。

注意,根据法律规定,法院不是对客观事实做出判决,而是对法律事实做出判决。法律事实是被一系列被法庭认可的证据证明了的事实,故此对相关证据的准备与提交必须充分、认真。

起诉书的一般格式可参考本章附录。

第四,诉前保全。在递交起诉状的同时,递交诉前保全申请书,列明所需要保全的财产清单,陪同法官去相关机关从事财产查封与保全工作。已经诉前保全的财产,对方失去处分权。不过,银行需要支付一笔诉讼保全费用。

第五,庭审。法院安排时间进行法庭调查、法庭辩论,审明事实。庭审期间,双方可以调解,达成一致,由法院出具民事调解书;或者直接进行裁判,出具民事裁定书。两者都有同等的法律效率。一个是双方自愿意志,一个是法院强制裁决。

第六,上诉。任一方对民事裁定有异议,可以在收到判决书15个工作日内,向上一级法院提起上诉。上诉就是二审开庭,二审属于终审。如果二审不服的,可以告审。但告审不影响终审的效力。上诉期间,原先判决停止执行。

第七，强制执行。被告败诉后，必须履行自己的义务。现实中能够主动履行的少之又少，大多需要申请法院强制执行，对相关已经保全财产，或新发现的其他财产进行强制执行，或协商抵偿，或法院主持拍卖。执行阶段须继续支付执行费用。

第八，终止执行。最后，债务人是再也没有财产可以执行了，虽然尚有部分债务没有清偿，继续执行已无意义，浪费司法资源，由法院出具终止执行通知书，进行销案。

对于采用诉讼保全的，应掌握法律对诉讼时效的规定，防止发生出现债权因超过诉讼时效而不被接受的情况。法律对诉讼时效的规定是在债权到期后的两年内，受法律保护，若超过两年，则该债权将失去法律的保护。失去法律保护，是指司法不再介入债权纠纷，并不等于债权灭失。双方的债权债务关系人仍然存在，只是不能动用法律武器，保护自己的利益了。

二、清算

债务人、担保人因各种原因，不能继续营业，提出破产申请，各债权人需要对自己的债权主张权利，参与破产清算。

法律关系不同，企业破产程序也不同。在美国有一个破产保护程序，企业可以自己申请破产保护，在此破产保护期间，一般是六个月，债权人不能对债权提起诉讼。有利于企业在六个月破产保护期间与债权人进行债务谈判，达成企业重组。我国已经有《企业破产法》，对企业破产做了一定程度的法律规范。

企业破产有两种，企业自动宣告破产，与债权人申请破产，经司法认定破产。无论何种破产都涉及破产财产的清算。在司法实践中申请破产成功的比较少，大多数是企业主动破产清算。

对于破产企业，银行的债权基本上确定为损失了。但是除非资不抵债，总能有一些收成。此时，银行要做的就是债权申报与参与清算。因为在没有进行资产清算以前，无法肯定究竟能收回多少。不论是否资不抵债，不参与债权申报，从程序上讲就是违背规定，属于工作失职。

企业破产按规定应该由法院主持组成破产清算委员会，全权处理破产财产清理，同时召开债权人会议。银行应该做的就是申报债权。根据规定,债权人应该在收到清算委员会的债权申报通知 30 天内,备妥有关债权的证明文件,向清算委员会申报债权。逾期申报的视同自动放弃债权。按银行职责,无论何种原因疏忽都是不能容忍的。如果出现逾期不能申报的,在实践里,一旦发现疏漏,应立即补救,提供足够证据,申请补报,证明确实不是属于银行主观的原因造成漏报。

债权申报,所提交债权申报书内容包括:借款合同、担保合同等证明债权的基本文件;债权性质(贷款、L/C、承兑汇票、租赁等);欠付利息、罚息金额,及计算依据;担保情况,如果是抵押财产,提供抵押登记证明。因为破产财产清偿是按顺位比例分配的,所以在破产债权计算上面,应该从重从严。凡合同里或法律规定中能够找到理由债权主张的一并列入,越多越好。

积极参加债权人会议,债权人会议有监督清算委员会的权力。既防止资产被低估或隐瞒,又可以提出异议,尽可能把他人有争议的,或者证据不完善、不充足的债权排除出去。

我国是社会主义国家,对于破产财产清算,有我国的国情。破产企业的职工住房、学校、幼儿园、医院等公益性福利设施原则上不列入破产财产。破产财产的清算顺位是,首先用于支付企业拖欠的职工工资,企业内部的职工集资,视同拖欠的职工工资,其利息按银行同期利息计算。体现对劳动阶级的保护。

第二顺位才是企业应缴未交的各项税款,及劳动保险费用,各项法定应缴基金。

然后在排除抵质押财产后,剩余财产按债权比例进行分割。

从上可以看出,一旦进入破产程序,企业的资产能够偿还银行贷款的比例是很低的。

有一种情形是,贷款未到期,借款人经营也正常,而担保人宣告破产。此时银行应该作为或有债权人申报债权,在清算财产中预留相应担保金额同比例的财产。待贷款收回后,再放弃该财产。为了因应该等情形出现,我们在借款合同里,一般都有条款规定,担保人破产属于借款人违约情形。银行有权对担保人追讨,参与破产程序。

第四节　坏账核销

坏账核销,是授信的最后手段。就是运用所提取的坏账准备金核销该贷款,使之不再在账面上出现,相当于银行用自己的钱将该贷款归还了。

一、坏账准备金

我们知道,银行的利息定价里面包含有一定的风险收益。银行贷款必定会有风险发生,只是不知道发生在哪一笔授信上,实际损失有多大。出现风险损失,银行只能自己承担。因此银行需要提取坏账准备金,专门用于坏账的核销。坏账准备金在《巴塞尔协议Ⅱ》里,是作为银行的附属资本处理的。

对于坏账准备金的提取,国家有专门规定,因为银行从自身利益出发,就会多提坏账准备金,一方面加强实力,另一方面冲减利润,逃避所得税。

根据国际惯例,坏账准备金理论上分三种。一是普通坏账准备金,是按贷款余额的一定比例提取的;二是专项坏账准备金,是按贷款分类结果,分别提取的;三是特别准备金,是按国别、行业、地区贷款余额提取的,用于弥补特别地区、国家、行业的坏账损失。坏账准备金采用全覆盖和充足性的原则。根据最新的《巴塞尔协议Ⅲ》,采用逆周期法来提取部分坏账准备金,即在不良资产比例少的年份多提一定的坏账准备金。

国际通行坏账准备金计提标准为依照贷款的正常、关注、次级、疑问、损失五类分类分别按 1%、2%、20%、50%、100% 提取。另外,在计提准备金的贷款余额计算时应减去抵质押品的价值部分,因为抵质押品能够收回它价值的部分,不算坏账损失。我国财政部门规定,金融企业应当根据提取呆账准备的资产的风险大小确定呆账准备的计提比例。呆账准备期末余额最高为提取呆账准备资产期末余额的 100%,最低为提取呆账准备资产期末余额的 1%。

二、核销坏账的认定

坏账的核销国内外有所不同。国外基本上银行有较大的自主权来核销自己认定的坏账。我国则不同,银行有提出坏账申请的权利,最终认定批准权力在国家财政部门,专门有一个金融特派员办公室的机构,管理金融企业的税收和财务问题。准备金计提、坏账核销,将冲减利润,影响政府税收收入,政府就要加强管理,防止不符合条件的坏账核销。

根据财政部制定的《金融企业呆账准备提取及呆账核销管理办法》,符合以下十条标准的呆账可以进入核销程序:

(1)借款人和担保人依法宣告破产、关闭、解散,并终止法人资格,金融企业对借款人和担保人进行追偿后,未能收回的债权。注意,是借款人与担保人同时存在而不是单独出现以上情况。

(2)借款人死亡,或者依照《中华人民共和国民法通则》的规定依法宣告失踪或者死亡,金融企业依法对其财产或者遗产进行清偿,并对担保人进行追偿后,未能收回的债权。这一条是针对个人借款的。

(3)借款人遭受重大自然灾害或者意外事故,损失巨大且不能获得保险赔偿,且是无力偿还的贷款;或获得保险赔偿清偿后,仍是无力偿还的部分借款,金融企业对其财产进行清偿和对担保人进行追偿后,未能收回的债权。

(4)借款人和担保人未依法宣告破产、关闭、解散,但已经完全停止经营活动,被县(市、区)及县以上工商行政管理部门依法注销、吊销营业执照、终止法人资格,金融企业对借款人和担保人进行清偿后,仍未收回的债权。

(5)借款人触犯刑律,依法受到制裁,其财产不足归还所欠债务,又无其他债务承担者,金融企业经追偿后仍是无法收回的债权。

(6)由于借款人和担保人不能偿还债务,金融企业诉诸法律,经法院对借款人、担保人强制执行,借款人和担保人均无财产可执行,法院裁定终止执行后,金融企业仍无法收回的债权。

(7)以上(1)~(6)项原因,借款人不能偿还到期债务,金融企业对依法取得的抵债财产,按评估确认的市场公允价值入账后,扣除抵债资产接收费用,小于贷款本金的差额,经追偿后,仍无法收回的差额。

(8)开立信用证、办理承兑汇票、开具保函等发生垫款后,凡开证承兑、保函业务申请人和保证人由于上述(1)~(7)项原因,无法偿还垫款,金融企业经追偿后,仍无法收回的债权。

(9)按照国家法律法规规定具有投资权的金融企业的对外投资,由于被投资企业依法宣告破产、关闭、解散,并终止法人资格的,经金融企业对被投资企业清偿和追偿后,仍无法收回的债权。

(10)经国务院专案核销的债权。如一定年限以上未收回的老少边穷贷款,某些对外援助贷款等特种业务。

《金融企业呆账准备提取及呆账核销管理办法》同时规定,下列债权或者股权不得作为呆账核销:

借款人或者担保人有经济偿还能力,不论何种原因,未按期偿还的金融企业债权;

违反法律、法规的规定,以各种形式、借口逃废或者悬空的金融企业债权;

行政干预逃废或者悬空的金融企业债权;

金融企业未向借款人和担保人追偿的债权;

其他不应当核销的金融企业债权或者股权。

三、坏账核销程序

坏账核销的权力一般集中于总行一级。分支行若有权利核销坏账,就会利用权力,大力核销坏账,掩饰自身的错误,也不利于全行统一标准。

根据我国目前的法律法规规定,对于坏账核销有严格的规定。

金融企业申报核销呆账,必须提供以下材料:

(1)借款人或者被投资企业资料。包括呆账核销申报表(金融企业制作填报)及审核、审批资料,债权、股权发生明细材料,借款人、担保人和财政部《金融企业呆账准备提取及呆账核销管理办法》1至6目的相关证明。

符合第三条第(八)项的,提交垫款证明和上述1至7目的相关证明;担保方式、被投资企业的基本情况和现状,财产清算情况等。

(2)经办行的调查报告。包括呆账形成的原因,采取的补救措施及其结果,具体追收过程及其证明,呆账的核销理由,债权和股权经办人、部门负责人和单位负责人情况,对责任人进行处理的有关文件等。

(3)其他相关材料:

①符合第三条第(一)项的,提交破产、关闭、解散证明、县级及县级以上工商行政管理部门注销证明和财产清偿证明;

②符合第三条第(二)项的,提交死亡或者失踪证明、财产或者遗产清偿证明;

③符合第三条第(三)项的,提交重大自然灾害或者意外事故证明、保

险赔偿证明和财产清偿证明；

④符合第三条第（四）项的，提交县级及县级以上工商行政管理部门注销、吊销证明和财产清偿证明；

⑤符合第三条第（五）项的，提交法院裁定证明和财产清偿证明；

⑥符合第三条第（六）项的，提交强制执行证明和法院裁定证明；

⑦符合第三条第（七）项的，提交抵债资产接收、定价证明和上述①的证明文件。

在具备上述条件及准备以上资料的基础上，经营业务的分支行必须形成一份申请核销的报告，说明详细、充分的理由后，报上级行，上级行再报送总行，由总行一级审批同意。

总行在对所报送的核销申请同意后，需要最后报送财政主管部门审批同意核销。

基层机构在接到上级行的左后批复结论后，在账户上进行核销处理。

本章附录　起诉书的一般格式

民事起诉书

致：××市中级人民法院

原告：××银行××分行

法定代表人：×××

法定地址：××××××××××

第一被告：××××××

法定代表人：×××

第二法定地址：×××××××××

第二被告：××××××

法定代表人：×××

法定地址：××××××

诉讼请求：1. 请求贵院判令两被告即时归还原告贷款、本金、利息、其他费用等诉讼标的×××万元（计算方法见附件）；2. 判令两被告支付本案全部诉讼费用；3. ……

事实与理由：（客观叙述贷款过程与对方违约情形），根据《中华人民共和国合同法》、《中华人民共和国商业银行法》、《贷款通则》、《中华人民共和国担保法》、《中华人民共和国物权法》等相关法律,两被告人违背约定,给原告造成损失××××万元,提请贵院以法律为依据,事实为准绳,保护原告的合法利益,判决被告立即偿付以上标的的债务与费用。

　　此致

××中级人民法院

附件清单如下:

1.××号借款合同;

2.××号担保合同;

3.利息计算清单;

4.××××。

原告:××银行××分行
时间:　　年　月　日

▶▶▶ 第十章

担保管理

银行的贷款是需要第三人信用保证，或者借款人或第三人相应的财产和权利作为担保，以便当借款人出现意想不到的情形，有可能危及贷款的安全时，银行有一个最后的追讨对象，使贷款的安全性更加巩固。

银行的贷款是需要担保人的，这是一个常识。其实最优质的贷款却是信用贷款，而非担保贷款。因为信用贷款是一种银行对客户的绝对信任。只有那些资信最为优良的企业或个人能够获得银行在一定范围的信用便利。绝大多数的贷款，即便是 AAA 级客户，也需要为贷款提供足够的担保。所以说担保与贷款几乎是孪生兄弟，相影随行。专业上借款合同被称为主合同，担保合同被称为从合同。

银行的贷款并不因为有了可靠的担保而发放，担保条件永远是第二性的（第二还款来源）。银行之所以发放贷款，完全基于借款人本身资信与还贷能力（第一还款来源）。如果有银行因担保条件优质而无视借款人的还款能力而叙做，这是违反专业原则的。这相当于银行明知借款人将无力承担还款责任而予放款。要知道，向担保人追讨贷款是一件相当麻烦和耗时间的事。在现有环境下，从未有担保人会爽快地承担全部的连带责任的，相反的，担保人会认为自己是无辜的，只是被借款人拖累。至于要不要，多大程度上承担担保责任，他们一定是回避的。假定担保人是本银行的大客户，一定会影响到彼此之间的合作关系，弃我而去，等于损失了一个好客户。这一点是国内银行业目前尚未深切认识到的一个盲区。

《商业银行法》第 36 条规定："经商业银行审查、评估，确认借款人资信良好，确能偿还贷款的可以不提供担保。但是关系人除外。"第 40 条规定："商业银行不得向关系人发放信用贷款。"

同时，《贷款通则》要求：除委托贷款外，贷款人发放贷款，借款人应当提供担保。

担保又可区分为信用担保与物的担保（抵质押）两种。信用担保规定在《担保法》中，抵质押担保分别在《担保法》、《物权法》中。

另有一种担保，称为对外担保，即对国外债务的担保，是列入外债管理的，同时受《外汇管理条例》等法律法规制约。

担保可以是：①单独的合同形式；②借款合同中的一部分的担保条款；③担保人的单方面担保书、承诺函。

第一节　保证担保的一般规定

保证，就是通常说的信用担保，就是第三方以自己的信用为借款人向银行提供借款担保，承诺当借款人不能按照约定归还贷款时，由自己承担还款责任的书面承诺。

根据《担保法》，保证可分为一般保证与连带责任保证。一般保证人在借款合同未经判决或仲裁，并且借款人尚有部分财产未强制执行前，可以拒绝承担保证责任。因此对银行保护方面较弱。所有的银行都拒绝一般保证的担保。

另一种连带责任保证，对银行的债权保护要好得多。它赋予银行在债务人违约时，可以同时向借款人、担保人或者单独向担保人提出承担连带责任的诉求。银行的担保合同均为连带责任担保。

担保的金额为借款金额加上期间所发生的利息，及银行为实现债权而发生的各项费用，如律师费、执行费、诉讼费、误工费、补贴等。

担保期限是从借款合同生效日起到借款合同到期日后六个月。注意，担保期限与借款期限是不一致的。因为借款没有到期时，尚不能说借款人违约，就不能向担保人追讨，所以要比借款期限延长六个月。但是贷款期间内，贷款虽然没有到期，借款人也可能发生违约情形，银行可以有权提前收回贷款或宣布贷款到期，担保人也应承担连带责任，所以担保期限应该顾及整个贷款期。

贷款展期。贷款展期实际上是对原借款合同的期限条款的修改与变更。法律规定，应该重新取得担保人的书面同意。若担保人不出具书面同意书，则其担保责任自行解除。在展期合同上必须有原担保人签章，若担保人不同意签章,则展期合同虽然成立,而担保人的担保责任解除,等于银行放弃了担保。

贷款转让。我国已经建立了贷款转让市场,将来此种业务将会越来越多。贷款转让一般在银行间发生,一家银行将原有贷款合同,担保合同转让给另一家银行。所以我们在担保合同中一般约定,银行转让贷款债权时,可不经担保人同意,担保人在原有责任范围内继续承担责任。贷款转让不必与借款人、担保人另外签订合同。但银行应当以书面文件形式告知借款人、担保人这一转让行为。如果银行不履行告知义务,借款人、担保人就可能以此为借口拒绝承担银行的要求。

诉讼时效。关于诉讼时效的规定在《民法通则》中,我们应特别的强调,以免工作失职而使诉讼时效失效,失去法律保护。《民法》中规定诉讼时效为两年。即借款合同到期后两年六个月内,银行应决定是否采取法律手段向担保人要求履约。

诉讼时效的延长。在实践上,诉讼时效是有一种救济手段使之适当延长的。银行的做法便是在上述两年六个月内的任一时期,要求担保人出具书面文书,其中用足够明确的语言证明银行在此期间确曾向担保人提出过履约的要求,或者担保人有履约的事实发生,那么诉讼时效就在该日期后自动地延长两年。

担保人资格。保证人的主体资格认定很主要,一些是法律规定的,一些是银行的专业要求。

保证人可以是法人或者公民个人。但要清楚是否有为该借款代为清偿能力,比如没有收入来源的个人,规模较小的企业为较大金额的贷款担保,或者银行认为信用记录不良,可能存在一定风险的企业,银行有足够的理由加以拒绝。

国家机关不能作为保证人。很多银行在实践中采用变相财政担保方式,尤其在平台贷款中,银行一定要认真仔细,务使相关合同条款不要出现违法而无效。学校、幼儿园、医院等以公益为目的的事业单位,社会团体,也不得作为担保人。不过对于私立的以盈利为目的的医院、学校、幼儿园等组织,是介于两者的模糊地带,我们叙做担保时务必小心,必须取得足够的法律上的证明,以免将来陷于被动境地。企业的分支机构,职能部门不得为担保人。但企业的分支机构有其上级企业法人出具的书面担保授权书,在授权范围内,银行可以接受担保,但应尽量争取法人直接提供担保。

同一笔贷款,不止一个而是有两个或多个保证人情形的,有时候在担保合同中分别约定各自的担保金额;有时候没有约定明确各自担保金额。银行可以向其中任一担保人要求承担连带责任。虽然这比较有利于银行权益保障。

有一种情形,我们必须注意,一笔借款合同,既提供了信用保证,又有相应财产抵押担保的,《担保法》第28条规定:"同一债权既有保证又有物的担保的,保证人对物的担保以外的债权承担保证责任。"《物权法》第176条规定:"被担保人的债权既有物的担保又有人的担保的,债务人不履行到期债务或者发生当事人约定的实现担保物权情形,债权人应当按照约定实现债权,没有约定,或者约定不明确,债务人自己提供物的担保,债权人应当先就该物的担保实现债权。第三人提供物的担保的债权人可以就物的担保实现债权,也可要求保证人承担保证责任。"这些规定的一个基本原则是物权优先于信用保证。实践中,常有人对贷款在提供抵押的情况下,另外提供相同金额的保证担保。根据《担保法》,后面的保证担保实属无效。

担保人最好不要是自己的客户。实践中,银行总是比较倾向采用自己的客户提供担保。一是对担保人熟悉;二是出现违约时向担保人扣款方便,或便于沟通、协商。但是从理论上来讲,一旦出现违约情形,双方涉及经济利益的冲突,担保人与银行之间关系僵化,得罪客户。好客户就会弃我而去,潜在利益受损。另一方面,担保人同时又在本行借有款项。借款人的风险就可能转为担保人的风险,影响担保人原有贷款的风险。造成系列性反应,也就是说,形式上类同担保,而它实际风险并没有下降多少。

担保人必须具有相应的实力,至少它的净资产要大于所担保的贷款,银行不应接受一家净资产1,000万元的企业为另一家企业2,000万元贷款的担保。

担保人很有实力,但必须考察其全部对外债务,包括贷款和对外担保。金额过大,财务杠杆过高,银行也必须谨慎处理。担保人的对外负债部分的信息数据可以通过央行的征信系统,在那里各家企业的借款与担保金额都有。

对担保人的审查应与对借款人的审查同等。应当是资产质量好,财务结构合理,企业生产流通正常,赢利能力强,诚实信用度高。不仅要去担保人那里实地勘察,对陌生的担保人应当对其有较多的了解,同时要通过多渠道探询、查证。

母公司为子公司担保可以接受,但应谨慎。若有子公司为母公司担保情形,则原则上不予接受。因为子公司受母公司控制,担保形同虚设。在司法实践上也支持子公司为母公司信用保证无效,资产抵质押例外。

关联企业之间的担保,因有共同的持股人影响,相互间资产转移很方便,银行亦应当谨慎处理。当一家企业出现问题时,往往会蔓延到其他关联企业,一般情况下,担保也形同虚设。许多集团授信所发生的损失事件里,关联担保是一个重要因素。关联担保在特定情况下,也是一个虚设的担保,而银行授信需要担保的理由正在于防止出现特定状况。

企业集团财务公司担保。企业集团财务公司是我国的一种金融组织,它主要是为企业集团成员提供金融服务,不能为集团外的借款人提供担保。若有为集团成员提供担保,也可以视作是关联企业,也需要特别加以审视。

担保公司。为了解决中小企业融资难的问题,各地设立了许多担保公司,专门为中小企业向银行贷款提供担保。根据相关法律,从事信用担保的,属于金融业务。担保公司因很少有实体业务,其所提供的担保银行一般乐于接受。具体做法是与担保公司签订协议,给予一定担保额度内担保的便利。由于担保公司一般资金实力不强,而担保业务其风险与银行贷款相比并不低,风险审查也不够专业,控制手段有限,一旦有几笔贷款承担担保责任,就会影响担保的正常运转。所以银行对担保公司应采取的原则是,既要有额度管理,包括全部对外担保总额,也包括在本行的担保额度,又要控制单笔贷款的最高担保金额。更要注意被担保人的贷款担保过于集中。比如说借款人若有十笔贷款,每笔 CNY 300 万,均为同一担保公司提供担保。这种情形应力图避免,风险过于集中。

共同担保。有两个或以上担保公司为同一贷款提供担保的,如果分别有各自担保的金额,则各自以担保金额为限承担责任;若不写明担保金额的,视同对全部贷款承担担保责任,而不是比率分割。相比之下,后者对银行的风险控制更为有利。因为担保人的实力情况不一致。有些能承担自己的责任尚有余力,有些不能承担责任。在后者情况下,银行可以向有尚余力的担保人追讨。

其他情形:

(1)担保人清算。贷款尚未到期而担保人出现清算,有可能影响贷款安全。这有两种办法,一是借款合同中约定,贷款期间担保人出现该等情形,视为借款人违约,银行有权即刻向借款人、担保人追讨,那么视同担保责任立即开始承担;二是银行以担保合同的潜在或有债务为由,预先向清算部门登记债权,以债权人身份参加资产清算,所得部分作提存,若将来贷款全部收回,发还其他债权人。

(2)追加担保。当债权人出现不能依约偿还的明显情形,而担保人的担保实力亦被认定不能足额承担责任时,银行可以向借款人提出追加第四方作为担保人的要求。贷款期间,借款人经营正常,而担保人发生较大变故使其财务状况恶化足以影响到担保能力的时候,也可以据此提出追加或更换担保人。

(3)担保生效。担保合同是借款合同的从合同,借款合同生效,担保合同生效。除非另有约定,担保合同独立于借款合同,两者形成担保关系,但没有一一对应的关系。担保合同提供连续担保。

(4)最高额担保合同。法律规定,可以设立最高额保证合同。最高额保证合同是一个独立的合同。它不必与每一笔贷款一起签订每一笔保证合同,为担保事务处理提高了效率。最高额保证合同指贷款人与保证人之间签署一份关于为某借款人提供信用担保的约定一定时期内最高金额的保证合同,在此期间,只要借款人与银行签订的所有借款合同的执行余额不超过这一最高限额,都在最高额保证合同的担保责任范围之内,而不必另行签订保证合同。其中有两点应该注意到,一是此最高额指贷款等授信余额,不是指发生额;二是必须在借款合同的担保条款中写明属于该最高额保证合同项下提供信用担保。

由于保证人财务状况经常会发生变化,一般只接受一年期以内得最高额保证合同。如有需要续保,则在到期后另行评估确定。

(5)担保合同的内容。担保合同由银行与担保人之间签订。其主要内容有:合同编号、主合同(即借款合同)的编号、贷款种类、金额、利率、贷款期限、担保方式、担保范围、担保期限、担保人特别承诺与陈述,其他双方认为需约定的事项。

(6)担保人管理。担保期间,银行应加强对担保人的管理,掌握其经营状况,便于及时采取相应的对策,确保银行权益。需要:①索取每月财务报表;②定期去担保人处实地调查;③担保合同需专人、专门保管;④检查担保人银行往来账、月结单等;⑤了解担保人主要财产分布与业务往来企业;⑥及时了解担保人的其他可能影响其担保责任履行的事件。

(7)个人担保。个人担保经常用于私人信贷业务,及某些家族企业的贷款的附加保证。即使名义财富很大的人，其财富一般也体现在所拥有的企业资产中，而企业资产是不确定的，随时变化的，也不能接受较大金额的保证要求。所以我们在接受个人保证时，应处于保守的立场，谨慎评估其保证能力。

(8)反担保。反担保指担保人为被担保人提供了借款的担保后，被担保人再以第三人为该担保行为提供担保。对银行来讲，一般发生在保函性质的业务中。对于反担保，与担保一样原则进行处理。

第二节　抵　押

一般来讲抵押贷款优先于信用担保。抵押指借款人自己或第三人将所拥有完整处分权的财产作为贷款的抵押担保品，抵押权人因而拥有抵押品的优先受偿权。相关的法律规定分别在《担保法》与《物权法》两部法律里。这两部法律对于抵押、质押的法律规定基本相同。

根据法律规定，抵押品的所有权与使用权在抵押期间不发生转移，仍受原所有权人处分。银行获得的是当借款不能全部归还时，可以依据相关法律途径，对抵押物进行处分，所得款项优先用来归还贷款。我国法律明确规定抵押合同中不能设定贷款不能归还时，抵押物归银行的条款，因而对抵押物的处分只有两种途径：法院主持的拍卖、抵偿和双方自愿协商一致作价抵偿。目的在于保护抵押人的不利地位，防止抵押物价值被人为压低。可以说我国的抵押都属于衡平抵押(Equity Mortgage)，也有称作流契抵押的。

在英美法系里，存在着法定抵押(Legal Mortgage)，我国习惯称典押。相对于衡平抵押，法定抵押是指抵押人把财产的法定权益先行让渡给抵押权人(即财产过户)，银行成为抵押物的法定所有权人，借款人仍有抵押品的使用权，同时赋予借款人或抵押人一个权利，到期时可以以借款本息来赎回抵押物。

一、抵押财产

下列财产可以作为抵押物：

(1)建筑物和其他土地附着物。

（2）建设用地使用权。

（3）以招标、拍卖等公开协商等方式取得的荒地等土地承包经营权。

（4）生产设备、原材料、半成品、产成品。

（5）在建建筑物、船舶、航空器。

（6）交通运输工具。

（7）法律法规未禁止抵押的其他财产。

对于抵押物，法理上有一个基本原则，即不能被强制执行的财产不得设定抵押权。财产不能被强制执行，有两个方面，一是自然属性，如雨水，它会流动。但是水库的水源，理论上可以强制执行，也可以抵押。二是法律规定的，如人或器官，人身自由不能剥夺，强制执行不了。

抵押物可分为固定抵押与浮动抵押。固定抵押是针对固定资产的，它的形状是完整的，抵押期内不会改变。浮动抵押是针对动产的，比如原材料、产成品，因为企业要运行，设定抵押时的动产在行使抵押权时可能早已销售出去，无法确认，因此就以同质的浮动财产来代替。它是流动的，但只要抵押人拥有双方确定的最低数量和金额的同质动产，该动产均为抵押物。西方有一个名词叫结晶（Crystallize）就是指浮动抵押的财产在行使抵押权时的状态。

同时，我国法律也规定有些财产不得作为抵押物：

（1）土地所有权。

（2）耕地、自留地、自留山、宅基地等集体所有的土地使用权，但法律规定可以抵押的除外，如前述的荒地承包经营权等。

（3）学校、医院、幼儿园等以公益为目的的事业单位、社会团体的设施。

（4）所有权、使用权不明或者有争议的财产。

（5）依法被查封、抵押、监管的财产。

（6）法律法规规定不得抵押的其他财产。

不过，对于私立学校、医院、幼儿园的财产抵押权不在此限制之内，因为它们是以营利为目的而非公益性质，但是叙做抵押时还是谨慎为妙，至少应该取得法律上足够的理由。

即使法律允许设定抵押权的财产，银行也不一定叙做抵押。银行只接受那些产权明确，价值确定、形制完整，不易破碎损毁的财产作抵押。

二、抵押成数

法律规定，抵押物不能为超过自身的价值的债务作担保。同时银行也不可能接受十足价值的抵押担保,而是在评估抵押物价值后,打一个折扣,如七成、五成。如某厂房的评估价值 CNY 1,000 万,不能作为 1,000 万贷款的担保,而只能做 700 万、600 万、500 万贷款的担保。抵押担保成数越低,对银行贷款的保护性好。

理论上,抵押物价值的确定可以由银行自己内部评估,也可以用社会上合法的中介机构,在香港称仲量行,我们称资产评估事务所的评估结论。银行是不承担评估费用的。所以不要轻易接受自己不熟悉或业务往来不多的评估机构的评估。它可能会较多地迎合抵押人的意思过于提高评估价值。银行一般与一家或几家资产评估机构有长期合作协议,只接受该等评估机构的结论。这是一个很重要的事项。当然银行内部也应建立一套评估标准,这一标准是偏于保守的。

抵押物的价值确定后,银行会按不同抵押物的性质确定不同的抵押成数。比如新的建筑物,成数会高些,一般为七成,旧的建筑物或者设计很不合理的建筑物,成数就要低,或五成、六成。机器设备最高不超过五成。价格波动大的原材料、产成品,甚至三成。

确定成数的时候,要注意几点:

(1)年期。土地使用权是有年限的,要去查验剩余土地年限。年限长的成数可高,剩余年限短成数也低。另外建筑物也有使用年限的,土地使用年限虽然还剩很长时间,但该建筑物已然老旧超过使用年限,就需要维修,或可能出现变化,成数必须低。

(2)专业性与通用性。通用性的机器设备,变现能力相对强,成数可以适当高些,专用性的设备变现能力弱,成数要低。

(3)价格稳定性。一定时期内价格稳定的,成数可适当高些,那些价格波动起伏大的物品,成数应该低些。

(4)抵押物是否存在瑕疵或缺陷。存在缺陷的抵押物银行一般不接受。即使接受(如被动接受),成数一定要低,如存在轻微危度的建筑物,结构不合理、位置较差、设计落后的建筑物等。

(5)是否被列入监管的财产。主要是指进口原材料,工厂未付进口关税,存在补交关税问题。

(6)使用权不完整,或者不能完整独立发挥作用的房产。比如共有房产,无法单独发挥作用,势必影响抵押物将来可能的处分的价值,成数就要适当。

三、抵押登记

抵押登记是抵押业务的重要环节。法律规定,抵押合同只有进行抵押登记后,才能具有优先受偿权。也就是说,抵押合同虽然签订生效,但是当有善意第三方提出对抵押物的权利主张时,银行将失去抗辩权,丧失对抵押债务的担保保护。没有进行抵押登记,等于抵押没有完成。

贷款的发放一定要在确认完成抵押登记后进行。抵押登记必须亲自与抵押人一起去相关部门登记,切忌完全听任对方单方面办理。因为有可能对方提供伪造的登记证明。这方面已经发生过利用这一漏洞伪造抵押登记证明的骗贷事件。

登记的程序是这样的,双方凭借款合同、抵押合同、财产权利证明去登记部门进行抵押登记。登记部门核实抵押财产的真实性与现在状态后,发放《他项权利证书》,抵押登记即告完成。抵押登记是需要支付登记费用的,一般合同里规定由对方承担。

抵押合同经过登记后,银行就具有对抵押物的优先受偿权。当抵押人与他人发生财务纠纷而被对方采取司法措施时,也只能对银行权利之后的有余部分实施。

土地使用权的抵押,没有上盖建筑物的,抵押登记部门是县级以上的国土局。

房产抵押合同抵押登记,包括土地使用权、房产物业两部分,只需要去房管部门一家办理抵押登记即可。

车辆的抵押登记在交警车辆管理部门负责。

船舶抵押由航运管理部门负责。

林木抵押的,由林业局负责。

飞机抵押由民航管理局负责。

机器设备、原材料等动产的抵押登记由工商管理局负责。

其他财产的抵押登记由公证机构负责。

四、最高额抵押

担保合同是与主合同的借款合同一起产生效力的,两者形成一一对应关系。与最高额保证合同一样,为了业务便利,银行可以与抵押人签订最高额额抵押合同,双方约定在合同中规定的最高抵押担保限额内,一定时期(如两年)内连续发生的贷款进行担保。最高额担保合同签订后,不必再一一签订另外的担保合同。

借款合同中的担保条款必须写明并要检查本合同相关的最高额抵押合同的编号,以使借款合同与担保合同相一致,以免发生错误。

应该注意,在最高额抵押合同的连续借贷环节,可能存在脱节现象。一般银行要求企业先归还贷款,然后发放新贷款。当企业将贷款归还时,新借款还没有发放,当中有可能存在时间差,此时若有第三方对已经归还部分贷款范围内的抵押财产采取法律措施,这部分抵押财产就失去优先受偿权,不再是借款的担保物了。很多人没有注意到这一点。比如某企业在最高额抵押项下借款 CNY 1,000 万,其中已还款 500 万,准备新借款 500 万。此时原有贷款已经归还,新贷款还没有发生,抵押的债权只有 500 万。若有第三方采取司法保全措施,登记部门是没有义务通知银行的。银行在不知情的情况下,凭经验又发放 500 万贷款,那么这 500 万元贷款虽然在该最高额抵押合同项下担保,但是已经没有优先权了。所以在最高额抵押的连续还借业务要加强衔接,不致出现差错。

第三节 质 押

质押包括动产质押与权利质押。

一、动产质押

动产既可以作为抵押品,也可以作为质押物。抵押与质押的区别在于财产占有权的移交。比如,机器设备仍然由抵押人使用控制的,属于抵押;如果机器设备交给银行保管、控制的,作为质物,就属于质押。对不动产来说,不存在交付对方的问题,也就不存在质押。

动产质押的质押合同自质物移交于质权人占有时生效。

二、权利质押

可以用来质押的权利为:

(1)汇票、支票、本票。

(2)债券、存款单。

（3）仓单、提单。

（4）可以转让的基金份额、股权。

（5）可以转让的注册商标专用权、专利权、著作权等知识产权中的财产权。

（6）应收账款。

（7）法律、行政法规规定可以出质的其他财产权利。

以应收账款出质的，当事人应当订立书面合同。质权自信贷征信机构办理出质登记时设立。

应收账款出质后，不得转让，但经出质人与质权人协商同意的除外。出质人转让应收账款所得的价款，应当向质权人提前清偿债务或者提存。

其他依法可以转让的权利，如外贸配额、出租车辆运行证、专利权、出口信用证等。不能依法转让的权利没有质押权。

质押与抵押不同，没有最高额质押合同。但是合同中也与抵押一样，不能规定到期后，债务人不能偿付债务，质押物归银行所用的条款。对其处理，也是由双方协商作价抵偿和法院主持拍卖两种。

质押物的质押担保额也是必须注意的一个问题。质押物的价值要进行评估，评估后再确定成数。因为质押物一般的价值波动很大，所以质押成数比较低，另外时间对质押物的价值影响很大，因此，质押担保的时间不能很长，只能做短期临时性借款的担保。

三、质押登记

质押合同也是必须登记的，否则没有抗辩权。

以汇票、支票、本票、债券、存款单、仓单、提单出质的，当事人应当订立书面合同。质权自权利凭证交付质权人时设立；没有权利凭证的，质权自有关部门办理出质登记时设立。

汇票、支票、本票、债券、存款单、仓单、提单的兑现日期或者提货日期先于主债权到期的，质权人可以兑现或者提货，并与出质人协议将兑现的价款或者提取的货物提前清偿债务或者提存。

股票质押合同应向证券登记机构，目前是上海证券登记结算公司中心、深圳证券登记结算公司中心两家，加上中小板上市股票在中国证券登记结算公司深圳分公司共三家。

股份质押的，原规定登记在公司的股东名册上，新规定登记部门为工商局。

商标质押的,向工商局登记。

专利权质押的,向专利局登记。

著者权质押的,向新闻出版局登记。

其他权利质押的,向其管理机关登记。

以应收账款出质的,当事人应当订立书面合同。质权自信贷征信机构办理出质登记时设立。

应收账款出质后,不得转让,但经出质人与质权人协商同意的除外。出质人转让应收账款所得的价款,应当向质权人提前清偿债务或者提存。

需要登记的质押合同的生效时间为完成登记时。与抵押登记合同生效规定不同。

动产质押不必登记,但质押物需要交银行保管。

对于存单质押处理,银行应该去出具存单的银行查证,并且存款银行要出具一份存款证实书,防止可能的单方面恶意挂失等情形发生,方告完成。若有银行在明知没有存款的情况下仍然出具存款证实书,属于银行诈骗。此等事件在国内屡有所闻,如齐鲁银行案,所以要求叙做存单质押时应充分考虑并调查质押人的财务状况。

债券,现在一般不是现券方式,而是电子方式,债券由第三方代保管。那么代保管单正本需交银行,同时通知代保管人处,由其出具证明,目的也是防止挂失、私自转让等情形发生。

仓单、提单也需要交银行,并通知仓储公司和出单人,并在仓单上注明非银行出具同意提货书,不得提货,以防止挂失、偷卖等情形发生。

第四节　抵押品管理及其他

一、抵押品管理

抵押物管理也是抵押业务之一,目的在于在抵押期间确保抵押物价值与债务的对应。

(1)经常性查看抵押物,有无毁损。

(2)抵押物出租。若抵押前已经出租的,则需要书面告知承租人已经抵押的事实,及将来直接收取租金的权利。若抵押后出租,则必须经过银行同意。

(3)经常评估抵押质量押物的价值,抵押物价值减少的,应要求借款人减少相应的贷款额,或者抵押人提供与减少价值部分相应的抵押物。

(4)抵押物必须保险,一旦发生损失可以向保险公司理赔,保险种类根据财产情况设计。保险办理后,应取得保险公司的批单,即在保险单据上注明该保险财产项下,一旦发生理赔情形,银行有获得保险赔款的优先权,防止投保人在银行不知情情况下领取赔款。贷款还清,则退还投保人。

(5)抵押额度追加。抵押物价值大幅度上升,抵押人要求追加抵押额度的,银行可以承做。需要重新评估,重新签订抵押合同。特别在抵押人既有抵押贷款,又有保证贷款,而抵押物价值上升较大时,银行应主动提出追加抵押,以使原来的保证贷款转入抵押项下,改善贷款条件,减少风险。否则,增加部分价值有可能被第三者主张。

(6)再抵押。法律规定可以二次抵押。一般不接受其他银行为第一抵押人的二次抵押。有些情况下也能叙做,如债务重整、贷款转让、再按揭等。必须注意,取得第一抵押权人债务消灭的凭证,或者已经取消抵押登记,本行升格为第一抵押权人。

(7)抵押物转让,转让款项必须缴银行保管,或者向第三方,如公证处提存,确保抵押担保的有效。

(8)抵押权不能单独转让。如果既有保证贷款又有抵押贷款到期的,一定要先归还保证贷款。

(9)房地产抵押后,在抵押土地范围内新建的房产不属于抵押财产,应该将之一并做抵押。

(10)乡镇企业等不是以有偿转让方式取得的土地使用权上的房地产抵押的,其价值评估应该减去土地使用权部分的价值就建筑本身价值进行抵押。因为当拍卖处分该等房产时,土地使用权部分的价值优先交付国家。

(11)建立抵押物详细档案。抵押合同、他项权证、保险批单、土地使用权证、房产证、机器设备购买发票、各种权利凭证等交专人保管。

(12)浮动抵押的,要经常查看仓库,确保抵押品价值与债务值相当,一发现不足,立即要求补上,切记不能有任何借口、理由拖延,如是,往往可能存在问题,要引起警惕。

(13)国有企业财产抵押。需要取得国有财产管理部门同意抵押的书面文件,否则,很有可能被判无效。

(14)集体企业也一样,也需要主管部门同意抵押的书面意见书。

(15)股份制企业,只需要查看其公司章程。一般公司财产抵押属于公司重大事项,需要董事会同意。董事会同意抵押决议是不可缺少的文件,否则有可能被判超越权限而无效。

(16)个人财产抵押,则与《婚姻法》部分关于共同财产条款有关。已婚人士,其财产为夫妻共同财产的,单方面行为可能损害对方利益。因此必须要有夫妻另一方的同意抵押的书面文件。注意,确对身份后,其上的签字必须是当面签署,不能大意。

(17)农村房产抵押的,包括所谓小产权房,不能与城市房产等同。法律规定其处分时,只能卖给同一集体组织的农民,这样,处理起来很困难,银行一般不接受抵押,如果接受了,对其抵押担保值确定要慎重。

二、在建工程抵押

法律规定在建工程(取得房产证之前)可以作为抵押物。事实上银行也经常性地接受在建工程抵押。企业的扩建或技术改造项目,投入部分资金后,需要再借款完成项目,提出向银行借款,在建工程的抵押能比较好地保障贷款安全,并确保后续贷款资金的使用能全部用于项目的投入,促使早日投产,发挥效益。另外,房地产开发企业经常性普遍使用在建工程的抵押。

在建工程的抵押应该注意,它与形成完整使用权和处分权的固定资产不同,它的权利是不完整的,可能存在争议。《建筑法》规定,施工企业的工程款欠款有优先于抵押权的受偿权。因此银行在接受在建工程的抵押时必须考虑企业是否会存在拖欠工程款现象。

土地使用权应与在建工程抵押连续进行。如果土地使用权抵押是在他行叙做,在建工程抵押一般不做,宁可二次抵押用于归还他行贷款,保持土地使用权与房产权抵押的一致性,减少将来可能的麻烦。

三、抵押合同应注意的问题

抵押合同是对应借款合同的从合同,不能独立发挥作用。主合同无效,抵押合同也无效。

银行都有标准的格式合同,各银行大同小异,只要把相关内容填入即可。

(一)抵押合同的法定要件

(1)借款合同(主债券债权合同)。

(2)贷款种类、金额、期限。

(3)抵押物名称、数量、质量、状况、所在地、地宗、丘号、所有权或使用权全数属。

(4)抵押担保的范围。

(二)双方约定

法律规定以外,双方必须明确约定的部分条款。

(1)抵押担保期限,即借款合同到期后6个月。最高额抵押担保合同可以双方约定期限。

(2)抵押人的陈述,包括抵押物的完全处分权、完整性,妥善保管责任,没有与他人的纠纷等内容。

(3)抵押人的义务。在抵押期间保证抵押物完整,价值非主观性减少,接受银行的检查,不经过银行同意不能单方面出租、转让、入股等可能损害银行利益的事情。

(4)银行方的权利。

(5)抵押登记。

(6)抵押物保险。

(7)抵押物处分。

(8)抵押合同的变更、生效、解除。

(9)其他约定事项,比如仲裁、公证等。

(三)抵押合同公证

抵押合同可以不经过公证,公证与否完全看双方约定。公证的优点在于,一旦银行认为有必要对抵押物采取措施时,不必经过司法诉讼程序,而立即进入司法执行程序,效率提高了。缺点是需要支付公证费用。

(四)抵押物被判定非法

目前我国还没有这样的司法实践,不能说将来也没有。抵押物非法指抵押物来源非法,比如贪污赃款购置、盗窃所得等。按理论上银行是善意第三方,不承担过错责任。实际上,对于有明显可疑的财产一定要搞清楚后才叙做。

第五节 担保合同

根据法律规定,担保可以是:①单独的合同形式;②借款合同中的一部分的担保条款;③担保人的单方面担保书、承诺函。

为了使大家对担保合同内容与条款有直接的了解,本书提供了几个商业银行的担保合同,作为参考,详见本章附录。

本章附录一 最高额抵押合同

(××)××银高抵字(××)第×号

抵押权人(全称):××银行股份有限公司

债务人(全称):_____

抵押人(全称):_____

_____

_____

_____

鉴于债务人与抵押权人将按本合同第二条约定的期限及最高额签订一系列债权债务合同(下称主合同),抵押人愿为债务人依上述主合同与抵押权人形成的债务提供最高额抵押担保。为保障抵押权人债权的实现,根据国家有关法律法规,经各方当事人协商一致,特订立本合同。

第一条 抵押人声明与保证

(一)抵押人已按有关规定和程序取得本合同担保所需要的授权;

(二)抵押人对抵押物具有充分的、无争议的所有权或处分权;

(三)抵押物依法可以流通或转让;

(四)抵押物没有被查封、被扣押或重复抵押等情况;

(五)抵押人没有隐瞒在抵押物项下拖欠税款、工程款等款项;

(六)完全了解主合同项下借款的实际用途,为主合同借款人提供抵押

担保完全出于自愿,在本合同项下的全部意思表示真实;

(七)本合同项下的抵押物如已部分出租或全部出租,保证将设立抵押事宜告知承租人,并将有关出租情况在本合同签订前书面告知抵押权人;

(八)抵押人已就本合同项下抵押事宜征得抵押物共有人同意;

(九)抵押物不存在其他影响抵押权人实现抵押权的情形。

第二条 被担保的主债权最高额

(一)抵押人自愿为债务人自_____年____月____日起至_____年____月____日止,在抵押权人处办理约定的各类业务,实际形成的各类债务的最高余额折合人民币(大写金额)_____提供担保。上述期间仅指债务发生时间。

外币业务,按业务发生当日卖出价折算。上述各类业务具体包括____
_____。

可选择的种类包括但不限于:(1)人民币贷款;(2)外币贷款;(3)银行承兑汇票承兑;(4)银行承兑汇票贴现;(5)商业承兑汇票贴现;(6)进口开证;(7)进口押汇;(8)出口押汇;(9)出口打包放款;(10)银行保函;(11)商业承兑汇票保贴;(12)出口托收押汇/贴现。

(二)在本合同约定的期限和最高余额内,债务人可申请循环使用上述信贷资金、银行信用。每笔业务的起始日、到期日、利率及金额以主合同的借款凭证或相关债权凭证为准。

(三)在本合同约定的期限和最高余额内,抵押权人发放贷款和提供其他银行信用时无须逐笔办理担保手续。

(四)在本合同约定的期限和最高余额内发生的业务,币种不限,抵押人对原币种承担担保责任。

第三条 抵押担保的范围

抵押人担保的范围包括主合同项下的债务本金、利息、逾期利息、复利、罚息、违约金、损害赔偿金以及诉讼(仲裁)费、律师费、抵押物处置费、过户费等抵押权人实现债权的一切费用和所有其他应付费用。

因汇率变化而实际超出最高余额的部分,抵押人自愿承担担保责任。

第四条 抵押物

(一)抵押人同意以下列财产作为抵押物(详见编号_____
_____的《抵押物清单》)。

抵押物名称		抵押物名称	
房产坐落		房产坐落	
房产证号		房产证号	
建筑面积		建筑面积	
用　途		用　途	
土地坐落及地号		土地坐落及地号	
土地使用权类证号		土地使用权类证号	
使用权年限		使用权年限	
土地面积		土地面积	
用　途		用　途	

（二）上述抵押物暂作价人民币（大写）＿＿＿＿＿＿＿＿＿＿＿元，抵押物的最终价值以抵押权实现时实际处理抵押物的净收入为准。《抵押物清单》对抵押物价值的约定，不作为抵押权人处分该抵押物时的估价依据，不对抵押权人行使抵押权构成任何限制。

第五条　抵押权的效力

抵押权的效力包括抵押物的从物、从权利、代位物、附合物、混合物、加工物和孳息，以及因抵押物毁损、灭失或被征收而产生的保险金、赔偿金、补偿金等。

第六条　抵押物的占管

（一）本合同项下抵押物由抵押人占管。抵押人对抵押物负有妥善管理的责任。抵押权人有权检查抵押物的管理情况。

（二）在本合同有效期内，未经抵押权人书面同意，抵押人不得对抵押物做出赠与、转让、出售、出租、再抵押或其他任何方式的处分。经抵押权人书面同意转让、出租、出售抵押物所得价款，应优先用于偿还主合同项下债务，或向双方商定的第三人提存。

（三）本合同有效期内，抵押物发生毁损、灭失或被征收的，抵押人应及时采取有效措施防止损失扩大，同时立即通知抵押权人。抵押人由此所获得的保险金、赔偿金、补偿金等优先用于偿还主合同项下的债务。

（四）本合同有效期内，抵押物价值减少的，抵押人应当恢复抵押物的价值或提供经抵押权人认可的与减少价值相当的担保,抵押人拒绝恢复或者提供担保的,抵押权人有权宣布主合同项下债务提前到期,可以要求债务人履行债务,也可以提前行使抵押权。

第七条　抵押物的保险

(一)抵押人须根据抵押权人的要求办理有关保险,抵押权人为该项保险的第一受益人,并且保险单中不应有任何限制抵押权人权益的条款。

(二)抵押人应将抵押物的保险单据原件交抵押权人保管。

(三)在本合同有效期内,抵押人不得以任何理由中断或撤销保险。如保险中断,抵押权人有权代为办理保险手续,一切费用由抵押人承担。抵押权人有权直接从抵押人的任何账户中划收上述费用。

(四)抵押物发生保险责任内的保险事故的,保险赔付金应优先用于偿还主合同项下债务,或向双方商定的第三人提存。

第八条　抵押登记

抵押人必须在本合同签订后7个工作日内到有关登记机关申办抵押登记手续,并将抵押物的他项权利证书、抵押登记文件的正本原件及其他权利证书交抵押权人保管。

第九条　抵押权的实现

发生下列情形之一,抵押权人可将抵押物拍卖、变卖后以所得价款优先受偿,或经与抵押人协商将抵押物折价以抵偿借款人所欠债务:

(一)任一主合同项下债务履行期限届满,抵押权人未受清偿的。

(二)发生本合同第六条第四款所述情形,抵押人未恢复抵押物价值或未提供抵押权人认可的与减少价值相当的担保的。

上述"期限届满"包括抵押权人依照主合同的约定或国家法律、法规规定宣布主合同项下债务提前到期的情形。

抵押人为两人以上的,抵押权人行使抵押权时有权处置任一抵押人的抵押物。

第十条　其他约定

(一)抵押权人与债务人协议变更主合同,无需经抵押人同意,抵押人仍继续履行其在本合同项下的担保责任。

(二)在本合同有效期内,未经抵押权人书面同意,抵押人保证不将本合同项下的抵押物再设立任何形式的抵押、质押,也不将抵押物出租、转让、赠与给任何第三人,并保证抵押物不受任何侵害。

（三）抵押人在本合同第一条中作虚假陈述与声明的，给抵押权人造成损失的应予赔偿。

（四）本合同项下最高额抵押担保的债权确定前，抵押权人转让部分债权的，有权转让相应的抵押权。

本合同项下最高额抵押担保的债权确定后，抵押权人转让部分债权的，有权不转让相应的抵押权。

（五）银行为申请人办理信用证项下的融资业务或以信托收据形式放单的，抵押人仍须按本合同的规定承担担保责任；如开证行根据申请人的申请对信用证进行修改的，包括但不限于对信用证金额、有效期、装运期、单据等进行修改，抵押人仍须按本合同的规定和信用证修改后的内容（包括但不限于对信用证金额、有效期、装运期、单据等）承担担保责任。

第十一条　违约责任

（一）本合同生效后，抵押权人和抵押人均应履行本合同约定的义务，任何一方不履行约定义务的，应当承担相应的违约责任，并赔偿由此给对方造成的损失。

（二）抵押人如有下列行为之一，给抵押权人造成经济损失，应给予全额赔偿：

1. 隐瞒抵押物存在共有、争议、被查封、被监管、被扣押、重复抵押、出租、拖欠税款或工程款等情况的。

2. 未经抵押权人书面同意擅自处理抵押物的。

3. 其他影响抵押权人实现抵押权的。

（三）因抵押人违约致使抵押权人请求人民法院拍卖、变卖抵押物或采取诉讼或仲裁方式实现债权的，抵押人应当承担抵押权人为此支付的律师费、差旅费及其他实现债权的费用。

第十二条　费用承担

本合同项下抵押物的登记、评估、保险、鉴定、公证、提存等费用由抵押人承担。

第十三条　争议的解决

本合同履行中发生争议，由双方协商解决；协商不成的，按下列第（　　）种方式解决：

1. 诉讼。由抵押权人住所地人民法院管辖。

2. 仲裁。提交＿＿＿＿＿＿＿＿＿＿＿＿＿＿＿＿＿＿＿＿＿（仲裁机构）按

其仲裁规则进行仲裁。

(仲裁机构)按其仲裁

在诉讼或仲裁期间,本合同不涉及争议部分的条款仍须履行。

第十四条　其他事项

(一)本合同项下发生各类业务的主合同、借款凭证或相关债权凭证不再送达抵押人。

_____

_____

_____

第十五条　合同的生效

本合同自各方签字或盖章之日起生效。

第十六条　本合同一式____份,其中抵押权人_____份,抵押人各____份,债务人____份,_____份,效力相同。

第十七条　提示

抵押权人已提请债务人、抵押人(财产共有人)对本合同各条款作全面、准确的理解,并应债务人、抵押人(财产共有人)的要求作了相应的条款说明。

签约各方对本合同含义认识一致。

抵押权人(签章)　　　　　　　　　债务人(签章)

负责人　　　　　　　　　　　　　法定代表人
或授权代理人　　　　　　　　　　或授权代理人

抵押人(签章)　　　　　　　　　　抵押人(签章)

法定代表人　　　　　　　　　　　法定代表人
或授权代理人　　　　　　　　　　或授权代理人

抵押人(签章)　　　　　　　　　　抵押人(签章)

法定代表人　　　　　　　　　　　法定代表人

或授权代理人   或授权代理人

_____

签约日期：_____年___月___日

签约地点：_____

本章附录二　最高额保证合同

(××)××银高保字(××)第××号

债权人(全称)：××银行股份有限公司

保证人(全称)：_____

_____

_____

_____

鉴于_____(下称债务人)
与债权人将按本合同第二条约定的期间及最高额签订一系列债权债务合
同(下称主合同)，保证人愿为债务人依上述主合同与债权人形成的债务提
供担保。为保障债权人债权的实现，根据国家有关法律法规，经各方当事
人协商一致，特订立本合同。

第一条　保证人声明与承诺

(一)已按有关规定和程序取得本合同担保所需要的授权。

(二)提供真实的财务报表及其他相关资料、信息。

(三)债务人未按主合同约定履行债务的，保证人自愿履行保证责任。

(四)保证人不按本合同约定履行保证责任的，债权人可直接从保证人
开立的任何账户中扣收。

(五)发生以下事项时，保证人应于事项发生后5个工作日内书面通知
债权人：

1.保证人发生隶属关系变更、高层人事变动、公司章程修改以及组织
机构调整等；

2.保证人生产经营发生严重困难、财务状况恶化或发生重大诉讼、仲
裁事件，可能影响其履行本合同项下保证责任的；

3.保证人变更名称、住所、法定代表人等工商登记事项。

(六)保证人实施以下行为,应提前10个工作日书面通知债权人并征得债权人书面同意:

1.保证人改变资本结构或经营方式的;

2.保证人为第三人债务提供保证担保或以其王要资产为自身或第三人债务设定抵押、质押担保,可能影响其履行本合同项下保证责任的。

(七)保证人完全了解主合同项下借款的实际用途,为主合同借款人提供保证担保完全出于自愿,在本合同项下的意思表示完全真实。

(八)债务人提供了物的担保的,保证人愿就本合同所担保的全部债务先于物的担保履行保证责任。

(九)债务人和保证人违反王合同或本合同项下义务,债权人有权宣布本合同所担保债务全部提前到期,保证人须按本合同约定履行连带保证责任。

第二条 被保证的主债权最高额

(一)保证人自愿为债务人自____年__月__日起至____年___月__日止,在债权人处办理约定的各类业务,实际形成的债务的最高余额折合人民币(大写金额)_____提供担保。上述期间仅指债务发生时间。外币业务,按业务发生当日卖出价折算。上述各类业务具体包括_____

_____。

可选择的种类包括但不限于:(1)人民币贷款;(2)外币贷款;(3)银行承兑汇票承兑;(4)银行承兑汇票贴现;(5)商业承兑汇票贴现;(6)进口开证;(7)进口押汇;(8)出口押汇;(9)出口打包放款;(10)银行保函;(11)商业承兑汇票保贴;(12)出口托收押汇/贴现。

(二)在本合同约定的期限和最高余额内,债务人可申请循环使用上述信贷资金、银行信用。每笔业务的起始日、到期日、利率及金额以主合同的借款凭证或相关债权凭证为准。

(三)在本合同约定的期限和最高余额内,债权人发放贷款和提供其他银行信用时无须逐笔办理担保手续。

(四)在本合同约定的期限和最高余额内发生的业务,币种不限,保证人对原币种债务承担担保责任。

第三条 保证担保的范围

保证人担保的范围包括主合同项下债务本金、利息、逾期利自、复利、罚息、违约金、损害赔偿金以及诉讼（仲裁）费、律师费等债权人实现债权的一切费用。

因汇率变化而实际超出最高余额的部分，保证人自愿承型连带责任保证。

第四条　保证方式

本合同保证方式为连带责任保证。

第五条　保证期间

（一）保证人保证期间为主合同约定的债务人履行债务期限届满之日起两年。

（二）银行承兑汇票、进口开证和保函项下的保证人保证期间为债权人垫付款项之日起两年。

（三）商业承兑汇票贴现的保证人保证期间为贴现票据到期之日起两年。

（四）债权人与债务人就主合同债务履行期限达成展期协议的，保证人保证期间自展期协议重新约定的债务履行期限届满之日起两年。

（五）若发生法律、法规规定或主合同约定的事项，导致债务提前到期的，保证人保证期间自债务提前到期之日起两年。

第六条　违约责任

本合同生效后，债权人和保证人均应履行本合同约定的义务，任何一方不履行约定义务的，应当承担相应的违约责任，并赔偿由此给对方造成的损失。

因保证人违约致使债权人采取诉讼或仲裁方式实现债权的，保证人应当承担债权人为此支付的律师费、差旅费及其他实现债权的费用。

第七条　其他约定

（一）债权人与债务人协议变更主合同，无需保证人同意，保证人仍然继续履行其在本合同项下的担保责任。

（二）银行为申请人办理信用证项下的融资业务或以信托收据形式放单的，保证人仍须按本合同的规定承担担保责任；如开证行根据申请人的申请对信用证进行修改的，包括但不限于对信用证金额、有效期、装运期、单据等进行修改，保证人仍须按本合同的规定和信用证修改后的内容（包括但不限于对信用证金额、有效期、装运期、单据等）承担担保责任。

第八条　争议的解决

本合同履行中发生争议,由双方协商解决;协商不成的,按下列第(　　)种方式解决:

1.诉讼。由债权人住所地人民法院管辖。

2.仲裁。提交＿＿＿＿＿＿＿＿＿(仲裁机构)按其仲裁规则进行仲裁。

在诉讼或仲裁期间,本合同不涉及争议部分的条款仍须履行。

第九条　其他事项

(一)本合同项下发生各类业务的主合同、借款凭证或相关债权凭证不再送达保证人。

＿＿＿＿＿＿＿＿＿＿＿＿＿＿＿＿＿＿＿＿＿＿＿＿＿＿＿＿＿＿＿＿＿

＿＿＿＿＿＿＿＿＿＿＿＿＿＿＿＿＿＿＿＿＿＿＿＿＿＿＿＿＿＿＿＿＿

第十条　合同的生效

本合同自各方签字或盖章之日起生效。

第十一条　本合同一式＿＿＿＿＿＿＿,其中债权人＿＿＿＿份,保证人各＿份,＿＿＿＿＿＿份,效力相同。

第十二条　提示

债权人已提请保证人对本合同各条款作全面、准确的理解,并应保证人的要求作了相应的条款说明。签约各方对本合同含义认识一致。

债权人(签章)　　　　　保证人(签章)　　　　　保证人(签章)

负责人　　　　　　　　法定代表人　　　　　　法定代表人
或授权代理人　　　　　或授权代理人　　　　　或授权代理人

　　　　　　　　　　　保证人(签章)　　　　　保证人(签章)

　　　　　　　　　　　法定代表人　　　　　　法定代表人
　　　　　　　　　　　或授权代理人　　　　　或授权代理人

签约日期:＿＿＿年＿＿＿月＿＿＿日

签约地点:＿＿＿＿＿＿＿＿＿＿＿＿＿

▶▶▶ 第十一章
授信风险管理理论及方法

第一节　我国传统的授信管理

　　信贷业务,在中国也已经有至少两千年的历史了。制度性金融借贷从公元前王莽时代就有了。王莽为了增加政府的财政收入,在长安、成都、洛阳等五大商业都市,专门设立信贷机构,称"五均",就是强行向那些大商人提供贷款,年息36%。因为有政府行政力主导,国有气味浓,实际上是强行参与对商人利益的再分配。唐代有一个官方的信贷基金叫"公廨本钱"的,也属于信贷基金。为了增加官员收入,在正常薪金之外,通过"公廨本钱"放贷利息补充收入。宋代的王安石也采用过青苗钱。类似于政策性农贷。就是春天放款给农户,秋天收回贷款,年息也是36%。但是历史记录效果很不好。至于商业性的借贷,史料很少。早期一般是由典当业承担信贷任务。所以在民间俗文化里,上当(铺)是一件不好的事情。当铺借贷就是典押(Pledge)模式,其主体属于生活消费信贷,借款人借贷后用于消费,消费的结果必然使财富减少,还贷能力下降,所以,采取典押方式,确保债权。同时借贷利息很高,风险大,风险补偿费高。那些典押物,很可能不能到期赎回,就要处理,存在处理费用,同时还有典押物破损、降价等因素。

　　钱庄是明中叶后兴起的新金融体系。到了19世纪后,出现了山西票号为代表的北方金融模式,和以宁波钱庄为代表的南方金融模式。票号大多为山西人所开,但大本营是在天津,它以汇兑见长,也从事授信业务。同样宁波钱庄后期的影响力主要也是在上海。宁波钱庄是以授信为主体业务。与西方银行相比,他们是另一种较低级的商业银行系统,属于本土商业银行。因为他们已经发展出开户结算的金融交易方式,货币的概念不再局限于原先的金属货币,而是扩展到信用货币。票据业务也陆续推出并完善。钱庄与票号成为全社会的经济活动中心,"百业之枢纽"。

钱庄票号之迅速取代典当成为金融主体,得益于商品经济这个新生产力的发展。换句话说,典当是服务于传统社会经济的,票号与钱庄是为商品经济服务的。商品经济发展到一定阶段就是资本主义,所以后者已经逃脱了封建传统金融的范畴。早期票号、钱庄服务对象主要在流通领域。流通领域的特点是,周转快、资金需求大、远距离贸易、供应链紧密,所以钱庄、票号的授信模式是以信用放款为主,没有抵押物,也没有担保人。以今天授信标准视之,根本不能接受。但是在当年经济社会文化环境下,却不失为一个行之有效的手段,风险并没有想象中的大。说明信用放款在当时是最优选项。20 世纪 30 年代,国民政府制定《银行法》,规定银行授信要以抵押为主,限制信用放款的比例不能超过 20%,遭到钱庄业界的强烈反弹,认为违背钱业惯例,不切实际,将导致钱业无法生存,酝酿分立《钱庄法》,最后因时局动荡,没有实施。不过钱业也已经开始向银行学习,努力推广、扩大抵押贷款范围,引入先进的控制风险手段。

钱业的信用放款为主的风险管理模式能够有效,主要基于四个方面:一是基于真实的贸易背景。借贷的目的在于购买商品用于出售,只要买卖交易不发生大的问题,到期后就有足够的还贷能力。比较典押业,消费信贷的结果是使财富减少。二是社会文化中对信用的重视。在钱业授信里,若被要求提供抵押物,等于宣告借款人信用不良,钱庄的信用会影响到他在商业领域的交易,他的交易对手也因此会提出新的交易的条件,不能维持原来的正常交易,所以信用被视为它的财产的一部分。三是钱庄业的客户以中小商户为主,授信组合中单一客户授信占比不大,单一坏账不足以影响钱庄的运转。四是信用半径有限,业务局限于熟人社会,相对解决信息不对称问题。客户发生关系前,客户经理(跑街)通过各种渠道,早就对它的信用、人品、财产实力、能力、从事的行业、业内的评价等了解得一清二楚,等于说这些程序就相当于风险评估。考虑综合因素决定是否给予授信,及授信限额。钱业的贷后管理也有特色。一是以活期贷款(透支)为主,钱庄可以随时收回贷款,目的在于检验客户的周转能力是否下降。二是通过客户的同业收集相关信息。客户的同业对市场行情与客户情况了解比钱庄要快,更准确、细致,一发现问题,立即采取措施,防止风险扩大。

实践上,钱庄的信用放款模式并没有使坏账大量的增加。

新中国成立以后,我国银行业实行国有制,特殊时期全国只有三家银行,一家人民银行,既是中央银行又是商业银行,一家属于财政系统的建设银行,一家只有招牌没有机构的中国银行(隶属人民银行中从事外汇业务)。贷款是由计划分配的,银行很少有自主权,贷款对象不是国有企业就是集体企业。支持企业生产与发展是基本要求,对风险要求不高,谈不上风险管理,即使风险发生了也不必由银行承担。

改革开放后,逐步进行一系列的金融体制改革,主要是中央银行体制建立,专业银行分设后独立从事金融活动,建设银行从财政归并金融系统,交通银行重新组建,后来又陆续开设了很多家新的股份制商业银行及各地的城市商业银行,政策性业务从专业银行中分离出来,独立组建政策性银行,外汇业务从中行特许垄断到指定银行制度再到完全开放。

此一时期属于过渡期,授信风险被重新重视,并逐步导向全面风险管理体系。不过2000年以前仍然是信贷管理模式。以贷款为主,将开证、承兑、担保等或有资产业务视作中间业务,与信贷分别管理。信贷资产划分也很中国式,分为正常贷款、逾期贷款、呆滞贷款、呆账贷款,与国际普遍标准有些差距。贷款以信用保证为主,保证也是形式大于实际。因为正经历体制转换期,坏账大幅度涌现,严重时银行不良资产估计高达40%。

随着外资银行的进入,新的授信风险管理理念开始引入,尤其是 WTO 的加入,给我国银行业创造了重重生机。通过设立资产管理公司剥离不良资产,使国有银行进行瘦身和优化。通过对国有专业银行的股份制改造,建立了现代企业制度,向真正意义上的商业银行演进。同时引进、接纳、吸收西方商业银行的先进文化成为主流金融文化,重新寻到了金融高点。严格意义上说,符合国际标准的商业银行体系2000年后才真正出现。

第二节　西方银行的授信管理理论

西方商业银行经营管理主要经历了资产管理理论—负债管理理论—资产负债管理理论的演变、发展过程。

一、资产管理理论

所谓资产管理理论(Asset Management Theory),就是主张商业银行的经营管理重点应该主要放在对银行资产的管理方面的一种理论。资产管理理论认为,银行的资金来源和结构是银行不能控制的外生变量,商业银行要实现安全性、流动性、盈利性的经营目标,应该主要通过对资产项目的合理调整与组合,使资产的分配与负债的期限结构和性质相适应,减少和分散银行的经营风险。

自商业银行建立以来到 20 世纪 60 年代之前,商业银行的资金来源主要是活期存款,资金来源渠道较为固定、单一,但资金供给却相对充足,资金来源的规模和结构是独立于银行决策之外的,具有不可控制性,加之金融市场的发达程度较低,限制了银行的流动性、变现能力,因此,银行经营管理的重点是资产的流动性问题,经营管理主要在资产负债表的资产方面。资产管理理论经历了三个不同的发展阶段,形成了不同的理论。

(一)商业贷款理论

商业贷款理论(Commercial Loan Theory),又称为真实票据理论(Real-Bill Theory)、自偿性贷款理论(Self-Liquidation Theory),是一种确定银行资产运用方向的理论。商业贷款理论认为,商业银行的主要资金来源于吸收的高流动性的活期存款,要保持资产的流动性,银行只能发放短期的、与商品周转相联系的或与产生物资储备相适应的工商企业周转性贷款,不能发放不动产抵押贷款、消费贷款、长期性的设备贷款和农业贷款;即使要发放不动产抵押贷款和消费贷款,也只能将其限定在银行自有资本与现有储蓄存款的水平范围之内。商业性贷款的期限较短,能够随着企业产销过程的完成而从销售中得以偿还;由于是以商业行为为基础、以真实的商业票据为抵押,即使企业到期不能偿还贷款,银行可以通过处理抵押的商品来收回贷款,形成资金的自动性偿还。这种商业性贷款,不仅使银行资产的流动性得以保持,盈利得以实现,而且,具有自偿性的商业贷款能够依照贸易需要而自动伸缩,从而对整个经济过程中的货币及信用量具有了自动调节的功能。商业贷款理论产生于西方商业银行发展的初期,并在相当长的时期内,支配和指导着商业银行的业务经营活动。

(二)可转换性理论

资产可转换性理论(The Shiftablity Theory),是一种资产运用中确定资产组合的理论,简称为可转换性理论。资产可转换性理论认为,为了应付提存所需保持的流动性,银行在资金运用中可持有具有可转换特性的资产,即银行可将资金的一部分投资于具备二级市场转让条件的证券上。具备转让条件的证券特别是财政部所发行的国库券,由于具备信誉高、期限短、容易转让的特性,银行在需要资金时,可以迅速、不受损失的出售或转让,获取所需现金,保持银行的流动性,因此,银行的贷款不一定仅仅局限于短期和自偿性的贷款,银行可以投资于随时能够出售转让为现金的盈利性资产——证券上。资产可转换性理论是由美国的莫尔顿在1918年提出的。

可转换性理论突破了商业贷款理论对商业银行资产运用范围的局限,使银行资产业务的范围进一步扩大,业务经营的灵活性、多样性提高,银行在注重流动性的同时扩大了资产组合的范围,银行流动性保持的条件下盈利性得以提高。

(三)预期收入理论

预期收入理论(The Anticipated-income Theory),是一种确定商业银行资产投向选择标准的理论。预期收入理论认为,商业银行的流动性状况取决于资产的变现能力,取决于贷款的偿还与证券的变现能力,而贷款能否按期还本付息、证券能否顺利出售,都是以借款人未来的预期收入和银行对资产的合理安排为基础的。贷款期限不是一个绝对的控制因素,只要一项投资的未来收入有保障,即使是长期的贷放,贷款的偿还也是有保障的;反之,未来收入没有保障,即使是短期的贷放,也可能到期收不回来贷款。因此,银行不仅可以发放短期贷款、经营短期证券,还可以对未来收入有保障的项目发放中长期的贷款,只要银行能按照贷款的各种期限进行合理的组合,使资金回流呈现出可控制的规律性,银行的流动性就能够得到保证。预期收入理论产生于20世纪40年代,是由美国金融学家在1949年的《定期贷款与银行流动性理论》一书中提出。预期收入理论提出了银行资产流动的经济原因,强调银行的流动性是与借款人未来的预期收入及银行对贷款的合理安排密切相关的,资产的运用范围不受期限和类型的限制,只要是未来收入有保障的业务,银行都可以经营,为银行业务经营范围的进一步扩大提供了理论依据,推动了商业银行业务向中长期设备贷款、分期付款的住宅抵押贷款等方面发展。

商业贷款理论、可转换性理论、预期收入理论是商业银行在不同发展阶段所依据的资产管理理论,是关于资产的方向、资产组合的形式、资产选择的标准的确定的理论,在保证银行资产流动性的问题上各有侧重,形成了一种相互补充的关系,并在理论不断完善和发展的演进过程中,推动了商业银行资产业务的不断开拓和发展。

二、负债管理理论

所谓负债管理理论(Liability Management Theory),就是主张将保证银行流动性的重点由资产方转向负债方,使负债经营成为实现资产流动性和盈利性均衡的工具的一种理论。负债管理理论认为,银行要保持流动性,不仅可以通过加强资产管理来获得,而且可以通过在金融市场上的主动性负债或"购买"资金来实现,没有必要完全依赖在资产方建立分层次的流动性储备资产,银行应将其投入到高盈利的贷款或投资中。

负债管理理论出现于 20 世纪 60 年代初期。第二次世界大战之后,随着各国经济、金融的发展,社会资金的需求不断增大,寻求资金来源,扩大贷款与投资规模,成为商业银行界当时的第一需要,于是,产生了以借入资金的方式来保持银行流动性、增加银行资产与收益的负债管理理论。负债管理理论是在一定历史背景和客观条件下产生的,是在多方面因素共同作用下形成的。

(一)负债管理理论的内容

负债管理理论强调,商业银行应根据既定的目标资产增长进行资金配置,通过对负债项目的调整,通过负债管理,采取向外借款或"购买"资金的方式来保证银行的流动性,实现银行经营"三性"原则的最佳组合。

1. 保证银行流动性的重点在于负债经营

负债管理理论的核心是将负债作为保证银行流动性的经营重点,认为银行应积极开拓负债渠道,通过向外借款或"购买"资金的方式来保持必要的流动性。只要银行的借款市场广大,没有必要在资产上保持大量高流动性资产,而应将其投入到高盈利的贷款或投资中,必要时可以通过借款来支持贷款规模的扩大,通过负债的提供,银行的流动性就有一定的保证。

2. 主动型负债是负债管理的主要方法

对银行而言,吸收存款是一种被动行为,向外借款具有一定的主动性。商业银行要通过负债管理满足流动性的要求,单纯地依靠被动性的吸收存款是难以实现的,银行必须发展主动型的负债方式,以主动向外借款的方式来实现贷款规模的扩大、流动性的保持。主动型负债是负债管理的重要方法,负债管理是负债管理理论的基础。

3. 负债经营是实现资产流动性与盈利性均衡的工具

商业银行采用负债管理,依靠向外借款或"购买"资金的方式扩大负债业务,不仅能够满足存款者随时提现和必要的贷款支付,保证银行的流动性,而且,还可以利用主动负债的方式,不断适应营利性资产的战略性扩张,提高银行的营利能力。

(二)负债管理理论的意义与缺陷

负债管理理论的出现,标志着银行经营管理的进步与发展,对银行的业务活动、经营管理具有积极的意义,表现在:①提供了保持银行流动性的新方法。负债管理理论为银行的业务经营、流动性的保证提供了新的方法和理论依据,使银行由单纯依靠吸收存款的被动型负债方式发展成为向外借款的主动型负债方式,在流动性管理上由单一的资产调整发展到资产与负债两方面同时调整,实现了单一调整到双项结合调整的转变,比较好地解决了银行经营中流动性与盈利性的矛盾。②为银行扩大经营规模创造了条件。银行由被动负债发展为主动负债,使银行能够根据资产的需要来调整或组织负债,改变了资产安排只能被动地适应于负债的数量和结构的状况,通过负债主动适应或支持资产,为银行信贷规模的扩大、贷款投放的增加,提供了资金的保证。③增强了银行的竞争力。负债经营是银行经营活动的基础,通过主动负债的方式,扩大了银行的资金来源,增加了银行的资金实力,使银行信贷规模的扩大、盈利水平的提高成为可能,从而增强了银行的竞争能力。

负债管理理论也存在着一些缺陷,表现在:①使银行自有资本呈现下降趋势。负债管理理论易使商业银行忽视自有资本的补充,使银行自有资本占资金来源总额的比重呈现下降趋势。②提高了银行的经营成本。商业银行通过发行存单和组织各种借款所获得的资金,必须付出高于一般存款的利息,负债的增加、资金来源增加导致了银行负债成本的提高,使银行须承受大量"购买"资金所增加的成本压力。③增加了银行的经营风险。负债管理理论的采取,使银行在流动性保持方面过多地依赖于负债,一旦市场上资金紧张,银行难以借到款项,以负债管理来提供流动性就有可能得不到保证,将有可能使银行陷入困境,甚至产生倒闭的风险。若银行大量地通过国际金融市场借款,又有可能造成债务危机。

三、资产负债管理理论

所谓资产负债管理理论（Asset-Liability Management Theory），就是主张根据经济金融情况的变化，通过资产结构和负债结构的共同调整，通过资产、负债两个方面的统一协调管理，实现银行经营管理目标要求的一种理论。资产负债管理理论认为，商业银行单纯依靠资产管理，或者单纯依靠负债管理，都难以形成经营活动安全性、流动性和盈利性的均衡。银行只有通过资产和负债的统筹安排，遵循规模对称、期限对称、利率对称的资产负债的对称性原则，不断调整资产结构和负债结构，谋求经营活动的风险最小、盈利最大，有效地处理好流动性、安全性、盈利性之间的矛盾。

资产负债管理理论产生于20世纪70年代末80年代初，是商业银行经营管理方式的一次重大变革，对金融界、经济运行产生了深远的影响。

(一)资产负债管理理论的基本原理

资产负债的对称性是资产负债管理理论的基础，通过对资产结构和负债结构的调整，协调银行经营的安全性、流动性和盈利性的矛盾。

1. 规模性对称原理

所谓规模性对称原理，就是商业银行的资产规模与负债规模要相互对称、统一平衡。商业银行的资金来源与资金运用之间存在着一种相互联系、相互依赖、相互制约的关系，银行在开展资产业务、运用资金时，必须与负债业务、资金的来源相协调，相对称，相适应，并且是一种建立在合理增长基础上的动态平衡，而不是一种简单对等式的对称。

2. 结构性对称原理

所谓结构性对称原理，就是商业银行的资产结构与负债结构要相互对称、统一平衡。商业银行在开展资产业务、进行资金运用时，应根据资金来源的期限与性质，在期限结构与性质上与负债业务保持动态的一致，即长期负债用于长期性资产业务、短期负债用于短期性资产业务，对于短期负债中的长期性稳定的部分可以用于长期性资产，并根据经济状况、经营环境的变化，适时调整资产结构，实现银行经营的安全性、流动性和盈利性。

3. 偿还期对称原理

所谓偿还期对称原理，就是商业银行的资产的偿还期与负债的偿还期要保持一定程度的对称。商业银行在开展资产业务时，应根据资金来源的流转速度决定资金的投放、资金的分配，也就是说，相对于活期存款的高流转速度、短偿还期限的特点，以现金或准备金资产等高流动性的资金运用相对应；对于流转速度较慢的定期存款，银行可用于投放在流动性低、偿还期较长的放款或长期证券等资产上。由于银行的资产与负债都存在偿还期转化的情况，在保持资产偿还期与负债偿还期的对称性时，必须充分考虑到偿还期的转化问题，实现资产与负债偿还期的最佳搭配与对称。

4. 经营目标的互补性原理

所谓经营目标的互补性原理，就是商业银行经营的"三性"目标能够通过"三性"的相互补充来实现。商业银行经营的安全性、流动性、盈利性目标之间具有相互补充的特性，在一定的经济条件和经营环境中，银行流动性和安全性的降低，通过盈利性的提高的补偿，银行经营的整体效应不变，也就是说，银行经营的某一项或某两项目标水平的下降，能够通过其他项目水平提高的补偿作用，不会影响银行经营总目标的实现。

（二）资产负债管理的方法

商业银行进行资产负债综合管理的方法一般分为两大类：一类是差额管理法，即预测利率变化，利用不同资产与负债的利率敏感性差异，调整资产负债的结构；另一类是补充方法，即运用金融市场上一些转移风险的保值工具，进行资产负债的管理。具体来说，主要有以下几种方法：

1. 资产负债差额管理法

资产负债差额管理法就是根据预测的利率变化及趋势，运用银行在短期内拥有主动控制权的资产和负债，如回购协议、大额定期存单、可变利率放款等工具，通过对资产与负债的结构的积极调整，扩大或缩小资产与负债的利率敏感性差额，实现银行收益的稳定与增长。资产负债差额管理法产生于 20 世纪 70 年代，作为商业银行经营管理领域的一次变革，成为银行管理和控制利率风险的有效方法之一，被各国商业银行广泛的采用。

差额管理法将银行管理的重点放在依据不同资产和负债的利率特点所确定的利率差额上，认为利率是决定资产与负债之间的内在联系的关键因素，银行应根据利率的变化周期，及时调整不同利率的资产与负债的规模、结构及组合，保持资产与负债的规模、结构以及偿还期的对称。差额管理法有两大策略，即主动型的差额管理法和保守型的差额管理法。主动型差额管理法是与利率周期和利率预测密切相关的管理方法，银行根据对利率变化趋势的预测，在利率变化的周期中，调整资产与负债的结构，采取预测利率上升时扩大差额、利率下降时缩小差额的方式，扩大或缩小资产与负债的利率敏感性的差额,使银行经营活动获取较高的收益;保守型差额管理法是银行在利率变化的不同周期,通过对资产与负债的调整,尽可能地使利率敏感性的资产与利率敏感性的负债之间的差额趋于零,将银行经营的利率风险降至最低限度,以保持银行收益的稳定。在利率变化剧烈的情况下,对利率预测的信心将会下降,要保持银行资产与负债的偿还期的对称关系,应该采取保守型的策略,努力使资产与负债的利率敏感性差额趋于零。

资产负债差额管理法把握了资产与负债之间联系的关键——利率,接近于商业银行经营管理的实际,是一种具有灵活性、准确性和严密性的有效的经营管理措施。但由于没有解决利率水平变化趋势的预测问题,判断的主观性很强,因而易出现脱离实际、判断失误的现象,影响管理效果。

2. 资产负债期限管理法

商业银行的资产与负债都有期限,期限直接反映着市场利率变化对银行资产与负债价值的影响程度。因此,商业银行可以以资产与负债的期限作为标准,采取期限差额与期限搭配的管理方法,进行资产负债管理。

(1)期限差额管理法

期限差额管理法,就是根据对利率变化的预测,不断调整银行的资产与负债的期限,实现银行经营目标的管理方法。

资产与负债的期限差额是指资产的加权平均期限与负债的加权平均期限之差,可以用公式表示为:

$$D_{GAP} = D_A - W_L / D_L$$

式中:D_{GAP} 为资产与负债的期限差额;D_A,D_L 分别为资产与负债的加权平均期限;W_L 为负债资产比率,即负债占总资产的比重。

由于资产与负债的期限差额直接反映金融市场利率变化对银行净值的影响程度,因此,商业银行可以根据对利率变化的预测和资产负债的期限差额大小,调整资产与负债的期限,使银行的净值增加,实现经营管理的理想目标。期限差额管理法类似于利率敏感性差额法,在资产期限比负债期限长的情况下,利率上升将使银行净值下降,银行则应缩短资产的期限、扩大负债的期限,以期达到净值的不降。

(2)期限搭配法

期限搭配法又称之为风险免除法,就是通过消除利率风险,消除资产负债中的部分风险的一种管理方法。由于资产负债的期限差额随市场利率的变化而不断变化,因而银行难于掌握,但银行可以通过调整资产与负债的结构,使部分存款等负债与资产的期限相等,从而使这一部分资产与负债的利差得到固定,不会受到利率变化的影响,使资产与负债的利率风险得以消除,为银行的其他决策和经营管理提供了便利。例如,15年期的固定利率抵押放款,对于4年期限的贷款需求,银行可以发放4年期的大额定期存单与之对应。

3. 资产负债期权交易法

资产负债期权交易法,就是商业银行运用期权交易来降低利率风险,增加收益的一种管理方法。

资产负债期权交易法产生于1973年,已经成为英国等许多国家的大型商业银行采用的资产负债管理方法之一。商业银行为了避免利率变化对资产价值带来不利的影响,通过期权交易进行保值,特别是在银行的客户拥有主动权而银行将面临盈利下降的风险时,银行通过对贷款承诺进行期权交易,以期权保值的方式能够有效避免利差下降所带来的盈利减少的风险。例如,银行与借款者达成协议,承诺发放固定利率贷款,但当市场利率下降时,客户可能不再贷款;而市场利率上升时,客户会努力争取获得贷款,银行却会因为存款成本的变化,受到利差缩小、收益减少的影响。如果进行此项贷款承诺的期权交易,就能够避免利差下降的风险。

4. 资产负债金融期货交易法

资产负债金融期货交易法,是商业银行通过表外业务弥补资产负债表内的利率敏感性差额,降低利率风险的一种管理方法。

资产负债金融期货交易法产生于20世纪70年代,已经成为美国等国家的大型商业银行所采用的资产负债管理方法。商业银行运用金融期货交易代替现货交易,通过套期保值的期货交易方式,实现微观保值与宏观保值的目的,消除利率变化给银行带来的风险。所谓微观保值,就是针对某一特定的资产负债项目进行的保值,即保障现有的资产价值,或者是保障现有的负债价值,或者是保障投资收益等;所谓宏观保值,就是从总的资产负债利率敏感性和期限差额出发,对银行的净值进行的保值。

商业银行进行套期保值最常用的方法有两种:一是多头套期保值,即为了防止利率下降(或价格上升)而遭受损失,银行先买进一个期货合约,待利率下降之后,再卖出一个相应的合约来抵消;二是空头套期保值,即为了防止利率上升(或价格下降)而遭受损失,银行先卖出一个期货合约,待利率上升之后,再买进一个相应的合约来抵消。

5.资产负债利率调换法

资产负债利率调换法是商业银行避免风险的最新管理方法,首次于1982年出现在英国。

资产负债利率调换法,就是由两家银行按照商定的条件,以同一种货币、相同金额的本金作为计算的基础,以一家银行的固定利率换取另一家银行的浮动利率,改善两家银行的资产负债结构,实现降低资金成本、避免利率风险的目的。利率调换交易只涉及双方银行利息的收付,不会发生本金的转移。例如,对于资产主要是长是期固定利率抵押放款的银行,存在大量的负差额,是负债敏感型;对于资产主要是浮动利率放款的银行,存在大量正差额,是资产敏感型。由于两者在利率变化的情况下所受到的影响不同,所以,两家银行可以通过利率调换交易,在不改变现存的资产负债结构的情况下,减少了交易双方的利率敏感性差额,使双方的利率敏感性形式得以调整,从而降低了利率变化所带来的风险损失。

第三节 内部控制制度与全面风险管理

商业银行的内部控制制度,是实施全面风险管理体系的一部分,也是与授信管理密切相关的。所谓内部控制机制就是为了实现经营目标,通过制定一系列制度、方法、程序,对风险进行事前防范、始终控制、事后监督和纠正的动态过程和机制。实践证明,授信的风险很多时候与内部控制失当有关。比如操作风险、内外勾结犯罪,如果建立严密程序与规定在很大程度上就可以避免。内控制度是全方位的制度控制体系,包括授信、资金、存款、柜面服务、中间业务、信用卡、会计、计算机系统等方面。银监会于2002年发布了《商业银行内部控制指引》作为我国商业银行建立内部控制制度的准则。

一、内部控制制度理论演进

不仅仅是商业银行,内控制度也是现代企业制度一部分,但是银行业内控制度要求更严、更高,内部控制理论和实践经过了漫长的发展过程,大致经过内部牵制、内部控制、内部控制结构、内部控制整体框架几个阶段。

(1)20世纪40年代以前,属于内部牵制阶段,通过内部各岗位相互牵制达到内部控制的目的。重点以会计账目的互相核对、每日试算平衡、业务复核、重点业务设置多级授权,以及岗位分离,即一定时期后,调离原有岗位,便于事后稽核,发现问题。在财产关系、社会关系相对不复杂情况下有效。

(2)20世纪40—70年代,建立了内部控制理论。该理论认为,内部控制应分为内部会计控制和内部管理控制两部分。前者在于保护公司资产,检查会计数据的准确性与可靠性;后者在于提高公司经营效率,遵守既定的公司管理方针。

(3)20世纪80年代开始,提出了内部控制结构理论。研究发现会计控制与管理控制两者不是互相独立的,而是互相联系、密不可分的,因此提出内部控制结构包括为合理保证企业特定目标实现而建立的各种政策和程序,并明确内部控制结构的内容是控制环境、会计制度、控制程序三方面。

(4)20世纪90年代以来,发展出内部控制整体框架思想。标志是1992年全美反舞弊委员会的内部控制整体框架COSO报告,该报告将内部控制划分为五个部分,分别是控制环境、风险评估、控制活动、信息与沟通、监控。2001年安然公司破产,引起全球震动,美国会通过萨班斯—奥克斯利法案,在此背景下,COSO于2004年发布了企业全面风险管理体系框架,将内控体系发展到全面风险管理体系新阶段。

商业银行内部控制制度从20世纪90年代开始进入全面内部控制体系。1992年,香港金管局发布《内部控制系统法定指引》,强调银行内控制度的重要性。1997年,巴塞尔委员会的《有效银行核心监管原则》提出了对银行内控制度监管的要求规定。1998年9月,更发布《银行业组织内部控制体系框架》,作为比较系统提出银行内部控制的框架和基本原则。我国自2002年银监会发布《商业银行内部控制指引》后,2004年再发布《商业银行内控评价试行办法》,作为商业银行建立内控制度的规范要求。

二、内控制度

由于现代内部控制大多以美国COSO报告为参考准则,因此现代内部控制的目标、原则、要素等内容基本一致。以人民银行《内控指引》为例,其第六条规定,内部控制应当包括以下要素:内部控制环境;风险识别与评估;内部控制措施;信息交流与反馈;监督评价与纠正。

（一）内部控制环境

任何组织的核心是组织中的人及其活动。人的活动在环境中进行，人的品性包括操守、价值观和能力等，它们既是构成环境的重要因素之一，又与环境相互影响、相互作用。环境要素推动企业发展的引擎，也是其他一切要素的核心。它构成一个组织的氛围，是影响内部人员控制其他成分的基础。包括：

（1）员工的诚实性和道德观。如是否确定了可接受的商业行为、利益冲突、道德标准的行为准则。

（2）员工的胜任能力。如雇员是否能胜任质量管理要求。

（3）董事会或审计委员会。如董事会是否独立于管理层。

（4）管理哲学和经营方式。如管理层对人为操纵的或错误的记录的态度。

（5）组织结构。如信息是否到达合适的管理阶层。

（6）授予权力和责任的方式。关键部门的经理的职责是否有充分规定。

（7）人力资源政策和实施。如是否有关于雇佣、培训、提升和奖励雇员的政策。

（二）风险识别与评估

风险评估是指管理层识别并采取相应行动来管理对经营、财务报告、符合性目标有影响的内部和外部风险，包括风险识别和风险分析。风险识别包括对外部因素（如技术发展、竞争、经济变化）和内部因素（如员工素质、公司活动性质、信息系统处理）风险发生的可能性，考虑如何管理风险等。

（三）内部控制措施

控制措施是指对所确认的风险采取必要的措施，以保证单位目标得以实现的政策和程序。实践中，控制措施的形式多样，可将其归结为以下几类：

（1）直接的职能（或活动）管理。管理职能（或活动）的经理审阅工作报告。例如，负责银行消费贷款的经理，通过按分行、地区及贷款（抵押品）类型来审阅贷款报告，了解总体情况并识别发展趋势，并将相关结果与经济统计和目标联系起来。同样，分行经理从客户经理和负责本地客户的部门获得新业务的数据。分行经理也要遵守监管规定,审阅监管部门对超过一定金额的新贷款所要求的报告。每日的现金流都要对账,集中报告净头寸以便进行隔夜转账和投资。

(2)信息处理。许多控制措施都是为了检验交易的准确性、完整性和授权情况。输入的数据还要经过在线编辑审查或与已经批准的控制文件保持一致。例如,只有在检查过批准的顾客档案和信用额度后方可接受顾客订单;交易的顺序号需要检查;如有例外,必须跟进并上报上一级主管。对新系统的开发和现存系统的改变都是有控制的,数据、文件和项目也不能随便接触。

(3)物理控制。设备、存货、证券、现金和其他资产要确保安全、定期盘点并与控制账户上的金额相比较。

(4)业绩指标。发现运营数据或财务数据不同的数据之间的相互关系,并分析这一关系以及采取调查、校正措施,这也是控制活动的一种。例如,业绩指标包括每个职能单元员工的流失率。通过考察意外结果和反常趋势,管理层识别到一些情况,在这些情况下完成关键流程的能力不充分就意味着目标实现的可能性降低。经理如何利用这些信息,将决定业绩指标是仅用于经营决策,还是同时用于外部财务报告的控制目的。

(5)职责分离。各种功能性职责分离,以防止单独作业的雇员从事或隐瞒不正常行为。一般来说,下面的职责应被分开:业务授权(管理功能)、业务执行(保管职能)、业务记录(会计职能)、对业绩的独立检查(监督职能)。

(四)信息和沟通

为了使职能岗位执行其职责,银行必须识别、捕捉、交流外部和内部信息。外部信息包括市场份额、法规要求、客户投诉等信息和市场价格信息。内部信息包括会计信息和授信信息,即由管理当局建立的报告经济业务和事项,维护资产、负责和客户权益的信息。沟通是使员工了解其职责,保持多财务报告的控制性。它包括使员工了解在会计制度中他们的工作如何与他人相联系,如何对上级报告例外情况。沟通的方式有政策手册、财务报告手册、备查簿,以及口头交流或管理示例等。有效的会计制度应是:

(1)包括可以确认所有有效业务的方法和记录;

(2)序时详细记录业务以便于归类,提供财务报告;

(3)采用恰当的货币价值来计量业务;

(4)确定业务发生时期以保证业务记录于合理的会计期间,在财务报告中恰当披露业务。

(五)监督评价与纠正

监督评价是指评价内部控制质量的进程,即对内部控制改革、运行及改进活动进行评价,包括内部审计和与单位外部人员、团体进行交流。

内部控制环境是内部控制的基础,它直接影响风险识别与评估、控制活动与措施、信息交流与反馈、监督评价与纠正等要素功能的发挥,构建良好的内部控制环境是内部控制的关键所在。风险识别与评估是内部控制的第一步,是首先发挥职能的要素,也是商业银行内部控制的前提。控制活动与措施是商业银行内部控制系统具体实施内部控制的过程,是内部控制系统的核心和神经中枢。信息交流与反馈是商业银行经营管理的技术保障,是内部控制的血液系统。监督评价与纠正主要由商业银行内部审计部门来完成,是防范风险的最后一道屏障,也是对内部控制的再控制。

三、全面风险管理

全面风险管理体系包括风险管理环境、风险管理目标与政策制定、风险监测与识别、风险评估、风险应对、内部控制、风险信息处理与报告、后评价和持续改进八个相互联系的模块。这些模块完善了全面风险管理的内涵和方式,并且作为衡量全面风险管理有效性的标准,与其他的管理过程构成了一个完整统一的整体。

全面风险管理体系八大模块的内涵如下:

(1)风险管理环境。管理部门建立一套关于风险的哲学,并确定银行的风险偏好。内部环境为银行人员正确看待风险及如何控制风险提供基础。任何银行的核心都是银行人员及他们的个人品性(包括诚信和道德价值)以及在市场环境中的经营能力。他们是推动银行发展的内在动力,也是银行内一切事物赖以生存的基础。

(2)风险管理目标和政策制定。只有先确定目标,管理部门才能确定可能影响目标实现的事件。全面风险管理确保管理部门有一套确定目标的程序,并保证已确定的目标与公司的任务和愿景相一致,而且符合银行的风险偏好。

(3)风险监测与识别。银行必须识别尽可能多的公司产生影响的所有风险。风险的识别包括对银行内部和外部的因素识别,这些因素会对潜在事件如何影响战略实施和目标实现产生作用。风险的识别也包括区别哪些潜在的事件代表了风险,哪些代表了机遇,哪些两者兼而有之。管理部门确认潜在事件之间一种共同的风险语言,并形成一个用投资组合观点考虑这些事件的基础。

(4)风险评估。分析确定的风险以便为决定如何应对风险打下基础。风险与其所影响的相关目标相伴而生。风险的评估是以其固有风险和剩余风险为基础,而且这种评估会考虑到风险发生的概率及其产生的影响。一个潜在事件可能会产生一系列可能的结果,因此管理部门必须考虑所有可能出现的结果。

(5)风险应对。在特定的战略和目标下,管理部门选择一种方法或一系列的行动,使已确定的风险符合银行的风险偏好。所有人员确认和评价可能的风险应对对策,这些对策包括避免风险、接受风险、降低风险和分散风险。

(6)内部控制。制定和实施一套政策和程序,以确保管理部门选定的风险应对对策能够有效执行。

(7)风险信息处理与报告。相关的信息要以能够促使员工履行其职责为目的,恰当并适时地确认、捕捉和交流。信息在银行中的各个层面都需要,它被用来确认风险、评估风险和应对风险。有效的交流也必须在一个更广泛的意义上出现,自上而下地贯穿于整个银行。银行的员工需要收到准确的信息,从而发挥他们的作用,履行他们的职责。

(8)后评价和持续改进。整个全面风险管理过程应该被监控,并在必要时做出修正。在这种方式下,系统能积极地做出反应,并能随着条件的允许而变化。监控通过持续的管理活动和对全面风险管理过程的独立评估来完成,或通过二者的结合来完成。通过不断评价、评审来持续改进全面风险管理体系。

全面风险管理体系的八个模块的主要内容及其在全面风险管理体系中的定位如表 11.1 所示。

表 11.1　商业银行全面风险管理体系模块内容与定位

模块	内容	在全面风险管理框架中的定位
(1)风险管理环境	包括风险管理哲学与理念、风险管理偏好、员工培训、风险管理银行结构、各级风险管理人员职责与权限、风险经营管理制度	是全面风险管理的基础和平台,全面风险管理的其他模块都是在风险管理环境的平台上运行的。风险管理理念和风险偏好影响决定了风险管理目标和风险政策的制定

续 表

模块	内容	在全面风险管理框架中的定位
(2)风险管理目标与政策制定	风险管理四大目标制定、风险容忍度的确定:信用风险、市场风险、操作风险管理政策,其中信用风险管理政策有:授权政策、不良资产管理政策、抵质押政策、信用评级政策等	是全面风险管理的出发点,是风险识别、风险评估和风险应对的前提,具体风险管理战略和流程都要符合风险管理政策的要求,实现风险管理的目标
(3)风险监测与识别 (4)风险评估 (5)风险应对	风险管理系统、具体风险识别管理规定、风险管理系统使用和维护规定;风险限额处理等	是风险管理的具体实施流程,是对风险政策的细化和执行
(6)内部控制	完善银行内控结构及其运行;独立的内部审计;规范的操作程序	是风险管理目标实现和风险管理流程有效运行的保障
(7)风险信息处理与报告	风险信息的数据格式规范;风险报告制度	是保障银行全面实施风险管理的媒介,风险管理的各项活动都要形成风险信息并通过风险报告机制传递
(8)后评价与持续改进	风险管理体系管理评审制度;问责和责任追究制度;全面风险管理的激励约束机制等	是对风险管理体系的再控制和再完善,保持风险管理的有效性以及风险管理体系的科学性和适宜性

第四节　银行市场风险管理的技术与方法

一、违约概率

违约率(Default Rate)是货款发生后(事后)借款人违约的实际情况,而违约概率(Probability of Default)是银行估计的借款人到还款时间却没能还款的可能性。银行通过对大量借款人长期违约率的分析和估计,对借款人评定一个资信等级,然后再估计各个资信等级内借款人的违约概率。

客户信用评级的核心工作是做出各级别违约概率的估计。首先,我们了解一下违约的概念。

(一)违约的定义

巴塞尔委员会在第三次征求意见稿中将客户的违约定义为:若出现以下一种情况或同时出现以下两种情况,债务人将被视为违约。

(1)银行认定,除非采取追索措施,如变现抵押品(如果存在的话),否则借款人可能无法全额偿还对银行集团的债务。

（2）债务人对于银行集团的实质性信贷债务逾期90天以上。若客户违反了规定的透支限额或者新核定的限额小于目前的余额,各项透支将被视为逾期。

以下情况可能被视为无法全额偿还债务：

（1）银行停止对贷款计息。

（2）在发生信贷关系后,由于信贷质量可能出现大幅度下降,银行冲销了贷款或计提了专项准备。

（3）银行将贷款出售并相应承担了较大的经济损失。

（4）银行同意消极债务重组（Distressed Restructuring）由此可能发生较大规模地减免或推迟偿还本金、利息或费用（若适用的话）,造成债务规模的减少。

（5）就借款人对银行集团的债务而言,银行将债务人列为破产企业或类似的状况。

（6）债务人申请破产或者已经破产,或者处于类似的保护状态,由此将不履行偿还银行集团债务。

针对上述规定,各国监管当局需制定规范指引。

（二）估计违约概率的模型

违约概率度量了银行遭受损失的可能性,它一般与借款人或其他合约义务人的信用质量、外部经济条件的变化密切相关。信用质量高的借款人,违约概率较小;信用质量低的借款人,违约概率相对较大。同时,借款人的外部经济条件（如利率、股指、汇率、失业率等因素）的变化也会间接影响违约概率。据此,违约概率可分为无条件违约概率和条件违约概率两类:无条件违约概率是指外部经济条件正常时借款人违约的可能性;条件违约概率是指外部经济条件发生波动时借款人违约的可能性。在一般的信用风险模型中,通常只考虑无条件违约概率。

对于违约概率的估计来说,除了要考虑借款人的信用质量与外部经济条件以外,还要注意合约种类给违约概率带来的影响。例如,对于有担保的贷款来说,在其他条件相同的情况下,其违约概率应比无担保的贷款小。

从统计学角度看,常用来对企业信用风险进行分析的数学工具主要包括判别分析、Logistic回归分析、因子分析等。

1. 判别分析

判别分析（Discriminant Analysis）是根据观察到的一些统计数字特征,

对客观事物进行分类,以确定事物的类别。它的特点是根据已掌握的每个类别的若干样本,总结出分类的规律性,并建立判别公式。当遇到新的事物时,只要根据总结出来的判别公式,我们就能判别事物历属的类别。第七章介绍的奥尔特曼的 Z 模型是判别分析法的一个例子。它选取了五个主要变量(财务指标),构建了一个线性函数,其 Z 值表明客户的违约可能性。例如,若上市公司的 Z 值小于 1.81,表示风险很大,银行会拒绝对客户的贷款。

2. Logistic 回归分析

Logistic 回归分析是通过最大似然法,使线性 Logistic 模型满足二元或顺序相应数据的要求。与判别分析类似,这种方法对独立变量进行了加权,并以破产概率的形式赋予各企业一个值。

该方法的长处在于,它无须像判别分析那样假设多元正态性并具有相同的协方差矩阵。Logistic 分析是将非线性效果进行一体化,并将 Logistic 累积函数应用于对企业的违约预测。

该模型可用于估计某事件(如客户违约)发生的概率。例如,假设贷款金额对客户违约概率有影响,我们运用 Logistic 回归模型就可以判别贷款金额是否会对违约概率有显著影响。如果确有显著影响,银行就可以在模型中估计新贷款的违约概率,然后决定是否批准贷款。图 11.1 拟合了违约概率和贷款金额的关系。

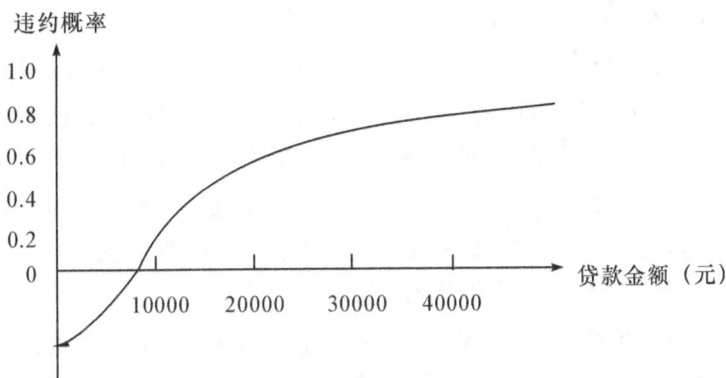

图 11.1　拟合的违约概率与贷款金额的关系

3. 因子分析

因子分析(Factor Analysis)是主成分分析(Principal Components Analysis)的推广,它也是从研究相关矩阵内部的依赖关系出发,把一些具有错综复杂关系的变量归结为少数几个综合因子的一种多变量统计分析方法。其基本思想是根据相关性大小把变量分组，使得同组变量的相关性较高，但不同组变量的相关性较低。每组变量代表一个基本结构，这个基本结构称为公共因子。对于所研究的问题来说，我们可以用最少个数的、不可测的、公共因子的线性函数与特殊因子之和来描述原来观测的每一变量。在对违约概率的分析中，由于企业违约的影响因素（如企业经营状况、财务状况、还款意愿、担保品价值、政府干预等）有很多，而且影响因素之间也存在相互依赖性，因此我们对违约概率的分析没有必要考虑所有的影响因素，只需要运用因子分析从变量的相互影响关系中找出主要因子。

在构建国有商业银行内部信用评级模型的过程中，我们可以利用因子分析技术，从反映借款人信用风险的财务指标体系中提取不可测的公共因子，并运用与主成分分析类似的科学赋权方法赋予公共因子科学的权重，然后按照权重计算因子的综合评价值，并以此综合评价值来反映借款人的信用风险。对上述反映信用风险的因子综合评价值进行聚类分析，并按照样本聚类的结果计算信贷违约率，就可以使银行信用评级模型与贷款违约率之间建立联系，以便更好地指导风险计量与后续风险管理工作。

（三）映射评级

如果银行采用定性方法来评价客户信用风险状况，而定性方法很难确定客户违约概率，无法计算未预期损失。此时，银行就可以利用外部评级公司的数据进行映射。

映射评级必须建立在信用评级标准与外部机构评级标准可以相互比较的基础上，对于同样的借款人，必须避免映射方法或基础数据上的偏差和不一致。以量化风险的数据为基础的外部评级标准，必须针对借款人的风险，而不是反映交易特征。银行的分析必须包括对自己内部信用评级级别与自己的差别，然后通过某种技术方法映射到参考定义中去，以便确定银行客户信用评级系统每一信用级别的违约概率。

银行使用外部数据应尽量做到客观并保持方法和基础数据方面的一致性。要做到这一点，银行必须阐明其使用的评级标准与外部机构确定和区分违约概率的标准是可比的。

二、重新定价风险管理

一般而言，考虑到商业银行的发展战略、业务性质、规模和复杂程度各不相同,银行业监管当局制定的风险管理指引,大多都是针对风险管理体系的基本原则提出指导性意见,很少规定具体的操作要求,至多只是对普遍适用的风险计量、控制等方法作简要介绍。同时,商业银行也不倾向于由监管当局提出过细的要求,而是希望根据本行的发展战略、业务性质、复杂程度和客户需求,选择最恰当的风险管理模式和风险计量、控制方法,并为此承担相应的责任。然而,对于市场风险内部模型(VAR 模型)的技术方法、假设前提和参数设置,银行在进行内部风险管理时虽然可以根据本行具体情况自行设定,但是对于市场风险监管资本的计算,巴塞尔委员会和各国监管当局做出了一些统一规定,如置信水平、持有期、历史观察期和数据更新频率等,目的是使市场风险监管资本的计算相对比较审慎,也使不同银行的市场风险资本具有可比性。

对重新定价风险的管理方法和技术银行的资产负债项目或者适用于固定利率,或者适用于浮动利率,当资产和负债项目的到期日(固定利率)或重新定价日(浮动利率)不相等,例如资产的期限大于负债的期限,当利率上升时负债的利率将上升,而资产的利率因为未到期而保持在原来的较低水平,银行将因期限的不匹配而遭受损失。应该注意的是,期限错配不仅仅存在于银行的存贷款之间,事实上银行整个的资产负债结构都可能存在期限错配的风险。对重新定价风险的管理方法主要有缺口分析(Gap Analysis)、久期分析(Duration Analysis)、其他敏感性分析方法(Sensitivity Analysis)、情景分析(Scenario Analysis)四种类型。

(一)缺口分析

缺口分析(Gap Analysis)是衡量利率变动对分行当期收益影响的一种方法。具体而言,就是将银行的所有生息资产和付息负债按照重新定价的期限划分为不同的时间段(如 1 个月以下、1～3 个月、3 个月～1 年、1～5 年、5 年以上等)。在每个时间段内,将利率敏感性资产减去利率敏感性负债,再加上表外业务头寸,就得到该时间段内的重新定价"缺口"。以该缺口乘以假定的利率变动,即得出这一利率变动对净利息收入变动的大致影响,当某一时段内的负债大于资产(包括表外业务头寸)是老谋深算产生了负缺口,即负债敏感缺口,此时市场利率上升会导致银行的净利息收入下降。相反,当某一时段内的资产(包括表外业务头寸)大于负债时,就产生了正缺口,即资产敏感型缺口,此时市场利率下降会导致银行的净利息收入下降。缺口分析中的假定利率变动可以通过多种方式来确定,如根据历史经验确定、根据银行管理层的判断确定和模拟潜在的未来利率变动等方式。

缺口分析是对利率变动进行敏感性分析的方法之一,是银行业较早采用的利率风险计量方法。因为其计算简便、清晰易懂,目前仍然被广泛使用。但是,缺口分析也存在一定的局限性。第一,缺口分析假定同一时间段内的所有头寸到期时间或重新定价期限的差异。在同一时间段内的加总程度越高,对计量结果精确性的影响就越大。第二,缺口分析只考虑了由重新定价期限的不同而带来的利率风险,即重新定价风险,未考虑当利率水平变化时,因各种金融产品基准利率的调整幅度不同而带来的利率风险,即基准风险。同时,缺口分析也未考虑因利率环境改变而引起的支付时间的变化,即忽略了与期要有关的头寸在收入敏感性方面的差异。第三,非利息收入和费用是银行当期收益的重要来源,但大多数缺口分析未能反映利率变动对百利息收入和费用的影响。第四,缺口分析主要衡量利率变动对银行当期收益的影响,未考虑利率变动对银行经济价值的影响,所以只能反映利率变动的短期影响。因此,缺口分析只是一种初级的、粗略的利率风险计量方法。

(二)久期分析

久期分析(Duration Analysis),也称为持续期分析或期限弹性分析,是衡量利率变动对银行经济价值影响的一种方法。具体而言,就是对各时段的缺口赋予相应的敏感性权重,得到加权缺口,然后对所有时段的加权缺口进行汇总,以此估算某一给定的小幅(通常小于1%)利率变动可能会对银行经济价值产生的影响(用经济价值变动的百分比表示)。各个时段的敏感性权重通常是由假定的利率变动乘以该时段头寸的假定平均久期来确定。一般而言,金融工具的到期日或距下一次重新定价日的时间越长,并且在到期日之前支付的金额越小,则久期的绝对值越高,表明利率变动将会对银行的经济价值产生较大的影响。久期分析也是对利率变动进行敏感性分析的方法之一。

银行可以对以上的标准久期分析法进行演变,如可以不采用对每一时段头寸使用平均久期的做法,而是通过计算每项资产、负债和表外头寸的精确久期来计量市场利率变化所产生的误差。另外,银行还可以采用有效久期分析法,即对不同的时段运用不同的权重,根据在特定的利率变化情况下,假想金融工具市场价值的实际百分比变化,来设计各时段风险权重,从而更好地反映市场利率的显著变动所导致的价格的百分比变化。

与缺口分析相比较,久期限分析是一种更为先进的利率风险计量方法。缺口分析侧重于计量利率变动对银行短期收益的影响,而久期分析则能计量利率风险对银行经济价值的影响,即估算利率变动对所有头寸的未来现金流现值的潜在影响,从而能够对利率变动的长期影响进行评估,更为准确地估算利率风险对银行的影响。但是,外期分析仍然存在一定的局限性。第一,如果计算敏感性要重视对每一时段使用的平均久期,即采用标准久期分析法,久期分析仍然只能反映重新定价风险,不能反映基准风险,以及因利率和支付时间的不同而导致的头寸的实际利率敏感性差异,也不能很好地反映期权性风险。第二,对于利率的大幅变动(大于 10%),由于头寸价格的变化与利率的变动无法近似为线性关系,因此,久期分析的结果就不再准确。

(三)其他敏感性分析方法

敏感性分析(Sensitivity Analysis)是指在保持其他条件不变的前提下,研究单个市场风险要素(利率、汇率、股票价格和商品价格)的变化可能会对金融工具或资产组合的收益或经济价值产生的影响。例如,缺口分析可用于衡量银行当期收益对利率变动的敏感性;久期分析可用于衡量银行经济价值对利率变动的敏感性。巴塞尔委员会在 2004 年发布的《利率风险管理与监管原则》中,要求银行评估标准利率冲击(如利率上升或下降 200 个基点)对银行经济价值的影响,也是一种利率敏感性分析方法,目的是使监管当局能够根据标准利率冲击的评估结果,评价银行的内部计量系统是否能充分反映其实际利率风险水平及其资本充足程度,并对不同机构所承担的利率风险进行比较。如果在标准利率冲击下,银行经济价值的下降幅度超过一级资本、二级资本之和的 20%,监管机构就必须关注其资本充足状况,必要时还应要求银行降低风险水平或增加资本。

敏感性分析计算简单且便于理解,在市场风险分析中得到了广泛应用。但是敏感性分析也存在一定的局限性,主要表现在对于较复杂的金融工具或资产组合,无法计量其收益或经济价值相对市场风险要素的非线性变化。因此,在使用敏感性分析时要注意其适用范围,并在必要时辅以其他的市场风险分析方法。

(四)情景分析

与敏感性分析对单一因素进行分析不同,情景分析(Scenario Analysis)是一种多因素分析方法,结合设定的各种可能情景的发生概率,研究多种因素同时作用时可能产生的影响。在情景分析过程中要注意考虑各种头寸的相关关系和相互作用。情景分析中所用的情景通常包括基准情景、最好的情景和最坏的情景。情景可以人为设定(如直接使用历史上发生过的情景),也可以从对市场风险要素历史数据变动的统计分析中得到,或通过运行描述在特定情况下市场风险要素变动的随机过程得到。如银行可以分析利率、汇率同时发生变化时可能会对其市场风险水平产生的影响,也可以在分析历史上出现过的政治、经济事件或金融危机以及一些假设事件时,其市场风险状况可能发生的变化。

三、风险价值法(VaR)

风险价值是指在一定的持有期和给定的置信水平下,利率、汇率等市场风险要素发生变化时可能对某项资金头寸、资产组合或机构造成的潜在最大损失。例如,在持有期为 1 天、置信水平为 99％的情况下,若所计算的风险价值为 l 万美元,则表明该银行的资产组合在 1 天中的损失有 99％的可能性不会超过 1 万美元。

风险价值通常是由银行的市场风险内部定量管理模型来估算。目前常用的风险价值模型技术主要有三种:方差—协方差法(Variance-Covariance Method)、历史模拟法(Historical Simulation Method)和蒙特卡洛法(Monte Carlo Simulation Method)。现在,风险价值已成为计量市场风险的主要指标,也是银行采用内部模型计算市场风险资本要求的主要依据。

市场风险内部模型的技术方法、假设前提和参数设置可以有多种选择,在进行内部风险管理时,银行通常都根据本行的发展战略、风险管理目标和业务复杂程度自行设定。只是对于市场风险监管资本的计算,巴塞尔委员会和大多数监管当局才做出了一些统一规定,目的是使不同银行所计算的市场风险监管资本具有一致性和可比性,同时从审慎监管的角度出发,对一些参数,如持有期做出了相对保守的规定。巴塞尔委员会在 1996 年的《资本协议市场风险补充规定》中对市场风险内部模型主要提出了以下定量要求:置信水平采用 99％的单尾置信区间;持有期为 10 个营业日;市场风险要素价格的历史观测期至少为一年;至少每三个月更新一次数据。但是,在模型技术方面,巴塞尔委员会和各国监管当局均未做出硬性要求,允许银行自行选择三种常用模型技术中的任何一种。即使是对 VaR

模型参数设置做出的定量规定,也仅限于在计算市场风险监管资本时遵循,商业银行实施内部风险管理完全可以选用不同的参数值。如巴塞尔委员会要求计算监管资本应采用99％的置信水平,而不少银行在内部管理时却选用95％、97.5％的置信水平。此外,考虑到市场风险内部模型本身存在的一些缺陷,巴塞尔委员会要求在计算市场风险监管资本时,必须将计算出来的风险价值乘以一个乘数因子(Multiplication Factor),使所得出的资本数额足以抵御市场发生不利变化可能对银行造成的损失。乘数因子一般由各国监管当局根据其对银行风险管理体系质量的评估自行确定,巴塞尔委员会规定该值不得低于3。

目前,市场风险内部模型已成为市场风险的主要计量方法。与缺口分析、久期分析等传统的市场风险计量方法相比,市场风险内部模型的主要优点是可以将不同业务、不同类别的市场风险用一个确切的数值(VaR值)表示出来,是一种能在不同业务和风险类别之间进行比较和汇总的市场风险计量方法,而且将隐性风险显性化之后,有利于进行风险的监测、管理和控制。同时,由于风险价值具有高度的概括性,简明易懂,也适宜董事会和高级管理层了解本行市场风险的总体水平。但是,市场风险内部模型法也存在一定的局限性。第一,市场风险内部模型计算的风险水平高度概括,不能反映资产组合的构成及其对价格波动的敏感性,因此对具体的风险管理过程作用有限,需要辅之以敏感性分析、情景分析等非统计类方法。第二,市场风险内部模型方法未涵盖价格剧烈波动等可能会对银行造成重大损失的突发性小概率事件,因此需要采用压力测试对其进行补充。第三,大多数市场风险内部模型只能计量交易业务中的市场风险,不能计量非交易业务中的市场风险。因此,使用市场风险内部模型的银行应当充分认识其局限性,恰当理解和运用模型的计算结果。

四、事后检验与压力测试

(一)事后检验

事后检验(Back Testing)是指将市场风险计量方法或模型的估算结果与实际发生的损益进行比较,以检验计量方法或模型的准确性、可靠性,并据此对计量方法或模型进行调整和改进的一种方法。若估算结果与实际结果近似,则表明该风险计量方法或模型的准确性和可靠性较高;若两者差距较大,则表明该风险计量方法或模型的准确性和可靠性较低,或者是事后检验的假设前提存在问题;介于这两种情况之间的检验结果,则暗示该风险计量方法或模型存在问题,但结论不确定。目前,事后检验作为检验市场风险计量方法或模型的一种手段还处在发展过程中。不同银行采用的事后检验方法以及对事后检验结果的解释标准均有所不同。

巴塞尔委员会1996年的《资本协议市场风险补充规定》要求采用内部模型计算市场风险资本的银行对模型进行事后检验,以检验并提高模型的准确性和可靠性。监管当局应根据事后检验的结果决定是否通过设定附加因子(Plus Factor)来提高市场风险的监管资本要求。附加因子设定在最低乘数因子(巴塞尔委员会规定为3)之上,取值在0~1之间。如果监管当局对模型的事后检验结果比较满意,模型也满足了监管当局规定的其他定量和定性标准,就可以将附加因子设为0,否则可以设为0~1之间的一个数,即通过增大所计算VaR值的乘数因子,对内部模型存在缺陷的银行提出更高的监管资本要求。

(二)压力测试

银行不仅应采用各种市场风险计量方法对在一般市场情况下所承受的市场风险进行分析,还应当通过压力测试(Stress Testing)来估算突发的小概率事件等极端不利情况可能对其造成的潜在损失,如在利率、汇率、股票价格等市场风险要素发生剧烈变动、国内生产总值大幅下降、发生意外的政治和经济事件或者几种情形同时发生的情况下,银行可能遭受的损失。压力测试的目的是评估银行在极端不利情况下的亏损承受能力,主要采用敏感性分析和情景分析方法进行模拟和估计。

在运用敏感性分析方法进行压力测试时,需要回答的问题有:汇率冲击对银行净外汇头寸的影响,利率冲击对银行经济价值或收益产生的影响,等等。在运用情景分析方法进行压力测试时,应当选择可能对市场风险产生最大影响的情景,包括历史上发生过重大损失的情景(如1997年的亚洲金融危机)和假设情景。假设情景又包括模型假设和参数不再适用的情形、市场价格发生剧烈变动的情形、市场流动性严重不足的情形,以及外部环境发生重大变化、可能导致重大损失或风险难以控制的情景。这些情景或者由监管当局规定,或者由商业银行根据自己的资产组合特点来设计。在设计压力情景时,既要考虑市场风险要素变动等微观因素,又要考虑一国经济结构和宏观经济政策变化等宏观层面因素。

五、限额管理

商业银行实施市场风险管理,应当确保将所承担的市场风险控制在可以承受的合理范围内,使市场风险水平与其风险管理能力和资本实力相匹配,限额(Limits)管理正是对市场风险进行控制的一项重要手段。银行应当根据所采用的市场风险计量方法设定市场风险限额。市场风险限额可以分配到不同的地区、业务单元和交易员,还可以按资产组合、金融工具和风险类别进行分解。银行负责市场风险管理的部门应当监测对市场风险限额的遵守情况,并及时将超限额情况报告给管理层。常用的市场风险限额包括交易限额、风险限额和止损限额等。

交易限额(Limits on Net and Gross Positions)是指对总交易头寸或净交易头寸设定的限额。总头寸限额对特定交易工具的多头头寸或空头头寸给予限制,净头寸限额对多头头寸和空头头寸相抵后的净额加以限制。在实践中,银行通常将这两种交易限额结合使用,例如可设置最大单笔交易限额、日间敞口额度、隔夜敞口额度等。

风险限额是指对按照一定的计量方法所计量的市场风险设定的限额,如对内部模型计量的风险价值设定的限额(Value-at-Risk Limits)和对期权性头寸设定的期权性头寸限额(Limits on Option Positions)等。期权性头寸限额是指对反映期权价值的敏感性参数设定的限额,通常包括:对衡量期权价值对基准资产价格变动率的 delta、衡量 delta 对基准资产价格变动率的 gamma、衡量期权价值对市场预期的基准资产价格波动性的敏感度的 vega、衡量期权临近到期日时价值变化的 theta 以及衡量期权价值对短期利率变动率的 rho 设定的限额。

止损限额(Stop-Loss Limits)即允许的最大损失额。通常,当某项头寸的累计损失达到或接近止损限额时,就必须对该头寸进行对冲交易或将其变现。典型的止损限额具有追溯力,即止损限额适用于一日、一周或一个月内等一段时间内的累计损失。

六、风险调整收益率

长期以来,衡量企业盈利能力普遍采用的是股本收益率(ROE)和资产收益率(ROA)指标,其缺陷是只考虑了企业的账面盈利而忽略了风险因素。银行是经营特殊商品的高风险企业,以不考虑风险因素的指标衡量其盈利能力,具有很大的局限性。目前,国际银行业的发展趋势是采用经风险调整的收益率(Risk-Adjusted Rate of Return),综合考核银行的盈利能力和风险管理能力。使用经风险调整的收益率克服了传统绩效考核中盈利目标未充分反映风险成本的缺陷,使银行的收益与风险直接挂钩、有机结合,体现了业务发展与风险管理的内在统一,实现了经营目标与绩效考核的统一。使用经风险调整的收益率,有利于在银行内部建立良好的激励机制,从根本上改变银行忽视风险、盲目追求利润的经营方式,激励银行充分了解所承担的风险并自觉地识别、计量、监测和控制这些风险,从而在审慎经营的前提下拓展业务、创造利润。

在经风险调整的收益率中,目前被广泛接受和普遍使用的是经风险调整的资本收益率(Risk-Adjusted Return on Capital,RAROC)。经风险调整的资本收益率是指经以预期损失(Expected Loss,EL)和以经济资本(Capital at Risk,CaR)计量的非预期损失(Unexpected Loss,UL)调整后的收益率,其计算公式如下:

RAROC=(收益—预期损失)/经济资本(或非预期损失)

如经风险调整的资本收益率强调,银行承担风险是有成本的。在经风险调整的资本收益率计算公式的分子项中,风险带来的预期损失被量化为当期成本,直接对当期盈利进行扣减,以此衡量经风险调整后的收益;在分母项中,则以经济资本或非预期损失代替传统的股本收益率指标中的所有者权益,意即银行应为不可预计的风险提取相应的经济资本。整个公式衡量的是经济资本的使用效益。

目前,经风险调整的收益率已在国际先进银行中得到了广泛运用,在其内部各个层面的经营管理活动中发挥着重要作用。在单笔业务层面上,经风险调整的资本收益率可用于衡量一笔业务的风险与收益是否匹配,为银行决定是否开展该笔业务以及如何进行定价提供依据。在资产组合层面上,银行在考虑单笔业务的风险和资产组合效应之后,可依据经风险调整的资本收益率衡量资产组合的风险与收益是否匹配,及时对经风险调整的资本收益率指标呈现明显不利变化趋势的资产组合进行处理,为效益更好的业务腾出空间。在银行总体层面上,经风险调整的资本收益率可用于目标设定、业务决策、资本配置和绩效考核等。

参考文献

[1] ［美］戈林. 银行信用风险手册. 王欣等译. 北京：机械工业出版社,2004.

[2] ［美］唐·钱斯,罗伯特·布鲁克斯. 衍生工具与风险管理. 丁志杰等译. 北京：机械工业出版社,2010.

[3] ［美］罗杰·梅森. 信贷管理者的第一本书. 李正明译. 汕头：汕头大学出版社,2004.

[4] 陈嘉霖. 授信与风险. 上海：立信会计出版社,2008.

[5] 朱毅峰. 银行信用风险管理. 北京：中国人民大学出版社,2006.

[6] 钟灿辉,陈武. 银行信贷管理与实务. 成都：西南财经大学出版社,2009.

[7] 于强. 香港银行押汇实务. 杭州：浙江大学出版社,2006.

[8] 赵志宏. 银行全面风险管理体系. 北京：中国金融出版社,2005.

[9] 周惠珍. 投资项目评估. 大连：东北财经大学出版社,1993.

[10] 任淮秀. 项目融资. 大连：东北财经大学出版社,2004.

[11] 郑备军. 财政学. 杭州：杭州出版社,2006.

[12] 荆新. 财务管理学. 北京：人民大学出版社,1994.

附　录

附录1　流动资金贷款管理暂行办法

第一章　总则

第一条　为规范银行业金融机构流动资金贷款业务经营行为,加强流动资金

贷款审慎经营管理,促进流动资金贷款业务健康发展,依据《中华人民共和国银行业监督管理法》、《中华人民共和国商业银行法》等有关法律法规,制定本办法。

第二条　中华人民共和国境内经中国银行业监督管理委员会批准设立的银行业金融机构(以下简称贷款人)经营流动资金贷款业务,应遵守本办法。

第三条　本办法所称流动资金贷款,是指贷款人向企(事)业法人或国家规定可以作为借款人的其他组织发放的用于借款人日常生产经营周转的本外币贷款。

第四条　贷款人开展流动资金贷款业务,应当遵循依法合规、审慎经营、平等自愿、公平诚信的原则。

第五条　贷款人应完善内部控制机制,实行贷款全流程管理,全面了解客户信息,建立流动资金贷款风险管理制度和有效的岗位制衡机制,将贷款管理各环节的责任落实到具体部门和岗位,并建立各岗位的考核和问责机制。

第六条　贷款人应合理测算借款人营运资金需求,审慎确定借款人的流动资金授信总额及具体贷款的额度,不得超过借款人的实际需求发放流动资金贷款。

贷款人应根据借款人生产经营的规模和周期特点,合理设定流动资金贷款的业务品种和期限,以满足借款人生产经营的资金需求,实现对贷款资金回笼的有效控制。

第七条　贷款人应将流动资金贷款纳入对借款人及其所在集团客户的统一授信管理,并按区域、行业、贷款品种等维度建立风险限额管理制度。

第八条　贷款人应根据经济运行状况、行业发展规律和借款人的有效信贷需求等,合理确定内部绩效考核指标,不得制订不合理的贷款规模指标,不得恶性竞争和突击放贷。

第九条　贷款人应与借款人约定明确、合法的贷款用途。

流动资金贷款不得用于固定资产、股权等投资,不得用于国家禁止生产、经营的领域和用途。

流动资金贷款不得挪用,贷款人应按照合同约定检查、监督流动资金贷款的使用情况。

第十条　中国银行业监督管理委员会依照本办法对流动资金贷款业务实施监督管理。

第二章　受理与调查

第十一条　流动资金贷款申请应具备以下条件:

(一)借款人依法设立;

(二)借款用途明确、合法;

(三)借款人生产经营合法、合规;

(四)借款人具有持续经营能力,有合法的还款来源;

(五)借款人信用状况良好,无重大不良信用记录;

(六)贷款人要求的其他条件。

第十二条　贷款人应对流动资金贷款申请材料的方式和具体内容提出要求,并要求借款人恪守诚实守信原则,承诺所提供材料真实、完整、有效。

第十三条　贷款人应采取现场与非现场相结合的形式履行尽职调查,

形成书面报告,并对其内容的真实性、完整性和有效性负责。尽职调查包括但不限于以下内容:

(一)借款人的组织架构、公司治理、内部控制及法定代表人和经营管理团队的资信等情况;

(二)借款人的经营范围、核心主业、生产经营、贷款期内经营规划和重大投资计划等情况;

(三)借款人所在行业状况;

(四)借款人的应收账款、应付账款、存货等真实财务状况;

(五)借款人营运资金总需求和现有融资性负债情况;

(六)借款人关联方及关联交易等情况;

(七)贷款具体用途及与贷款用途相关的交易对手资金占用等情况;

(八)还款来源情况,包括生产经营产生的现金流、综合收益及其他合法收入等;

(九)对有担保的流动资金贷款,还需调查抵(质)押物的权属、价值和变现难易程度,或保证人的保证资格和能力等情况。

第三章风险评价与审批

第十四条 贷款人应建立完善的风险评价机制,落实具体的责任部门和岗位,全面审查流动资金贷款的风险因素。

第十五条 贷款人应建立和完善内部评级制度,采用科学合理的评级和授信方法,评定客户信用等级,建立客户资信记录。

第十六条 贷款人应根据借款人经营规模、业务特征及应收账款、存货、应付账款、资金循环周期等要素测算其营运资金需求(测算方法参考附件),综合考虑借款人现金流、负债、还款能力、担保等因素,合理确定贷款结构,包括金额、期限、利率、担保和还款方式等。

第十七条 贷款人应根据贷审分离、分级审批的原则,建立规范的流动资金贷款评审制度和流程,确保风险评价和信贷审批的独立性。

贷款人应建立健全内部审批授权与转授权机制。审批人员应在授权范围内按规定流程审批贷款,不得越权审批。

第四章 合同签订

第十八条 贷款人应和借款人及其他相关当事人签订书面借款合同及其他相关协议,需担保的应同时签订担保合同。

第十九条　贷款人应在借款合同中与借款人明确约定流动资金贷款的金额、期限、利率、用途、支付、还款方式等条款。

第二十条　前条所指支付条款,包括但不限于以下内容:

(一)贷款资金的支付方式和贷款人受托支付的金额标准;

(二)支付方式变更及触发变更条件;

(三)贷款资金支付的限制、禁止行为;

(四)借款人应及时提供的贷款资金使用记录和资料。

第二十一条　贷款人应在借款合同中约定由借款人承诺以下事项:

(一)向贷款人提供真实、完整、有效的材料;

(二)配合贷款人进行贷款支付管理、贷后管理及相关检查;

(三)进行对外投资、实质性增加债务融资,以及进行合并、分立、股权转让等重大事项前征得贷款人同意;

(四)贷款人有权根据借款人资金回笼情况提前收回贷款;

(五)发生影响偿债能力的重大不利事项时及时通知贷款人。

第二十二条　贷款人应与借款人在借款合同中约定,出现以下情形之一时,借款人应承担的违约责任和贷款人可采取的措施:

(一)未按约定用途使用贷款的;

(二)未按约定方式进行贷款资金支付的;

(三)未遵守承诺事项的;

(四)突破约定财务指标的;

(五)发生重大交叉违约事件的;

(六)违反借款合同约定的其他情形的。

第五章　发放和支付

第二十三条　贷款人应设立独立的责任部门或岗位,负责流动资金贷款发放和支付审核。

第二十四条　贷款人在发放贷款前应确认借款人满足合同约定的提款条件,并按照合同约定通过贷款人受托支付或借款人自主支付的方式对贷款资金的支付进行管理与控制,监督贷款资金按约定用途使用。

贷款人受托支付是指贷款人根据借款人的提款申请和支付委托,将贷款通过借款人账户支付给符合合同约定用途的借款人交易对象。

借款人自主支付是指贷款人根据借款人的提款申请将贷款资金发放至

借款人账户后,由借款人自主支付给符合合同约定用途的借款人交易对象。

第二十五条　贷款人应根据借款人的行业特征、经营规模、管理水平、信用状况等因素和贷款业务品种,合理约定贷款资金支付方式及贷款人受托支付的金额标准。

第二十六条　具有以下情形之一的流动资金贷款,原则上应采用贷款人受托支付方式:

(一)与借款人新建立信贷业务关系且借款人信用状况一般;

(二)支付对象明确且单笔支付金额较大;

(三)贷款人认定的其他情形。

第二十七条　采用贷款人受托支付的,贷款人应根据约定的贷款用途,审核借款人提供的支付申请所列支付对象、支付金额等信息是否与相应的商务合同等证明材料相符。审核同意后,贷款人应将贷款资金通过借款人账户支付给借款人交易对象。

第二十八条　用借款人自主支付的,贷款人应按借款合同约定要求借款人定期汇总报告贷款资金支付情况,并通过账户分析、凭证查验或现场调查等方式核查贷款支付是否符合约定用途。

第二十九条　贷款支付过程中,借款人信用状况下降、主营业务盈利能力不强、贷款资金使用出现异常的,贷款人应与借款人协商补充贷款发放和支付条件,或根据合同约定变更贷款支付方式、停止贷款资金的发放和支付。

第六章　贷后管理

第三十条　贷款人应加强贷款资金发放后的管理,针对借款人所属行业及经营特点,通过定期与不定期现场检查与非现场监测,分析借款人经营、财务、信用、支付、担保及融资数量和渠道变化等状况,掌握各种影响借款人偿债能力的风险因素。

第三十一条　贷款人应通过借款合同的约定,要求借款人指定专门资金回笼账户并及时提供该账户资金进出情况。

贷款人可根据借款人信用状况、融资情况等,与借款人协商签订账户管理协议,明确约定对指定账户回笼资金进出的管理。

贷款人应关注大额及异常资金流入流出情况,加强对资金回笼账户的监控。

第三十二条　贷款人应动态关注借款人经营、管理、财务及资金流向等重大预警信号,根据合同约定及时采取提前收贷、追加担保等有效措施防范化解贷款风险。

第三十三条　贷款人应评估贷款品种、额度、期限与借款人经营状况、还款能力的匹配程度,作为与借款人后续合作的依据,必要时及时调整与借款人合作的策略和内容。

第三十四条　贷款人应根据法律法规规定和借款合同的约定,参与借款人大额融资、资产出售以及兼并、分立、股份制改造、破产清算等活动,维护贷款人债权。

第三十五条　流动资金贷款需要展期的,贷款人应审查贷款所对应的资产转换周期的变化原因和实际需要,决定是否展期,并合理确定贷款展期期限,加强对展期贷款的后续管理。

第三十六条　流动资金贷款形成不良的,贷款人应对其进行专门管理,及时制定清收处置方案。对借款人确因暂时经营困难不能按期归还贷款本息的,贷款人可与其协商重组。

第三十七条　对确实无法收回的不良贷款,贷款人按照相关规定对贷款进行核销后,应继续向债务人追索或进行市场化处置。

第七章　法律责任

第三十八条　贷款人违反本办法规定经营流动资金贷款业务的,中国银行业监督管理委员会应当责令其限期改正。贷款人有下列情形之一的,中国银行业监督管理委员会可采取《中华人民共和国银行业监督管理法》第三十七条规定的监管措施:

(一)流动资金贷款业务流程有缺陷的;

(二)未将贷款管理各环节的责任落实到具体部门和岗位的;

(三)贷款调查、风险评价、贷后管理未尽职的;

(四)对借款人违反合同约定的行为应发现而未发现,或虽发现但未及时采取有效措施的。

第三十九条　贷款人有下列情形之一的,中国银行业监督管理委员会除按本办法第三十八条采取监管措施外,还可根据《中华人民共和国银行业监督管理法》第四十六条、第四十八条对其进行处罚:

(一)以降低信贷条件或超过借款人实际资金需求发放贷款的;

（二）未按本办法规定签订借款合同的；

（三）与借款人串通违规发放贷款的；

（四）放任借款人将流动资金贷款用于固定资产投资、股权投资以及国家禁止生产、经营的领域和用途的；

（五）超越或变相超越权限审批贷款的；

（六）未按本办法规定进行贷款资金支付管理与控制的；

（七）严重违反本办法规定的审慎经营规则的其他情形的。

第八章　附则（略）

附录2：固定资产贷款管理暂行办法

第一章　总则

第一条　为规范银行业金融机构固定资产贷款业务经营行为，加强固定资产贷款审慎经营管理，促进固定资产贷款业务健康发展，依据《中华人民共和国银行业监督管理法》、《中华人民共和国商业银行法》等法律法规，制定本办法。

第二条　中华人民共和国境内经国务院银行业监督管理机构批准设立的银行业金融机构（以下简称贷款人），经营固定资产贷款业务应遵守本办法。

第三条　本办法所称固定资产贷款，是指贷款人向企（事）业法人或国家规定可以作为借款人的其他组织发放的，用于借款人固定资产投资的本外币贷款。

第四条　贷款人开展固定资产贷款业务应当遵循依法合规、审慎经营、平等自愿、公平诚信的原则。

第五条　贷款人应完善内部控制机制，实行贷款全流程管理，全面了解客户和项目信息，建立固定资产贷款风险管理制度和有效的岗位制衡机制，将贷款管理各环节的责任落实到具体部门和岗位，并建立各岗位的考核和问责机制。

第六条　贷款人应将固定资产贷款纳入对借款人及借款人所在集团客户的统一授信额度管理，并按区域、行业、贷款品种等维度建立固定资产贷款的风险限额管理制度。

第七条　贷款人应与借款人约定明确、合法的贷款用途,并按照约定检查、监督贷款的使用情况,防止贷款被挪用。

第八条　银行业监督管理机构依照本办法对贷款人固定资产贷款业务实施监督管理。

第二章　受理与调查

第九条　贷款人受理的固定资产贷款申请应具备以下条件:

(一)借款人依法经工商行政管理机关或主管机关核准登记;

(二)借款人信用状况良好,无重大不良记录;

(三)借款人为新设项目法人的,其控股股东应有良好的信用状况,无重大不良记录;

(四)国家对拟投资项目有投资主体资格和经营资质要求的,符合其要求;

(五)借款用途及还款来源明确、合法;

(六)项目符合国家的产业、土地、环保等相关政策,并按规定履行了固定资产投资项目的合法管理程序;

(七)符合国家有关投资项目资本金制度的规定;

(八)贷款人要求的其他条件。

第十条　贷款人应对借款人提供申请材料的方式和具体内容提出要求,并要求借款人恪守诚实守信原则,承诺所提供材料真实、完整、有效。

第十一条　贷款人应落实具体的责任部门和岗位,履行尽职调查并形成书面报告。尽职调查的主要内容包括:

(一)借款人及项目发起人等相关关系人的情况;

(二)贷款项目的情况;

(三)贷款担保情况;

(四)需要调查的其他内容。

尽职调查人员应当确保尽职调查报告内容的真实性、完整性和有效性。

第三章　风险评价与审批

第十二条　贷款人应落实具体的责任部门和岗位,对固定资产贷款进行全面的风险评价,并形成风险评价报告。

第十三条　贷款人应建立完善的固定资产贷款风险评价制度,设置定量或定性的指标和标准,从借款人、项目发起人、项目合规性、项目技术和财务可行性、项目产品市场、项目融资方案、还款来源可靠性、担保、保险等角度进行贷款风险评价。

第十四条　贷款人应按照审贷分离、分级审批的原则,规范固定资产贷款审批流程,明确贷款审批权限,确保审批人员按照授权独立审批贷款。

第四章　合同签订

第十五条　贷款人应与借款人及其他相关当事人签订书面借款合同、担保合同等相关合同。合同中应详细规定各方当事人的权利、义务及违约责任,避免对重要事项未约定、约定不明或约定无效。

第十六条　贷款人应在合同中与借款人约定具体的贷款金额、期限、利率、用途、支付、还贷保障及风险处置等要素和有关细节。

第十七条　贷款人应在合同中与借款人约定提款条件以及贷款资金支付接受贷款人管理和控制等与贷款使用相关的条款,提款条件应包括与贷款同比例的资本金已足额到位、项目实际进度与已投资额相匹配等要求。

第十八条　贷款人应在合同中与借款人约定对借款人相关账户实施监控,必要时可约定专门的贷款发放账户和还款准备金账户。

第十九条　贷款人应要求借款人在合同中对与贷款相关的重要内容作出承诺,承诺内容应包括:贷款项目及其借款事项符合法律法规的要求;及时向贷款人提供完整、真实、有效的材料;配合贷款人对贷款的相关检查;发生影响其偿债能力的重大不利事项及时通知贷款人;进行合并、分立、股权转让、对外投资、实质性增加债务融资等重大事项前征得贷款人同意等。

第二十条　贷款人应在合同中与借款人约定,借款人出现未按约定用途使用贷款、未按约定方式支用贷款资金、未遵守承诺事项、申贷文件信息失真、突破约定的财务指标约束等情形时借款人应承担的违约责任和贷款人可采取的措施。

第五章　发放与支付

第二十一条　贷款人应设立独立的责任部门或岗位,负责贷款发放和支付审核。

第二十二条　贷款人在发放贷款前应确认借款人满足合同约定的提

款条件,并按照合同约定的方式对贷款资金的支付实施管理与控制,监督贷款资金按约定用途使用。

第二十三条　合同约定专门贷款发放账户的,贷款发放和支付应通过该账户办理。

第二十四条　贷款人应通过贷款人受托支付或借款人自主支付的方式对贷款资金的支付进行管理与控制。

贷款人受托支付是指贷款人根据借款人的提款申请和支付委托,将贷款资金支付给符合合同约定用途的借款人交易对手。

借款人自主支付是指贷款人根据借款人的提款申请将贷款资金发放至借款人账户后,由借款人自主支付给符合合同约定用途的借款人交易对手。

第二十五条　单笔金额超过项目总投资5%或超过500万元人民币的贷款资金支付,应采用贷款人受托支付方式。

第二十六条　采用贷款人受托支付的,贷款人应在贷款资金发放前审核借款人相关交易资料是否符合合同约定条件。贷款人审核同意后,将贷款资金通过借款人账户支付给借款人交易对手,并应做好有关细节的认定记录。

第二十七条　采用借款人自主支付的,贷款人应要求借款人定期汇总报告贷款资金支付情况,并通过账户分析、凭证查验、现场调查等方式核查贷款支付是否符合约定用途。

第二十八条　固定资产贷款发放和支付过程中,贷款人应确认与拟发放贷款同比例的项目资本金足额到位,并与贷款配套使用。

第二十九条　在贷款发放和支付过程中,借款人出现以下情形的,贷款人应与借款人协商补充贷款发放和支付条件,或根据合同约定停止贷款资金的发放和支付:

(一)信用状况下降;

(二)不按合同约定支付贷款资金;

(三)项目进度落后于资金使用进度;

(四)违反合同约定,以化整为零方式规避贷款人受托支付。

第六章　贷后管理

第三十条　贷款人应定期对借款人和项目发起人的履约情况及信用状况、项目的建设和运营情况、宏观经济变化和市场波动情况、贷款担保的变动情况等内容进行检查与分析,建立贷款质量监控制度和贷款风险预警体系。

出现可能影响贷款安全的不利情形时,贷款人应对贷款风险进行重新评价并采取针对性措施。

第三十一条 项目实际投资超过原定投资金额,贷款人经重新风险评价和审批决定追加贷款的,应要求项目发起人配套追加不低于项目资本金比例的投资和相应担保。

第三十二条 贷款人应对抵(质)押物的价值和担保人的担保能力建立贷后动态监测和重估制度。

第三十三条 贷款人应对固定资产投资项目的收入现金流以及借款人的整体现金流进行动态监测,对异常情况及时查明原因并采取相应措施。

第三十四条 合同约定专门还款准备金账户的,贷款人应按约定根据需要对固定资产投资项目或借款人的收入现金流进入该账户的比例和账户内的资金平均存量提出要求。

第三十五条 借款人出现违反合同约定情形的,贷款人应及时采取有效措施,必要时应依法追究借款人的违约责任。

第三十六条 固定资产贷款形成不良贷款的,贷款人应对其进行专门管理,并及时制定清收或盘活措施。

对借款人确因暂时经营困难不能按期归还贷款本息的,贷款人可与借款人协商进行贷款重组。

第三十七条 对确实无法收回的固定资产不良贷款,贷款人按照相关规定对贷款进行核销后,应继续向债务人追索或进行市场化处置。

第七章 法律责任

第三十八条 贷款人违反本办法规定经营固定资产贷款业务的,银行业监督管理机构应当责令其限期改正。贷款人有下列情形之一的,银行业监督管理机构可根据《中华人民共和国银行业监督管理法》第三十七条的规定采取监管措施:

(一)固定资产贷款业务流程有缺陷的;

(二)未按本办法要求将贷款管理各环节的责任落实到具体部门和岗位的;

（三）贷款调查、风险评价未尽职的；

（四）未按本办法规定对借款人和项目的经营情况进行持续有效监控的；

（五）对借款人违反合同约定的行为未及时采取有效措施的。

第三十九条　贷款人有下列情形之一的，银行业监督管理机构除按本办法第三十八条规定采取监管措施外，还可根据《中华人民共和国银行业监督管理法》第四十六条、第四十八条规定对其进行处罚：

（一）受理不符合条件的固定资产贷款申请并发放贷款的；

（二）与借款人串通，违法违规发放固定资产贷款的；

（三）超越、变相超越权限或不按规定流程审批贷款的；

（四）未按本办法规定签订贷款协议的；

（五）与贷款同比例的项目资本金到位前发放贷款的；

（六）未按本办法规定进行贷款资金支付管理与控制的；

（七）有其他严重违反本办法规定的行为的。

第四十三条　本办法自发布之日起三个月后施行。

附录3：个人贷款管理暂行办法

第一章　总则

第一条　为规范银行业金融机构个人贷款业务行为，加强个人贷款业务审慎经营管理，促进个人贷款业务健康发展，依据《中华人民共和国银行业监督管理法》、《中华人民共和国商业银行法》等法律法规，制定本办法。

第二条　中华人民共和国境内经中国银行业监督管理委员会批准设立的银行业金融机构（以下简称贷款人）经营个人贷款业务，应遵守本办法。

第三条　本办法所称个人贷款，是指贷款人向符合条件的自然人发放的用于个人消费、生产经营等用途的本外币贷款。

第四条　个人贷款应当遵循依法合规、审慎经营、平等自愿、公平诚信的原则。

第五条　贷款人应建立有效的个人贷款全流程管理机制，制订贷款管理制度及每一贷款品种的操作规程,明确相应贷款对象和范围,实施差别风险管理,建立贷款各操作环节的考核和问责机制。

第六条 贷款人应按区域、品种、客户群等维度建立个人贷款风险限额管理制度。

第七条 个人贷款用途应符合法律法规规定和国家有关政策,贷款人不得发放无指定用途的个人贷款。贷款人应加强贷款资金支付管理,有效防范个人贷款业务风险。

第八条 个人贷款的期限和利率应符合国家相关规定。

第九条 贷款人应建立借款人合理的收入偿债比例控制机制,结合借款人收入、负债、支出、贷款用途、担保情况等因素,合理确定贷款金额和期限,控制借款人每期还款额不超过其还款能力。

第十条 中国银行业监督管理委员会依照本办法对个人贷款业务实施监督管理。

第二章 受理与调查

第十一条 个人贷款申请应具备以下条件:(一)借款人为具有完全民事行为能力的中华人民共和国公民或符合国家有关规定的境外自然人;(二)贷款用途明确合法;(三)贷款申请数额、期限和币种合理;(四)借款人具备还款意愿和还款能力;(五)借款人信用状况良好,无重大不良信用记录;(六)贷款人要求的其他条件。

第十二条 贷款人应要求借款人以书面形式提出个人贷款申请,并要求借款人提供能够证明其符合贷款条件的相关资料。

第十三条 贷款人受理借款人贷款申请后,应履行尽职调查职责,对个人贷款申请内容和相关情况的真实性、准确性、完整性进行调查核实,形成调查评价意见。

第十四条 贷款调查包括但不限于以下内容:(一)借款人基本情况;(二)借款人收入情况;(三)借款用途;(四)借款人还款来源、还款能力及还款方式;(五)保证人担保意愿、担保能力或抵(质)押物价值及变现能力。

第十五条 贷款调查应以实地调查为主、间接调查为辅,采取现场核实、电话查问以及信息咨询等途径和方法。

第十六条 贷款人在不损害借款人合法权益和风险可控的前提下,可将贷款调查中的部分特定事项审慎委托第三方代为办理,但必须明确第三方的资质条件。贷款人不得将贷款调查的全部事项委托第三方完成。

第十七条　贷款人应建立并严格执行贷款面谈制度。通过电子银行渠道发放低风险质押贷款的,贷款人至少应当采取有效措施确定借款人真实身份。

第三章　风险评价与审批

第十八条　贷款审查应对贷款调查内容的合法性、合理性、准确性进行全面审查,重点关注调查人的尽职情况和借款人的偿还能力、诚信状况、担保情况、抵(质)押比率、风险程度等。

第十九条　贷款风险评价应以分析借款人现金收入为基础,采取定量和定性分析方法,全面、动态地进行贷款审查和风险评估。贷款人应建立和完善借款人信用记录和评价体系。

第二十条　贷款人应根据审慎性原则,完善授权管理制度,规范审批操作流程,明确贷款审批权限,实行审贷分离和授权审批,确保贷款审批人员按照授权独立审批贷款。

第二十一条　对未获批准的个人贷款申请,贷款人应告知借款人。

第二十二条　贷款人应根据重大经济形势变化、违约率明显上升等异常情况,对贷款审批环节进行评价分析,及时、有针对性地调整审批政策,加强相关贷款的管理。

第四章　协议与发放

第二十三条　贷款人应与借款人签订书面借款合同,需担保的应同时签订担保合同。贷款人应要求借款人当面签订借款合同及其他相关文件,但电子银行渠道办理的贷款除外。

第二十四条　借款合同应符合《中华人民共和国合同法》的规定,明确约定各方当事人的诚信承诺和贷款资金的用途、支付对象(范围)、支付金额、支付条件、支付方式等。借款合同应设立相关条款,明确借款人不履行合同或怠于履行合同时应当承担的违约责任。

第二十五条　贷款人应建立健全合同管理制度,有效防范个人贷款法律风险。借款合同采用格式条款的,应当维护借款人的合法权益,并予以公示。

第二十六条　贷款人应依照《中华人民共和国物权法》、《中华人民共和国担保法》等法律法规的相关规定,规范担保流程与操作。按合同约定办理抵押物登记的,贷款人应当参与。贷款人委托第三方办理的,应对抵押物登记情况予以核实。以保证方式担保的个人贷款,贷款人应由不少于两名信贷人员完成。

第二十七条;贷款人应加强对贷款的发放管理,遵循审贷与放贷分离的原则,设立独立的放款管理部门或岗位,负责落实放款条件、发放满足约定条件的个人贷款。

第二十八条 借款合同生效后,贷款人应按合同约定及时发放贷款。

第五章 支付管理

第二十九条 贷款人应按照借款合同约定,通过贷款人受托支付或借款人自主支付的方式对贷款资金的支付进行管理与控制。贷款人受托支付是指贷款人根据借款人的提款申请和支付委托,将贷款资金支付给符合合同约定用途的借款人交易对象。借款人自主支付是指贷款人根据借款人的提款申请将贷款资金直接发放至借款人账户,并由借款人自主支付给符合合同约定用途的借款人交易对象。

第三十条 个人贷款资金应当采用贷款人受托支付方式向借款人交易对象支付,但本办法第三十三条规定的情形除外。

第三十一条 采用贷款人受托支付的,贷款人应要求借款人在使用贷款时提出支付申请,并授权贷款人按合同约定方式支付贷款资金。贷款人应在贷款资金发放前审核借款人相关交易资料和凭证是否符合合同约定条件,支付后做好有关细节的认定记录。

第三十二条 贷款人受托支付完成后,应详细记录资金流向,归集保存相关凭证。

第三十三条 有下列情形之一的个人贷款,经贷款人同意可以采取借款人自主支付方式:(一)借款人无法事先确定具体交易对象且金额不超过三十万元人民币的;(二)借款人交易对象不具备条件有效使用非现金结算方式的;(三)贷款资金用于生产经营且金额不超过五十万元人民币的;(四)法律法规规定的其他情形的。

第三十四条 采用借款人自主支付的,贷款人应与借款人在借款合同中事先约定,要求借款人定期报告或告知贷款人贷款资金支付情况。贷款人应当通过账户分析、凭证查验或现场调查等方式,核查贷款支付是否符合约定用途。

第六章　贷后管理

第三十五条　个人贷款支付后,贷款人应采取有效方式对贷款资金使用、借款人的信用及担保情况变化等进行跟踪检查和监控分析,确保贷款资产安全。

第三十六条　贷款人应区分个人贷款的品种、对象、金额等,确定贷款检查的相应方式、内容和频度。贷款人内部审计等部门应对贷款检查职能部门的工作质量进行抽查和评价。

第三十七条　贷款人应定期跟踪分析评估借款人履行借款合同约定内容的情况,并作为与借款人后续合作的信用评价基础。

第三十八条　贷款人应当按照法律法规规定和借款合同的约定,对借款人未按合同承诺提供真实、完整信息和未按合同约定用途使用、支付贷款等行为追究违约责任。

第三十九条　经贷款人同意,个人贷款可以展期。一年以内(含)的个人贷款,展期期限累计不得超过原贷款期限;一年以上的个人贷款,展期期限累计与原贷款期限相加,不得超过该贷款品种规定的最长贷款期限。

第四十条　贷款人应按照借款合同约定,收回贷款本息。对于未按照借款合同约定偿还的贷款,贷款人应采取措施进行清收,或者协议重组。

第七章　法律责任

第四十一条　贷款人违反本办法规定办理个人贷款业务的,中国银行业监督管理委员会应当责令其限期改正。贷款人有下列情形之一的,中国银行业监督管理委员会可采取《中华人民共和国银行业监督管理法》第三十七条规定的监管措施:(一)贷款调查、审查未尽职的;(二)未按规定建立、执行贷款面谈、借款合同面签制度的;(三)借款合同采用格式条款未公示的;(四)违反本办法第二十七条规定的;(五)支付管理不符合本办法要求的。

第四十二条　贷款人有下列情形之一的,中国银行业监督管理委员会除按本办法第四十一条采取监管措施外,还可根据《中华人民共和国银行业监督管理法》第四十六条、第四十八条规定对其进行处罚:(一)发放不符合条件的个人贷款的;(二)签订的借款合同不符合本办法规定的;(三)违反本办法第七条规定的;(四)将贷款调查的全部事项委托第三方完成的;(五)超越或变相超越贷款权限审批贷款的;(六)授意借款人虚构情节获得贷款的;(七)对借款人违背借款合同约定的行为应发现而未发现,或虽发现但未采取有效措施的;(八)严重违反本办法规定的审慎经营规则的其他情形的。

第八章　附则(略)

附录4:项目融资业务指引

第一条　为促进银行业金融机构项目融资业务健康发展,有效管理项目融资风险,依据《中华人民共和国银行业监督管理法》、《中华人民共和国商业银行法》、《固定资产贷款管理暂行办法》以及其他有关法律法规,制定本指引。

第二条　中华人民共和国境内经国务院银行业监督管理机构批准设立的银行业金融机构(以下简称贷款人)开展项目融资业务,适用本指引。

第三条　本指引所称项目融资,是指符合以下特征的贷款:

(一)贷款用途通常是用于建造一个或一组大型生产装置、基础设施、房地产项目或其他项目,包括对在建或已建项目的再融资;

(二)借款人通常是为建设、经营该项目或为该项目融资而专门组建的企事业法人,包括主要从事该项目建设、经营或融资的既有企事业法人;

(三)还款资金来源主要依赖该项目产生的销售收入、补贴收入或其他收入,一般不具备其他还款来源。

第四条　贷款人从事项目融资业务,应当具备对所从事项目的风险识别和管理能力,配备业务开展所需要的专业人员,建立完善的操作流程和风险管理机制。

贷款人可以根据需要,委托或者要求借款人委托具备相关资质的独立中介机构为项目提供法律、税务、保险、技术、环保和监理等方面的专业意见或服务。

第五条　贷款人提供项目融资的项目,应当符合国家产业、土地、环保和投资管理等相关政策。

第六条　贷款人从事项目融资业务,应当充分识别和评估融资项目中存在的建设期风险和经营期风险,包括政策风险、筹资风险、完工风险、产品市场风险、超支风险、原材料风险、营运风险、汇率风险、环保风险和其他相关风险。

第七条　贷款人从事项目融资业务,应当以偿债能力分析为核心,重点从项目技术可行性、财务可行性和还款来源可靠性等方面评估项目风险,充分考虑政策变化、市场波动等不确定因素对项目的影响,审慎预测项目的未来收益和现金流。

第八条　贷款人应当按照国家关于固定资产投资项目资本金制度的有关规定,综合考虑项目风险水平和自身风险承受能力等因素,合理确定贷款金额。

第九条　贷款人应当根据项目预测现金流和投资回收期等因素,合理确定贷款期限和还款计划。

第十条　贷款人应当按照中国人民银行关于利率管理的有关规定,根据风险收益匹配原则,综合考虑项目风险、风险缓释措施等因素,合理确定贷款利率。

贷款人可以根据项目融资在不同阶段的风险特征和水平,采用不同的贷款利率。

第十一条　贷款人应当要求将符合抵质押条件的项目资产和/或项目预期收益等权利为贷款设定担保,并可以根据需要,将项目发起人持有的项目公司股权为贷款设定质押担保。

贷款人应当要求成为项目所投保商业保险的第一顺位保险金请求权人,或采取其他措施有效控制保险赔款权益。

第十二条　贷款人应当采取措施有效降低和分散融资项目在建设期和经营期的各类风险。

贷款人应当以要求借款人或者通过借款人要求项目相关方签订总承包合同、投保商业保险、建立完工保证金、提供完工担保和履约保函等方式,最大限度降低建设期风险。

贷款人可以以要求借款人签订长期供销合同、使用金融衍生工具或者发起人提供资金缺口担保等方式,有效分散经营期风险。

第十三条　贷款人可以通过为项目提供财务顾问服务,为项目设计综合金融服务方案,组合运用各种融资工具,拓宽项目资金来源渠道,有效分散风险。

第十四条　贷款人应当按照《固定资产贷款管理暂行办法》的有关规定,恰当设计账户管理、贷款资金支付、借款人承诺、财务指标控制、重大违约事项等项目融资合同条款,促进项目正常建设和运营,有效控制项目融资风险。

第十五条　贷款人应当根据项目的实际进度和资金需求,按照合同约定的条件发放贷款资金。贷款发放前,贷款人应当确认与拟发放贷款同比例的项目资本金足额到位,并与贷款配套使用。

第十六条　贷款人应当按照《固定资产贷款管理暂行办法》关于贷款发放与支付的有关规定,对贷款资金的支付实施管理和控制,必要时可以与借款人在借款合同中约定专门的贷款发放账户。

采用贷款人受托支付方式的,贷款人在必要时可以要求借款人、独立中介机构和承包商等共同检查设备建造或者工程建设进度,并根据出具的、符合合同约定条件的共同签证单,进行贷款支付。

第十七条　贷款人应当与借款人约定专门的项目收入账户,并要求所有项目收入进入约定账户,并按照事先约定的条件和方式对外支付。

贷款人应当对项目收入账户进行动态监测,当账户资金流动出现异常时,应当及时查明原因并采取相应措施。

第十八条　在贷款存续期间,贷款人应当持续监测项目的建设和经营情况,根据贷款担保、市场环境、宏观经济变动等因素,定期对项目风险进行评价,并建立贷款质量监控制度和风险预警体系。出现可能影响贷款安全情形的,应当及时采取相应措施。

第十九条　多家银行业金融机构参与同一项目融资的,原则上应当采用银团贷款方式。

第二十条　对文化创意、新技术开发等项目发放的符合项目融资特征的贷款,参照本指引执行。

第二十一条　本指引由中国银行业监督管理委员会负责解释。

第二十二条　本指引自发布之日起三个月后施行。